人間にとって貧困とは何か

西澤晃彦

人間にとって貧困とは何か（'19）
©2019　西澤晃彦

装丁・ブックデザイン：畑中　猛

まえがき

　本書は，貧困への社会学的アプローチを模索するものである。
　仰々しい本書のタイトルについてまず説明したい。貧困体験は他には還元できない固有の効果と結果をもつものであり，それを明らかにすることを目指す問いが「人間にとって貧困とは何か」である。実はこのタイトルには本歌があって，都市問題や差別問題の研究者としてよく知られた磯村英一の『人間にとって都市とは何か』（1968年）から言葉をいただいている。都市も貧困も漠然とした印象はもたれているが，結局のところ，共通了解が作られないままその中核にある意味は取り逃がされがちである。そこで，あえて捕らえどころがないように見えるものを対象化してその中心に向けてまっすぐに手を伸ばそうとする態度を示すならば，「人間にとって…とは何か」という直截で大げさなタイトルになってしまうのである。
　貧困，そして貧者をめぐる考察は，同時に社会について論じることを伴う。なぜならば，ある時代ある社会における貧困体験の内容や質は，その社会が貧困とどう対峙しているのかによって大きく規定されてしまうからである。逆にいえば，そこここの個別の貧困体験は，社会のあり様を否応なしに照らし出すものであるといえる。ある一人の貧者がかかわりをもつ社会は，ほんとうに小さな人の集まりからグローバル社会まで多重である。グローバルあるいはナショナルな水準での社会・経済・政治権力の変化，そして，そうしたものに翻弄されながらしかし独自の論理に従いつつもがくより小さな社会・集団における変化，貧困体験もそれらの影響を免れない。貧者の苦悩は決して「心理学的」問題ではない。
　本書の目的は，貧者の存在を感じとり，その体験を理解する言葉を作り出すことにある。そのことだけが目的であるがゆえに，望ましい政策の提案であるとか実際的な援助技術など「役に立つ」話はここにはないし，そういうことは私以外のもっとふさわしい誰かに期待していただきたいと思う。
　放送大学2015年開講の授業「貧困と社会」にあたって，『貧困と社会』を書いた。今回の『人間にとって貧困とは何か』は，『貧困と社会』からは強調点，力点を移動させ，構成においても内容的にも大きく修正している。前回は，貧困及びそれを取り囲む社会の全体を概観することを

心がけていたが，今回は，すでに述べたように，「貧困の社会学」という試みの序論ともなるように，貧困が人間に何を及ぼすのかを明瞭に把握していくための一里塚にしようという自覚をもってまとめてみた。

　怠惰な筆者が本書を仕上げ，また，本書に基づいて授業をするにあたっては，編集者の小島健司さんと放送大学制作部の郡俊路さんにお世話になった。今回の，もやもやとした考えをはっきりとした言葉にする作業は，お二人の助けなしにはできなかった。記して感謝したい。

2018年12月

西澤　晃彦

目次

まえがき　3

1　孤立と零落　9
貧困体験の中核
1．貧窮を忍び能わざる心　9　／　2．比較をする私たち　10
3．零落と孤立　12　／　4．家とムラ　15
5．個人化　17　／　6．社会的排除とアイデンティティ　19

2　貧困の社会学・序説　22
見田宗介「まなざしの地獄〜現代社会の実存構造〜」を読む
1．貧困の定義と基準をめぐって　22
2．朝の紅茶　25　／　3．まなざしの地獄　27
4．表相の操作　30　／　5．「とりもち」としての貧困　32

3　貧しい暮らし　35
1．エンゲルとマズロー　35　／　2．生活構造論　39
3．貧困の刻印　40　／　4．アイデンティティを買う　42
5．「世間並み」の消滅　45

4　よそ者としての貧者　49
まなざしと不安
1．貧者のアイデンティティ　49　／　2．汚辱とスティグマ　51
3．「無限ループ」の男の子たち　54
4．自立という陥穽　56　／　5．まなざしと不安　58

5 排除の地理学　　　　　　　　　　64
貧者の生活世界
　1．場所からの解放と「遊牧民」差別　64
　2．排除された都市下層　66　／　3．都市下層の世界　68
　4．親方子方関係　71　／　5．中央と地方　72
　6．移住者たち　74　／　7．地方における貧困　76

6 貧困と家族　　　　　　　　　　　81
「恥」・近代家族・福祉国家
　1．親子心中と近代家族　81　／　2．恥じ入る家族　83
　3．戸籍　85　／　4．国民になる　87
　5．恥と周縁の人々　88　／　6．家族主義レジーム　91

7 責められる家族　　　　　　　　　96
貧困の犯罪化をめぐって
　1．新自由主義と貧困の犯罪化　96　／　2．不正受給問題　99
　3．「よい貧者」と「悪い貧者」の物語　101
　4．新自由主義の人間観　103
　5．疑われる貧困家族　106　／　6．責められる家族　108

8 子どもにとって貧困とは何か　　　112
　1．社会問題としての子どもの貧困　112
　2．イデオロギーとしての遺伝論　115　／　3．社会化　119
　4．社会関係資本　122　／　5．攻撃される子どもたち　123

9 貧困と友人関係　　128
「伴を慕う心」の行方
　1．秋葉原無差別殺傷事件　128
　2．親密圏としての友人関係　130
　3．地元つながり　132 ／ 4．友人関係の弱さ　135
　5．大人はどこに行ったのか　137 ／ 6．承認と確認　138

10 貧困と老い　　143
　1．貧困と老い　143
　2．「自分らしい死」をめぐって　145
　3．死の都市化　147 ／ 4．死の隠蔽と孤立　150
　5．援助拒否と孤独死　151 ／ 6．死が紡ぐ協同性　153

11 グローバリゼーションと貧困（1）　　157
階級・階層構造と社会変動
　1．経済グローバリゼーション　157 ／ 2．東京　160
　3．社会的分極化　162 ／ 4．アンダークラス　165

12 グローバリゼーションと貧困（2）　　171
誰が排除されているのか
　1．社会的排除による貧困　171
　2．非正規雇用労働者の増大　173 ／ 3．外国人　174
　4．若年層　179 ／ 5．非正規雇用と貧困　181

13 | グローバリゼーションと貧困（3） 184
空間構造の変動
　1．フローの空間，場所の空間　184
　2．「放浪者」と「しゃがみこむ人々」　187
　3．放浪者としての派遣労働者　191
　4．労働力動員者たちのユートピア　195

14 | 見える貧困，見えない貧困 199
　1．野宿者　199　／　2．「ホームレス問題」の再構築　202
　3．野宿者の内面世界　204
　4．貧者の居場所はどこか　207
　5．飯場と「共同性の原資」　209

15 | 社会を否定する人々，社会を求める人々 213
　1．「実験室」の中の人間　213
　2．可視化する貧者　217
　3．個人化の両義性とアテンション　221
　4．社会を実体化する　226

資料編　231

索　引　258

1 | 孤立と零落
貧困体験の中核

《目標＆ポイント》 柳田國男『明治大正史世相篇』(1930)を読み解きながら，近代以後の貧困体験の中核がアイデンティティをめぐってのものであることを論じる。それによって，一連の講義における焦点を示す。
《キーワード》 孤立，自己，アイデンティティ

1. 貧窮を忍び能(あた)わざる心

　貧しさは，それ自体が，人と人との結びつきを弱めるものであるとはいえない。現在の私たちが生きる世界においては，貧困は孤立と結びつけられて語られており，それは実際そうである。しかし，貧しさは，同じ境遇の者どうしの連帯や相互扶助をもたらすこともある。あるいは，貧困をもたらす敵が明瞭になり共有化されれば，貧者の連帯は社会的・政治的運動へと展開することもあり得る。社会主義や共産主義はもちろんのこと民族主義もそうであるし，宗教運動にもそのような性質のものが多く含まれるはずである。ところが，今日の日本社会において——「日本」という区切りは便宜的なものにすぎない。ここで述べることは，「豊かさ」を垣間見たところであればどこにでも現れ得るようにも思われるからだ——，貧困を連帯や相互扶助と結びつけて論じることは難しい。この，貧困を連帯や相互扶助からむしろ遠ざけてしまう世界——時空間——はいつから始まったのか。起源を論じるのは，「そうではなかった」世界と「そうである」世界との対比によって，私たちの生きる世界とそ

こにおける貧困の特質を明確にしておきたいからだ。

　ここでは，柳田國男を「新しい」貧困登場の目撃者として扱い，彼の『明治大正史世相篇』（1930）をその証言の記録として読むことにしたい（柳田　1993）。

　柳田は，「貧に対するわれわれの態度の変わってきたこと」，そしてその「最も顕著なるは貧窮を忍び能わざる心」であると指摘した。それ以前において，「真に外から見て貧しい人といいうるもの」はもっと多かったし，その貧しさも「ひどいもの」だった。しかしながら，貧しい人々は，「それをわれわれほどには気にしなかった」。なぜなら，「つまりはただ馴れているという者が少なくなかった」し，また，「同勢の多かった」がゆえに「忍びやすかった」。ここで重要であるのは，耐え忍ぶことができないという感情は，金銭や栄養のような物質的なものそれ自体に由来するものなのではなく，人々が生きる関係世界とそこにおける位置から生じるという視点である。欠如は，比較を通して認識されるのである。

2. 比較をする私たち

　柳田のいう「貧窮を忍び能わざる心」を全域的に生じさせた関係世界の地盤変化についてまとめておこう。

　近代化は，身分と藩（「くに」）という関係世界の大きな枠組みを崩壊させた。そして，後発地域である日本においては，国民国家がそれを打ち壊す強力な主体であった。国民国家は，身分差や地域差のない均等な国民 nation を作り出し，全ての国民の国家への統合を理念とする疑似共同体である。

　身分制を否定する制度として，国民国家の政府が採用した公教育（無償，義務，非宗教を原則とする教育制度）は，スタートラインと教育内

容を一律化して読み書き能力を競わせることによって，属性による地位序列を達成による序列に置換して公式化するものであった。あるいは，徴兵制もまた，それが男子に平等に課されることによって，国民としての均等性をもたらす制度であったといえる。こうした制度の平等主義は，身分という拘束を離れた新しい拡がりの感覚を人々にもたらすがゆえに求心力を持ち，受容されていった。

　藩という，空間的な制約もまた破棄された。かつて，「くに」といえば，せいぜい藩の範囲を指すものであり，お殿様以上の権力者との関係を藩の多くの人々が意識する機会もまれであっただろう。しかしながら，廃藩置県のもたらしたインパクトは劇的で，人々は直接に国家と対面することになる。

　公教育や徴兵制の直接的効果はもちろんのこと，公教育によって識字率が高まるとともに，本や新聞が多くの人々に読まれるようになったことも重要である。そこで述べられる過去・現在・未来は，国民共通の時空間におけるできごととして感覚されるようにもなる。「くに」を解体された人々の帰属意識は，国境によって区切られた国民国家という拡がりへと誘導された。当然のこととして，ムラや「くに」を離れ，積極的に新天地を求める行動も，異常なことではなくなっていく。

　ここに述べた変化は，滑らかに生じたものではなかった。公教育にせよ徴兵制にせよ，多くの抵抗があった。ムラにせよ「くに」にせよ，一気に国民国家に同化した訳ではないし，今もムラや「くに」の事情と国家の論理の間との軋轢がない訳ではない。それでも明治維新から『明治大正史世相篇』出版までの約60年の間は，人々の人生観や世界観を激変させるには十分な時間であった。

　欠如は比較を通して認識されるとすでに述べた。上で述べた関係世界の地盤変化は，どのような比較を人々になさせたのだろうか。まず，固

定されていた比較の対象が揺動し始める。同じ地域，同じ身分の出身者に，それなりの成功者や没落する者が出始める。また，ムラや「くに」の枠が無くなれば，ムラの人々にとって都会の人々もまた，比較の対象になっていくだろう。封建社会とは，すべてを宿命と理解することが許された社会であった。しかしながら，そのような納得はだんだんと難しくなっていく。私たち人間は，互いに平等な存在である。これは，社会を成立させていく上で，譲り渡すことができない大原則である。しかしながら，そのような原則は，すべての人を互いに比較可能な存在にすることによって，自らの欠如を，耐え難い苦悩の種にしてしまうこともある。「豊かさ」は，結局のところ，何かを所有していることを繰り返し他者に誇示しようとする人々を生む。貧しさの体験のされ方もそれとは同じコインの裏面のようなもので，貧者は，他者との接点で繰り返し欠如を思い知らされ暗い気持ちになるところから抜け出すことができない。人々は──私たちは，といってもよいと思うが──，他者との比較の反復作業の中で自己を認識するそのような空間の中に投入されたのである。

　他者との比較について述べてきたが，「貧窮を忍び能わざる心」をもたらす比較には，もう一つ，重要な比較がある。それは，過去の自分と今の自分の比較である。過去におけるそれなりの自己が今の貧しい自己と比較されることにより，惨めな感情に捕らわれる訳である。人生の時間軸は，過去や未来の自己を他者として立ち現れさせ，今の己を裁かせることがあるのだ。

3. 零落と孤立

　さて，柳田は，貧しさを苦悩として体験させる関係世界の変質をどのように捉えていたのだろうか。彼は，「零落」と「孤立」という二つの

変化の過程について述べている。この二つの過程のそれぞれについて，他の資料によって補いながら詳細に見ておこう。

まずは零落である。ここでは，士族の没落がまずもって例としてあげられている。かつて「よい生活」を知り，しかもよりよい生活への「改良」の「理想」をさえ持っていた者には，「制限だらけの生計を立てなければならぬということが」苦しい。ましてやその人の周囲の「栄える多くの友人」は，彼の境遇を理解することができない。そうした状態は，「いやがうえにも堪えられない」。「明治大正の世の中の変化は，そういう家々を数多く作った」。

この記述はいかにも没落身分の人々の話として読めるが，柳田は，「零落」はそこに限定されるものではないという。近代化，そして都市への移動とともに，野望を持って「新しい仕事」へと挑戦していった者たちの中には，いうまでもなく数多くの失敗者が生まれた。彼らの失敗の背景をなす60年間の時間の流れを，東京に限定したものではあるがまとめておきたい。

東京という新しい都市は，内戦の混乱から始まる。1872年の東京市の人口は江戸の約半分，58万人にまで減少している。人口の戻りは早く1890年代には再び100万人をこえたが，そこでの増加分の内容は以前の人口とは異質であった。それは，若い単身男性を中心としていて，彼らは，スラム状に密集した地域に吸収されてあてどもない生活を送った。産業化（工業化）が順調に進展し始めたのはもう少し後のことであり，新天地を求めて集まった人々は，物売り，人夫，車夫などの仕事（都市雑業）を作り出し，糊口をしのいだ。当然，彼らが安定した生活を営むことは難しかった。中川清の試算では，1880年代の東京市における婚姻件数に対する離婚件数の割合は，50.4％にも上っていた（中川2000）。東京は，開拓地のような様相を呈していたのである。製造業部

門の労働市場が労働力人口を大いに吸収し始めたのは，1920 年代になってからであった。また，1923 年の関東大震災以降，東京は都市域を大規模に拡張し，建設・土木事業も活況を呈した。これにより，都市雑業に従事していた下層の人々も，工場の職工や日雇い労働者として労働市場に編入されその生活も安定していくのだが，その局面については後の章で述べよう。『明治大正史世相篇』が出版された 1930 年は，つまりは，こうした激動が一息ついた時点ということになる。当たり前のこととして，たとえ労働市場が安定したとはいっても，それまでの過程において敗残者は蓄積されており，年かさを重ねてしまった者が新しい労働市場に包摂されることは難しかったはずである。

　柳田は，都市に発生した様々な新しい仕事——都市雑業——は，都市への流入者の野望にもかかわらず，「その大多数もまた零落の職業，辛うじて貧苦を支える一時的便法というに過ぎなかった」と述べている。彼は，そうした仕事に従事する人々をただ否定的に見ていたのではない。彼らに見られた「貧窮を忍び能わざる心」は，貧窮に慣れることなく反発する心でもあった。そうであるとすれば，それは「有望なる貧窮」であり，社会のエネルギーとさえいえた。しかし，「再び世道が固定して，家運の起伏がやや緩慢となり，一度衰えたら衰えたきりに，終わってしまいそうな心配が起こると共に，社会はまた改めて大いに苦悶し始める」ことになる。

　さて，柳田は，新時代の貧苦の特徴として，孤立を強調してもいる。まず，孤立は，零落とともにも訪れる。すでに述べたように，零落は，かつて同じような生活をしていた家々，友人たちとの間に埋めがたい距離を作り出す。また，「零落の職業」は，「家とはなんらの交渉のない職業」であり生存のための「一時的便法」である。張り巡らされていた相互扶助の仕組みは，経営体としての家と家との間に成立したものであっ

た。それゆえ、家からなる世界の外に発生した職業世界を生きる者たちは、容易に「孤立の貧窮」に陥るのだ。

貧困における孤立は、個々に生じた零落とは別に、大都市を先端として進行していく社会の変容とも関連して強められた。そもそも「農村はそれ自体が職業の集団であって、(中略) 相互救済の力はまだ具えていた」。ところが、「今日は一方に自衛の術が進み、あるいはやや性急にこの不安を除去しようとする者ができたけれども、他の一方にはまた特に貧しい者をおびやかす害敵も増加し、しかも「共同防貧の手段」に至っては、かえって著しく以前あったものよりも劣っている」のである。

「共同防貧の手段」の衰退と並行して、「家を復興しようという健気なる奮闘者の中にも、往々にしてあまりにその競争者を憐(あわ)れまざる者ができてきた」。その結果、「一方にせめて自分の家の一群だけは、まず済(すく)われたいと希う者が多いと共に、他の一方から困苦はわれ一人に集まっているかのごとく、考えて世を恨んでいる者も非常に多い」というのが、1930年における柳田の見たてであった。

4. 家とムラ

ここで、家(イエ)そしてムラとは何であったのかについて理解しておく必要があるかもしれない。今日にあっては、「共同防貧の手段」であるとか「農村はそれ自体が職業の集団で」あるとかいった文には、注釈をつけない訳にはいかないだろう。かつての日本の村落社会は、伝統的な家を単位として、家の連合体として組織されていた。家とは、家産(農であれば土地、商であれば暖簾)の維持・拡大を本分とする経営体である。家産の先祖からの継承者である家長は、家産の規模が大きければ傍系の家族や非血縁の雇い人をも家の構成員として受け入れつつ(血縁は家の一員であることの要件ではない)、家を束ねまた家の人々を庇

護する義務を負っていた。そのような家が，縦に本家分家関係として結合したり，あるいは横に相互扶助的な協力関係を作り出したりしながら，村落社会は形成されていた。生きていく上で誰もが直面せざるを得ないがそれぞれの家や個人が金銭で解決することが難しい共通の生活課題は存在する。冠婚葬祭や住宅の改修など，そのような大きな課題は，家どうしの協力，労働の提供によって対処された。入会地のような仕掛けも含め，村落の組織や制度は，成員の生存の維持を基調としながら，濃密に張り巡らされていったのである。だが，かつての村落社会は決して生ぬるい共同体ではなかった。すべての村人の生存を維持するには，糧に限りがあるだろう。ムラや家は，それぞれ人口調整のメカニズムと「余剰」人口の送り出し先をもっていた。間引きや堕胎による人口調整は，女性たちの生命を危うくするものではあったが，広範かつ一般に行われていた。それでも生じる「余剰」部分は，都市によって吸収された。

　明治以前の日本列島の人口は，せいぜい微増の域に留まって推移してきた。江戸期に入って農地開発が進み大きく増加したが（1600年には1500万人前後であったが1700年代前半には3000万を超えた）江戸中期になるとそれも落ち着き，以後，明治維新まで人口はほぼ一定である（鬼頭　2000）。江戸や大坂は，「余剰」を吸収する場所とはなったが，人口は再生産されなかった。貨幣経済に覆われた大都市にあっては，経済的に恵まれなければ婚姻も子どもを産み育てることも難しかったのである。かくして，歴史人口学で使われている比喩の通り，都市は人口の「蟻地獄」であり「墓場」となっていた。結果的に，日本列島の人口は糧に見合った水準に落ち着いていった。

　ムラに話を戻すと，少なくともそこに生きていられる村人たちにとっては，家とその連合体としての村落社会は，互いに生存を維持し合う相互扶助集団としてあった。貧困に脅かされていることが常態で，実際に

訪れた貧困がいかに惨めで辛いものであったとしても，貧困が孤立をもたらすものであったとはいえない。むしろ，貧困は，共同や連帯を生み出す基礎であったとさえいえる。しかし，それにしても，「共同防貧の手段」の先行きのあやしさは，1930年においてすでに看取されていたといえる。その後のことはこれも後の章で触れるとして，柳田が見た家からなる世界の外を生きた人々は，今日の私たちの姿であるといえなくもないのだ。

5. 個人化

社会学においては，近代化を個人化の過程とみる見方がある（ギデンズ 1995, ベックら 1997）。個人化とは，「そうすることになっているからそうする」と行為を方向づけていた慣習が無力化され，行為の選択が個人に委ねられる幅が拡張し，その責がいっそう個人に帰されるようになっていく過程のことである。個人化は，社会階層や地域による程度のばらつきを持ちながらも，着実に人々を捕らえてきた。個人が直面する問題は，どんなものであれ社会の問題としての性質をもっている。しかしながら，私たちが充分に個人化されているとするならば，個人の問題はあくまでも個人問題の水準に押し留められ，誰もそれを社会の問題とは——私たちの問題とは——みなさなくなる。貧困への共感回路が塞がれて同情や理解は解除されてしまう。貧者の貧困は，その人の性格的欠陥か心の弱さかあるいは単なる不運か，いずれにせよ「おまえのせい」とみなされることになるのだ。

今日にあって，過去から現在へと至る流れを思い返してみれば，近代的時空間が圧倒的な力でもって膨張し列島の人々を内部化してきたことを事実として認めざるを得ないだろう。私たちは，皆，骨がらみで今やその住人となっている。そして，その時空間に住まう人間たちにおいて，

粛々と進展してきた事態を表す言葉を一つ選べば，この個人化を選ぶことになると思う．現代は，「競争者を恤れまざる者」にあふれている．そして，「せめて自分の家の一群だけは，まず済われたいと希う者が多い」．一方，貧しい人々は，「困苦はわれ一人に集まっているかのごとく，考えて」孤立しているのである．ただし，「世を恨んでいる者も非常に多い」という見解が現代にも妥当するのかどうかは議論が必要で，今日の貧者には恨みではなく自責の念の強さの方が目に付くように思われるのだが．

　柳田の見た新しい貧困は，今日の私たちが見ている貧困の始まりであった．個人化の傾向のばらつきは今でもあるし，脱近代（ポストモダン）の到来をいう議論が出てもう久しい．それでも，私たちの時代の現実と貧困のあり様は，近代的時空間において展開した過程の帰結であるということができる．本書が扱う貧困とは，この貧困である．

　S・ポーガムは，産業化が不十分な段階で，多数派が貧しい状態にある時代の貧困を「統合された貧困」，産業化が進み貧困層がマイノリティ化していく段階での貧困を「マージナルな貧困」，そして脱産業化（脱工業化）段階における労働力のフレキシブル化がもたらす貧困を「降格する貧困」とそれぞれ呼んだ（ポーガム　2016）．この分類は，本書の守備範囲を示す上で有益である．柳田の見た新しい貧困とは，「統合された貧困」から「マージナルな貧困」へと貧困の質が変化していったその時期において現れ出た，「マージナルな貧困」のあり様を述べているといえる．本書は，その「マージナルな貧困」と現代的な「降格する貧困」を扱うものである．「マージナルな貧困」と「降格する貧困」の間には確かに質的な変化が見られるが，しかし，柳田のいう「貧窮を忍び能わざる心」という心の状態は一貫して観察することができ，個人化の展開は今日にまで及んでおり，「マージナルな貧困」と「降格する

貧困」とを連続させて捉える視点も重要である。また，「降格」者たちの社会的・制度的処遇は，「マージナルな貧困」への排除の様式を継承しており，その点でも連続的に見なければならない。こうしたことについては，後の章で詳細に述べていきたい。

6. 社会的排除とアイデンティティ

　柳田のいう「貧窮を忍び能わざる心」を，私なりにいい換えてみたいと思う。貧困は，アイデンティティの問題として体験される。私たちは，「何か」であることを求めてやまない。しかも，「何か」であるためには，「誰か」を必要としている。E・エリクソンが心理学的概念として定着させたアイデンティティという言葉は，他者への依存を免れないそうした「私」のあり様を捕らえたものだった。アイデンティティとは，個人が他者とのかかわりの中で獲得する，まとまった自己の感覚のことだ。アイデンティティは，自己の呈示と他者による承認によって可能になるが，貧困は承認の取り付けを困難なものにする。今日においても，組織の一員になる，家族そして地域社会の一員であることはアイデンティティの調達を滑らかにする主要な方法であるが，貧困は，組織の外部を生きる，地域社会からはよそ者として生きる，家族を維持できないあるいは独り者として生きることを伴いやすく，自己を承認してくれる他者を得がたくする。それゆえに，自らの存在がどうにも否定的なものに思われ自分からも認めがたいものになっていく，それが困難としての貧困の核心にある。

　これは貧困の心理学ではないのか。いやそれは違う。一人の悩める者の悩みを社会から切り離し，個人の心の問題にしてしまう愚を犯すつもりはない。アイデンティティがあくまでも他者からの承認によって可能であるとすれば，困難としての貧困も，貧者に用意された社会的な関係

の中において体験されることになる。

　本書全体にかかわる概念である社会的排除についてもここで述べておきたい。社会的排除とは，財や権限を既得する層・集団やそれと連動した国家権力が，特定の社会的カテゴリーを資格外とみなし財や権限から締め出すことをいう。例えば，労働市場においては，学歴，ジェンダー，国籍などによって労働者は階層化あるいは身分化されている。組織の外部に位置づけられたり（非正規雇用の労働者になる），あるいは，労働市場からの退場を求められる（半失業状態が永続する）順位は，その人がどのようなカテゴリーに位置づけられているのかによって決められやすい。国家とかかわる制度においても，排除がなされる。帰属する組織や家族がなくまた定住せずに流動的な生活を送る貧しい人々は，制度から疎外される傾向があったし，国家は「よい国民」とそうではない人々を選り分ける。社会もまた排除が遂行される現場である。多くの人々の意識・無意識に浸透した様々な差別は，貧者の生のあり方を大きく拘束する。

　社会的排除は，いくつもの欠如や不利をめぐる指標の寄せ集めとしてあるのではなく，ある種の関係を指し示す概念であることが重要である。排除は，カテゴリー間の関係において生じる。例えば，労働市場において，大卒と高卒は，排除‐被排除の関係にある。正規雇用の社員と非正規雇用の社員も，排除‐被排除の関係にある。あるいは，新卒採用の大学生とフリーターは，排除‐被排除の関係にある。いずれも，前者のカテゴリカルな利益は，後者の不利益を前提とするものであるからだ。後者を排除することによって，前者のためのパイは守られているともいえる。もちろん，男性と女性，エスニックな多数派と少数派もまた同様に論じることができる。こうした直接的な排除関係は，まずもって貧者の（あるいは双方の）自己認識・アイデンティティのあり様に影響を及ぼす。社会の様々な場面において，自己を排除する他者のまなざしに晒さ

れ，生々しい排除 – 被排除の関係の中で被排除者として自らがあることを思い知らされるとき，貧者のアイデンティティ構築は困難に突き当たることになる。近現代の時空間における貧者のアイデンティティ問題を社会的な排除関係と関連づけて論じること，それもまた本書における課題の一つである。

参考文献

- 有賀喜左衛門『有賀喜左衛門著作集Ⅰ・Ⅱ　日本家族制度と小作制度（上）（下）』未来社，1966 年（原著 1943 年）
- Beck, U., Giddens,A. and Lash,S., 1994, *Reflexive modernization : politics, tradition and aesthetics in the modern social order*, Stanford University Press.（松尾精文・小幡正敏・叶堂隆三訳『再帰的近代化～近現代における政治，伝統，美的原理～』而立書房，1997 年）
- ポーガム, S.（川野英二・中條健志訳）『貧困の基本形態～社会的紐帯の社会学～』新泉社，2016 年（原著 2005 年）
- Giddens, A., 1992, *The transformation of intimacy : sexuality, love and eroticism in modern societies*, Stanford University Press.（松尾精文・松川昭子訳『親密性の変容』而立書房，1995 年）
- 鬼頭宏『人口から読む日本の歴史』講談社学術文庫，2000 年
- 中川清『日本都市の生活変動』勁草書房，2000 年
- 中野卓「「地域」の問題と社会学の課題」中野卓編『地域生活の社会学』有斐閣，1964 年
- 西澤晃彦『貧者の領域～誰が排除されているのか～』河出書房新社，2010 年
- 柳田國男『明治大正史世相篇（新装版）』講談社学術文庫，1993 年（初出 1930 年）

2 | 貧困の社会学・序説
見田宗介「まなざしの地獄〜現代社会の実存構造〜」[注]を読む

《目標＆ポイント》 見田宗介（みた　むねすけ）の論文「まなざしの地獄〜現代社会の実存構造〜」を読み，他者のまなざしによって貧者のアイデンティティが構築され，また，それでも貧困をこえて「尽きなく存在」しようとアイデンティティの再構築が試みられる，そのような貧困を起点とした内的な過程について考える。

《キーワード》 貧困，他者，まなざし

1. 貧困の定義と基準をめぐって

　たびたび紹介されるトルストイが『アンナ・カレーニナ』の冒頭に置いた，「幸福な家庭はどれも似たものだが，不幸な家庭はいずれもそれぞれに不幸なものである」（中村融訳，岩波文庫）は，貧困をめぐる議論の混迷をいい当てたもののようにも読める。そもそも貧困とは何であるのか。その定義が困難であるがゆえに，私たちは，私たちが語ろうとするその対象をいつの間にか取り逃がしがちである。ある種の悲惨が並べられそれによって醸し出されているある種のイメージが「貧困」と呼ばれているようであるが，そこにおける貧困の把握はどこか虚ろで焦点を結んでおらず，一時の関心は容易に霧散しそうである。
　もちろん，定義ならぬ基準が立てられてはいる。だからこそ，貧困研究は細々ではあっても社会福祉学の領域を中心として続いてはきたし，貧困対策も不充分であってもなされてきた。ただ，立てられた基準は，政策の立案や援助方法の構築を目的として，ひとまず統計表の上に「線

を引く」ために設けられた実践的で暫定的なものに過ぎない。そして，ここがもっとも忘れてはならない点なのだが，貧困の基準は，その時代その社会における，支配階層，官僚，研究者，そしてマジョリティがもつ願望・欲望や差別意識の影響を色濃く受けて決定されることを免れなかった。K・マンハイムは，言葉がその言葉を発する人の社会的位置に規定されることを存在拘束性と呼んだ（マンハイム　1971）。世間知らずの優等生たちが「貧困など存在しない」であるとか「貧乏人は努力しない」などと簡単にいってのけたりしたのも，そのためだった。そうした人たちは，悪意をもってそう述べているのではなかった。ほんとうに，そのように現実が見えていたのである。この世の中で，事実とされているものは，都合のいいあるいは安心できる情報をつまみ食いすることによって作り出されたものなのかもしれない。現代は，そのような都合のいい情報のつまみ食いが誰にでもできる時代になったといってよい。私たちがスマートフォンを通じて触れる情報は，見事なまでに今の自分を正当化し，快適さを持続させることに寄与するものばかりになってしまっているのかもしれない。

　相対的貧困率（単に「貧困率」といわれることもある。より正確に「所得ベースの相対的貧困率」と表されることもある）というものがある（【資料2-1】P.231参照）。あえて世帯単位の所得のみに絞って，一国内での相対的格差に着目した指標であるということができる。決して困難な調査が求められていた訳ではなかったにもかかわらず，日本政府は，1965年に貧困率の公表を打ち切った。そして，これにより，貧困をめぐる議論の根拠とされるべき事実が消滅してしまったのである。その時期に，貧困がなくなったはずはない。しかしながら，貧困は公論のテーマとしては成立しなくなり，社会もまた貧困を忘却していった。【資料2-2】（P.232参照）で示したのは，朝日新聞の新聞記事の見出し

における,「貧困」という言葉の出現頻度である。ここで表された数値は,客観的事実としての貧困とは全く関係がない。あくまでもこの資料が示しているのは,貧困という言葉の歴史である。それでもここから分かることがいくつかある。貧困という言葉は,2000年代後半まではどこか遠くの国——ほとんどは発展途上国の記事だが,アメリカやフランスの記事もある——で起きている不幸についていい表す言葉だった。日本で起きていた同様の不幸について,貧困という言葉を用いて語ることは忌避されていたといっていい。離婚,非行,犯罪,暴力,売春,自殺,ギャンブルその他といった現象・事件は,もっぱら個人道徳の問題として語られるだけで終わってきた。それらは,貧困との関連づけを解除されることによって,社会問題としては充分に問題化されなかった。おそらく,貧困は,国家にとっても多くの人々にとっても「あってほしくない」「あってはならない」,それゆえに「見たくない」「ないことにしたい」ことなのだ。ところが,突然,2000年代の後半になって新聞紙上でも国内の出来事について貧困という言葉が用いられて論じられるようになる。これは,唐突で急激な変化であった。隠し通すことができないほどの貧困の露呈があったということだと思う。これに呼応するように,政府が貧困率を再び公表するようになったのが,2009年である。実に長い間,国家も社会も貧困を忌避・忘却し,巧妙に「なかったこと」にしてきたのである。

　さて,貧困率をめぐるこの小さな歴史が教えてくれることは,第一に,貧困の定義,基準,指標は,どうにでも恣意的に動かされてしまうということである。経済成長を至上のものとして資本と労働者が動員され,それへの寄与が期待できない者の価値が圧縮された世界においては,もっとも基本的な指標である貧困率ですら隠されてしまった。第二には,ひとたび作られた定義や基準から指標を得て測定し続けることには,や

はり意義があるということである。指標が大づかみなものにしかならないのは自明である。しかし，この単純な指標を用いて，貧困率を継続的に示し続けることは重要である。例えば，子どもの貧困率が13.9％という数値は，それ自体では多いとも少ないともいえないが，その数値が，時系列的な比較による増減の測定や他国の数値との比較に供せられることによって，現在的な国家や社会の特質をも浮かび上がらせる意味のあるものになる。

2. 朝の紅茶

「線を引く」ことの恣意性については常に心に置くとして，それでも測定はなされなければならない。そして，その上で，基準や指標の妥当性をめぐる議論は続けられなければならない。基準の妥当性をめぐる議論の中に，私たちが貧困とは何かを考える上で示唆に富む問題提起がいくつもあったことも強調しておかなければならない。ここでは一つだけ，そしておそらく一番有名な例をあげておきたいと思う。P・タウンゼントの相対的剥奪論は，貧困規準と貧困指標の歴史における大きな転回点といってもよいと思う（Townsend 1979，山森 2000）。タウンゼントは，個々の貧者にとっての貧困は実は客観的なものではないという事実から議論を組み立てていく。「あるべきものがない」という主観的な欠如感覚は，貧困体験の中核をなすことがある。例えば，生活習慣にしたがって朝の紅茶にこだわる貧しい高齢者にとって，紅茶は栄養学的に意味のない贅沢品だといえるのか。あるいは，自らの貧しい身なりを恥じる少年少女の悩みは，華美を求める不道徳なものといえるのか。そうではない。むしろ，朝の紅茶——生活習慣——やそれなりの身なり——社会生活への参加——こそが，その欠如によって貧困が耐え難いものになる象徴財であるのだ。そうであるならば，「あるべきもの」が何かを

発見してそれを指標に組み入れることが，貧困の測定にも求められることになる。幸いなことに，日本国憲法第25条では，「健康で文化的な最低限度の生活」を国家によって保証されることが国民の権利となっている。「最低限度の生活」に，「健康で文化的な」膨らみが要件づけられているのである。ただ，何を「あるべきもの」とするのかについての判断は，その時代の社会の合意に委ねられているといってもいいだろう。そうなると，私たちが「朝の紅茶」に気づくことができるのかどうかが問われる。貧困へのアテンション（心の傾き）が弱い社会においては，「朝の紅茶」への思いなど蹂躙されるに違いないだろう。タウンゼントの問題提起は，貧困を把握しそれを社会問題とすることの難しさをかえって思い知らせる。

　トルストイのいう「それぞれに不幸なもの」を私たちはどう語ればいいのか。多様性に目をつぶった上で，ひとまとめに図表の上に乗せ上げ「線を引く」というアプローチの意義と問題点についてはすでに述べた。本書で試みたいのはそれとは異なる，貧困に対する社会学固有のアプローチである。ここでは，実践からは距離を置くことにする。つまり，役に立つのか立たないのかを判断しない地点に立って，考察を積み上げてみたい。本書の小志は，貧困という現象――人々が体験する貧困――の理解への貢献である。「それぞれに不幸なもの」が「それぞれ」の問題にすぎないのであれば，そこにおける不幸は社会問題ではなく個人問題ということになる。実際，そのように貧困は受け止められ，その放置が正当化されてきた。しかしながら，「それぞれの」問題に過ぎないように見えるものに目を凝らせば，そこには体験の共有性と背景の共通性が見出されるのかもしれない。ここでいう貧困とは，その体験に共有されるものを取り出し，またそれを生じさせた共通背景を説明していくための言葉――概念――であるということができる。貧困を理解するとい

う試みは，政策や実践に直結するものではないかもしれないし，いっそう解決の困難さを際立たせるに終わるものなのかもしれない。しかし，貧者の不在を想定するのではなくその存在を前提として社会のあり様を問う文脈において，社会学的アプローチが生産する貧困理解は意義をもつようにも思われる。私たちがこの社会をより寛容で包容力のあるものにしようとするのであれば，「朝の紅茶」の意味を感受する糸口も必要であるだろう。

3．まなざしの地獄

　見田宗介の「まなざしの地獄」(1973) は，今後の貧困の社会学的研究に対して理論的に大きな影響を及ぼし続ける論文であるだろうと思われる。貧困研究が着目すべきポイントを明瞭に指し示しているというそのことによって。この論文では，N・Nという「現在日本に実在するひとりの少年」の「生活史記録」を分析し，N・Nのもがきあがいた営為が「照らし出してしまった」社会の様態を明らかにすることが目指される。N・Nとは，1968年から1969年にかけてのいわゆる「連続ピストル射殺事件」の犯人（逮捕時は19歳だった）であった永山則夫のことである（1997年に死刑が執行されているので，「現在」は「日本に実在」しない人物ということになる）。永山は，獄中にあって，多くの手記や小説を発表しており，見田は，いずれも1971年に公刊された手記である『無知の涙』と『人民を忘れたカナリアたち』を主要な資料として引用しつつ分析を行っている。

　できるだけ簡単にこの論文の内容を紹介しておこう。N・Nは，七人の兄妹とともに，ほとんど母親だけで育てられた。中学校は半分も出席していない。青森での，そしてその家族における貧しく厳しい生活は，強烈な家郷(かきょう)嫌悪とその家郷に染め抜かれた自分への自己嫌悪を彼にも

たらす。1965年3月に青森県の中学校を卒業し，集団就職で東京に向かった彼は，渋谷駅前のフルーツパーラーに就職するのだが，そこでの働きぶりは悪くないどころかたいへん熱心なものであった。この熱心さこそ，家郷嫌悪＝自己嫌悪に根ざした，「その存在を賭けた投企」であった（「投企」の意味は後述）。

　1965年の中卒就職希望者の求人倍率は3.72と高く，中卒労働力の「最大の需要地が京浜であり，そこへの最大の供給地が東北」という構造が確立し，東北から東京への若年層を中心とした太い人の流れが生じていた。それに触れた上で，見田は，N・Nだけではない，当時「金の卵」と呼ばれた（卵は安くて栄養価が高い食品である）十代の労働者たちについて，次のように述べている。「都市が要求し，歓迎するのは，ほんとうは青少年でなく，「新鮮な労働力」にすぎない。（中略）ところがこの「新鮮な労働力」はその一つ一つ，解放への生を求める自由な主体としての人間，ましてや青少年である」。当時，「流入青少年問題」とマスコミや社会学者によって名付けられた社会問題があったが，見田は，そうした「問題」の「核心部分は，この落差のうちにこそ胚胎している」と述べている。ある種の労働力役割を期待しそこから逸脱する要素を「不条理な攪乱要因」として拒絶する都市と，上京に「自己解放の夢」を託したN・Nを含めた多くの「流入青少年」たちとの間の乖離がそこにはあったのである。

　N・Nは，たった一人の，特異ともいえる存在である。しかし，見田は，N・Nという「極限値」――「極限性」は人を「とくべつに敏感な感受主体－顕在化の媒体」たらしめると彼はいう――を通して，「流入青少年」の現実を明らかにしようとする。なぜ，あえて「極限値」の固有の体験に目を向けるのか。例えば，図表の上に人々を乗せ上げて，「金の卵」の働きぶりを統計的事実として取り出すことは可能だろう。「全体とし

てみんながんばっている」とでもいうような。だが，そこに先に述べたような「落差」があるのであれば，話はそう単純ではなくなる。例えば，仕事熱心でねばり強いというという「金の卵」への認識は当時あったが，それは，もちろん，東北出身者の属性や性格に由来するものでは全くない。東京の側からの「金の卵」への期待がまずあって，そのような期待にあえて応えることで高く評価されようとした「流入青少年」がいる，そのようにして「金の卵」の働きぶりも決定されていったと見るべきだろう。N・Nのフルーツパーラーでの熱心さがそうであったように。

　見田は，次のような言葉を提示している。「統計的な事実の実存的意味。同時にまた実存的な諸事実の統計的意味」。ここでいう実存とは，人間存在の「尽きなく存在し」ようとする側面に——アイデンティティ論に引きつければ，承認を求めてやまない側面に——焦点を当てた哲学的概念である。「金の卵」が仕事熱心であるという統計的事実の背景には，そのような自己をあえて選び演じることによって，「何かであろう」（あるいは「何かではないようにしよう」）と試みる実存たちによる「尽きなく存在する」ための無数の実践がある（しかし，その無数の実存的な行為は，例えば統計表の上では「仕事熱心」というラベルで一括されて，統計的事実として固定されてしまいがちなのだが）。

　見田は，投企の意味を強く持ったN・Nの営為に特に着目する。投企とは，宿命論——あきらめへと誘い，現実を受け入れさせる論理——に抗って「尽きなく存在する」ためになされる振る舞いの一切である。だが，上に見たように，投企の意味は，集合的な統計的事実の中に解消されてしまいがちで読み取りにくい。一方，社会的期待から逸脱して「あえてそうする」個性的な振る舞いに，それは露出しやすい。「極限値」を対象とすることには，実存と投企を見出すための戦略的意味があるのだ。

N・Nによる家郷脱出の投企は，結局のところ，挫折する。地理的な移動は脱出を保証しない。生まれ育ちを無かったことにするのは容易ではなく，あろうことか私たちは自らそれを表出しさえしてしまう。N・Nは，ある職場で，自らの戸籍謄本に記された出生地（彼の出生地は網走市であった）と幼い頃にできた顔の傷をからかわれたことに絶望して，戸籍謄本を求められない仕事を渡り歩くようになる。そして，生まれ育ちにかかわる何かを誰からも問われないどこかを，切実に求めるようにもなった。彼は，これ以降，「執拗に＜密航＞による国外脱出を企て」るようになる。事件にまで至るその後のN・Nについて，そしてそれについての見田の分析——怒りの感情と「悪による存在証明」に関する考察——はここでは省略する。

4．表相の操作

　N・Nの投企を挫折させたものとは何であったのか。見田は，N・Nに深い挫折をもたらした社会のあり様を，まなざしという概念を用いて捉えようとする。「服装，容姿，持ち物」のような具象的なものであれ「出生，学歴，肩書」のような抽象的なものであれ——顔面の傷にせよ戸籍の記載にせよ——，それは一つの人格にとって表相に属するものではある。しかしながら，他者のまなざしはこの表相をこそ捕捉し，「ひとりの人間の総体を規定し，予料する」。まずもってN・Nは「顔面のキズとして，あるいは網走出身者として対他存在」する。他者のまなざしは，「尽きなく存在し」ようとする人々の「一個の自由としての飛翔をとりもちのようにからめと」り「限界づけ」る。私たちは，他者のまなざしが所詮私の表相しか捉えていないことを知っている。しかし，私たちは，そのまなざしに容易に捕らわれてしまう。ほんとうは誰も私のことなど見ていないのかもしれないのに，私たちは，他者のまなざしを抽象

化して——例えば,「世間の目」といった具合に——「誰かに見られている」と思うようになり,それに拘束される。それが,「他者たちのまなざしの罠」なのである。

　自己解放を挫(くじ)くまなざしの地獄の中で,そこがまなざしの地獄であるがゆえに試みられる自己解放の実践がある。まなざしは表相を捉える。そうであるならば,表相を操作することによって,自己を他者に都合よく認識させることが可能かもしれない。多くの人が現にそうしているように。上京後のN・Nには「二つの顕著な関心の焦点」があった。それは「再三にわたる熱心な「進学」への意欲」と「身につけるものについての高級品好み」であった。N・Nにとっての進学の意味は上京のそれと似ていた。進学もまた,彼にとっては自己存在をロンダリングするための方法としてあっただろう。一方の,「高級品好み」の実存的意味とは何か。N・Nが「人夫」をしている際に吸っていた煙草はポールモールだった。珍しい「洋モク」である。また,「大学生の肩書を印刷した名刺をもち歩く」ようにもなった。19歳で逮捕されたときには,拳銃の他に,「ローレックスの腕時計」「ロンソンのライター」「明治学院大商学部の学生証」などを所持していた。借りていた三畳間のアパートからは,「残高ゼロの預金通帳,シェーファーの万年筆,パーカーのボールペン,アメリカ製ボストンバッグ,等々」が見つかっている。N・Nは,「都会が青年をそれによって判断する表相性の獲得による,自己存在の離脱への投企」の「具体化」に,ある意味愚直にのめり込んでいたのである。

5.「とりもち」としての貧困

　高校進学を断念して以降，N・Nは，表相の操作によってまなざしを出し抜くことに熱を上げた。しかし，そのような振る舞いは，後に社会から糾弾されることになる。マスメディアはその贅沢をあげつらい，彼への「同情者」たちでさえ反感を抱いた。社会によって，貧しい少年「らしくない」行為が，否定されたのである。この誉め回すようなまなざしが，「らしくない」行為をまずもって抑止し，社会の序列を再生産してきたのだ。「そののりこえのあらゆる試みにつきまとい，とりもちのようにその存在のうちにつれもどす不可視の鉄条網として，階級・階層の構造は実在している」。

　「とりもち」や「鉄条網」の比喩によって示された，貧者にまとわりつくそのものこそが貧困である。見田は，この論文において，貧困について次のように述べている。貧困とは，「それぞれの具体的な社会の中で，人びとの誇りを挫き未来を解体し，「考える精神」を奪い，生活のスタイルのすみずみを「貧乏くさく」刻印し，人と人との関係を解体し去り，感情を枯渇せしめて，人の存在そのものを一つの欠如として指定する，そのようなある情況の総体性である」。

　ここでは貧者にのしかかる——ねばねばとまとわりつく——ある「情況」について述べられている。「誇りを挫」かれ「未来を解体」され，「考える精神を奪」われ，「生活のスタイルのすみずみを「貧乏くさく」刻印」され，「人と人との関係を解体し去」られ，「感情を枯渇」させられた人々が貧者であるのではない。貧困の中にあっても，「尽きなく存在する」欲望はどういうことか湧き上がる。貧困に組み伏せられたように見えて貧困に抗う実存のあり様は，ささやかな振る舞い，小さなつぶやきの中に発見することができるはずである。つまり，貧困とは，実存への欲望を

挫く圧として貧者によって体験されるそのもののことである。

　見田は，この貧困の記述の直前に「貧困とはたんに生活の物質的な水準の問題ではない」とも述べている。N・Nには，幼い頃に，飢えの体験があった。しかし，生理的あるいは「物質的な水準の問題」を人間はそのまま生理的・物質的に体験する訳ではない。N・Nにおいては，「郷里での「飢え」の体験」である「母が貧しさに耐えかねて八人の子供のうち，N・Nを含めて四人を一冬置き去りにしたということ（ここで四人が生きのびたのは奇蹟的といわれる）」が，「「みすてられた」体験」として，「一つの関係の体験」として体験され，記憶される。私たちは，あまりにも関係的存在（社会的存在といってもよい）であるために，物質的なものを関係的なものに読み換える文化化の操作――自然のままのものを人間の世界に移し替える操作――を無自覚になすのである。

　さて，見田宗介の論文「まなざしの地獄〜現代社会の実存構造〜」を読む作業を終えて，それを私なりに消化することから得られた，本書の全体にかかわる枠組みをまとめておきたい。

　第1章でも述べたように，私たちは，「何か」であることを求めてやまない。しかも，「何か」であるためには，「誰か」を必要としている。アイデンティティ確立の要件は，自らがその存在を他者に呈示すること，そして，それを承認する他者が現れることである。自己呈示にせよ，承認の取り付けにせよ，それらは何とも厄介な挑戦である。だが，私たちは，倦むことなくこの挑戦に憑かれてきた。これは，貧者においても同じである。しかし，貧者は，承認を取りつける手段の剥奪とねばねばとまとわりつく否定のまなざしによって，「今の私ではない私」への欲望を挫かれる。にもかかわらず，貧者は，貧困に抗い，ささやかな試みによってあるいは時に無謀な振舞いを通じて，「尽きなく存在する」余地を探り続ける。「貧困の社会学」は，この貧困と貧者の相互作用に関心

を集中させなければならない。そして，貧者のアイデンティティ構築を挫折させる「鉄条網」を焙り出すことによって，結果的に社会の構造を照射することにも努めなければならない。

注）「まなざしの地獄」は，1973年に雑誌『展望』173号に初めて掲載された。1979年には，見田宗介『現代社会の社会意識』（弘文堂）に収録され，さらに2008年に『まなざしの地獄』（河出書房新社）として出版された。サブタイトルは，「都市社会学への試論」→「現代社会の実存構造」→「尽きなく生きることへの社会学」と，その都度改変が見られる。本書では，弘文堂版の「現代社会の実存構造」を「まなざしの地獄」のサブタイトルとしているが，これは筆者自身の慣れ親しみの問題であって大きな意味はない。

参考文献

- マンハイム，K.（徳永恂訳）『イデオロギーとユートピア』（『世界の名著』第56巻）中央公論社，1971年（原著1929年）
- 見田宗介『まなざしの地獄～尽きなく生きることの社会学～』河出書房新社，2008年（初出1973年）
- Townsend, P., *Poverty in the United Kingdom : a survey of household resources and standards of living*, University of California Press, 1979
- 山森亮「貧困・社会政策・絶対性」川本隆史・高橋久一郎編『応用倫理学の転換～二正面作戦のためのガイドライン～』ナカニシヤ出版，2000年

3 | 貧しい暮らし

《**目標&ポイント**》 生活構造論のいくつかの文献を読み解きながら，生活への貧困の刻印について考えたい。また，今日的な消費社会における貧しい暮らしについても考察する。
《**キーワード**》 生活構造，相対的剥奪，消費社会

1. エンゲルとマズロー

　貧困の基準は，貧困線と呼ばれることがある。B・S・ロウントリーは，1899年，イギリス・ヨーク市で全ての労働者世帯を調査し，多数の労働者は人生において3度，収入が栄養学的に必要な最低生活費を下回る危機に瀕することを明らかにした。幼い子どもであった時期，結婚し子どもが生まれて後の子育て期，そして高齢期である（大人としては2度，ということになる）。ロウントリーにおいては栄養学的裏付けから導き出された最低生活費が貧困線（第一次貧困線）であった（ロウントリー1959）。こうした知見は，20世紀の福祉国家における社会保障制度に，決定的な影響をもたらすものとなる。私たちの社会保障制度が，子どもと高齢者に手厚く設計されているのは，発見されたライフサイクル上の危機に見合うものである。もちろん，にもかかわらず，21世紀の今も，子育て期と高齢期は，多くの人々にとって困難な時期であり続けている。それに加えて，結婚し子育てをする人生が「あたりまえ」のこととはいえなくなった21世紀的現実は，別種の生活不安をもたらしてもいる。

さて，危機を除去できず心配と不安が絶えない社会にあって，貧困に直面した人々はどのようにその暮らし――生活――を構築するのだろうか。心配や不安に脅かされていたとしても，生活の大部分はルーティン化されており，それぞれがそれぞれの暮らしの型をもつものなのではないか。ここで，今に至るまで頻繁に参照され続けている，人々の暮らしぶりを説明する理論を二つ紹介しておきたい。私の評価を先に述べておけば，初めに紹介する第一の理論は現実に照らし合わせて大きな限界があり，第二の理論は貧困理解にとってむしろ有害である。

　第一の理論は，エンゲル係数としてよく知られているものである。E・エンゲルは，19世紀末のドイツにおいて，より貧しくなればなるほど家計支出に占める飲食物費の比率が大きくなることを示した。この比率がエンゲル係数である。まず，生活をかたちとして把握する糸口として，家計（世帯収入と支出）に着目することは当然であるだろう。例えば，家庭に，テレビや車が何台あるかであるとか，携帯電話・スマートフォンにどの程度使用料を使っているのかなどといったことは，ある人やある家庭の暮らしぶりを確かに示している。エンゲルの場合，収入に規定されつつ，貧しい人々は質素な，豊かな人は贅沢な生活をするという傾向がやはりあるということを示したということになる。

　収入や資産による生活への拘束は，当然のこととしてある。貧困は，まずもって物質的な欠乏に由来する。しかしながら，私たちの生活は，単に手持ちの金銭を反映したものなのではない。人間の生活は，カメレオンの皮膚のように器用に外的環境の変化に即応させることができるものなのか。もしそうであるならば，貧困研究は，経済学と社会政策論だけで事足りるということになるだろう。実際には，人間は，手持ちの資源に合わせて最適の生活を組み立て得るほどの経済合理性を有してはいない（そもそも「最適の生活」がどのようなものかなど誰にも分からな

い)。後に述べる生活構造論は，その事実を明らかにする。

　第二の理論は，A・マズローの欲求段階理論である（マズロー　1987）。マズローは，人間の欲求がピラミッド状に構成されると見，基底に生理的欲求を置き，それが充たされてその次なる段階として安全の欲求が生じるとする。下位の欲求が充たされれば，順次，社会的欲求（愛と帰属の欲求），そして尊重の欲求とより高次の欲求が行為の動機となっていく。これらすべてが充たされた人物には，自己実現の欲求が発現する。この高度の欲求を充たすことによって人は自己実現者になる，うんぬん。自己実現という言葉とともにこのような話は，どういう訳か今日においてもきわめて目に耳にする機会が多い。マズローを口にする人においてはこれがあたかも「定説」であるかのように語られていたりもするが，この理論の由来についてはだいたいにおいて触れられない。そもそも，マズローのこの理論は，リンカーンやアインシュタインといった歴史的人物を含む30人足らずの人々の記録をもとに，自己実現者の誕生を謳い上げたものであって，マズロー自身の価値と理想の表明であり，ある種の物語というよりないものなのである。事実としての人間の欲求は，マズローのいうような発現段階を構成していないのだ。私たちの欲求ピラミッドは，実はぺちゃんこに圧縮されている。貧しさひもじさの中にあっても，人間は，見栄や体裁や「世間体」を気にしており，社会から自由になれない。そこにおける恥辱の感情が，「貧窮を忍び能わざる心」であった。そうした事実を起点におかなければ，貧者の体験を理解することなどできない。

　マズローを引用しなくても，あるいはマズローなど知らなくても，欲求段階理論は根強いイデオロギーとして貧困をめぐる語りを拘束し続けている。ここでいうイデオロギーとは，それを語る自己と自己を支える世界を正当化する，物語化されたあるいは理論のような体裁をもつ言葉

のことをいう。イデオロギーは，通常，分かりやすい論理として社会を漂っており，人はそのような論理を適当につまんで語りながら場当たり的に自己を正当化したり他者を貶めたりする。例えば，「女性には母性本能がある」という妙に「理論的」な言説は，働く女性を貶め性別役割分業体制を肯定する文脈で利用されてきたものだが，こうした言葉を流通させておきさえすれば，真偽が確かめられることもないまま構造を強化するセメント材となる。このような融通無碍なイデオロギーの存在形態が，かえってイデオロギーの社会的影響力を高めているといえる。

　マズロー理論のいやらしさは，心理学的な外見を持ってはいるが，読み手によってある種の社会理論や規範理論へと容易に読み換えられやすいところにある。人間としての頂点には，選ばれた少数者である自己実現者が置かれる。下位の欲求にあえぎそれを充たすことができない貧者は，欲求段階ならぬ現実の社会階層の下位に位置している。マズローは，結果的に，現にある階級・階層構造において上位にある者の優越性にあらためて言葉を与えることで，眼前の社会構造を正当化したことになる。「マズロー的言説」が漂う社会においては，貧者が自らの人権を主張したり自己実現を夢見ることは「分不相応」な逸脱とみなされやすい。現に，貧者のささやかな贅沢や自己主張は，社会的な攻撃にさらされている。欲求段階説は，夢見ることを許された人々にとっては自己の自由な自己実現を正当化する言説として飛びつきやすく，貧者を卑しめることで自らの優位性を確保しようとする人々にとっては攻撃の論拠としてもたれかかりやすいものなのである。だが，その理論なるものは，実は事実による裏付けのないあやしいものなのだが。

2. 生活構造論

　人間はあまりにも社会的あるいは文化的存在であるので、私たちの暮らしぶりは、収入や資産の単なる反映としてでは説明ができない部分を多く持っている。また、私たちの欲求は、物質的なものが充たされていくことで段階を踏まえて現れるのではなく、一時にすべての要素を混ぜ合わせた状態で現れ出る。このエンゲル法則やマズロー理論に逆らうような生活の現実は、今では社会学や社会福祉学の共通財産ともなっている生活構造という概念を要請する。私たちは、それぞれがそれぞれの生活を構築する主体として、たとえ「客観的には」非合理的と見えても、それまでの生活経験から導かれた何らかの準拠枠に従って自らの生活をかたち作ろうとする。そこにおける準拠枠のことを（あるいは準拠枠に基づいて形成された生活のかたちのことを）生活構造と呼ぶ。

　繰り返し多くの人々によって述べられてきたことだが、第二次世界大戦は、人々の生活構造を容赦なく解体し、「総貧困状態」ともいうべき事態を帰結した。数字を羅列すると、1945年の国民一人当たりの栄養摂取量は必要摂取量の83％で47年には47％にまで低下、1946年の失業者は復員者を含めて1,300万人、後に成立した生活保護法の基準から推計された1945年の要保護者相当数は340万人といった具合である（橘木・浦川　2006）。もともと資産があったとしても食料や必需品はそもそも手に入らずまたインフレも深刻であったから、貧しさの霧は広範な階層を包み込んでいた。

　そうした「総貧困状態」のただ中で、生活構造は発見される。物質的欠如は深刻で、しかもそのような事態は急激に生じた。そこにおいて、人々は、エンゲル法則に逆らったのである。「敗戦直後から1950年代初めの家計データ」は、むしろ「エンゲル法則の停止あるいは逆転という

現象」を示していた（中川　2000）。中鉢正美は，この「逆転」について，収入の劇的低下という事態のもとでの，「飲食物費乃至肉体維持に直接必要とする支出を若干節約しつつも耐久的な設備財の購入，及びその社会的地位を維持するための支出を余儀なくされているという事実」をみてとっている（中鉢　1956）。なぜ，人々は，ぎりぎりの状態にあって「食料費を抑制して」でも「社会的な支出を」維持しようとしたのだろうか。それは，従来の生活構造を何とか守ろうとする「生活構造の抵抗」であった（中川　2000）。中鉢の生活構造概念は，ずっと後になってP・ブルデューが論じたハビトゥスの概念とその履歴現象効果を思い起こさせる。ハビトゥスとは，身体化された慣習行動のことである。ブルデューによれば，ひとたびある人に定着したハビトゥスは，磁石が取り除かれてもその効果が残存するように，その人の社会的地位が変更されても影響を持ち続けるのである（ブルデュー　1990）。

3. 貧困の刻印

　残存する磁力という比喩は，貧困体験の根の深さをうまく捉えていると思う。環境が変わったとしても，人は，生活構造あるいはハビトゥスを無自覚に反復するのだ。実は，一般的な日本語表現の中にも，貧困の粘着性を同様に取り押さえた恐ろしい言葉がある。「貧乏くさい」というやつである。においは，手に染みついた魚やニンニクのにおいがそうであるように，何度洗っても容易に落ちてくれないしつこさをもつのだ。第2章では，見田宗介の「まなざしの地獄」(1973) を取り上げた。この章では，「まなざしの地獄」の10年前に見田が発表した，「貧困の中の繁栄〜泰平ムードの内面構造〜」(1963) という論文を紹介したい（見田　1965）。この論文も，貧困をテーマとしており，また「極限値」——そこでの表現は「極端な形」——が分析対象とされている点で，「まな

ざしの地獄」を予感させる論文となっている。ただし,「まなざしの地獄」では,永山則夫という貧困に打ち伏せられた敗者が扱われているのに対し,この論文では,「最後の相場師」とも呼ばれた立志伝中の人物である,証券会社経営者の自伝が資料として用いられている。いわば,永山則夫とこの人物が,貧困という同じコインの裏表のように描き出されているのである。

　論文に登場する人物は,福岡の極貧家庭に生まれ育ち,東京に出て戦後の混乱期にヤミ屋となって資金を調達し,相場師として成功を収める。見田は,彼の自分語りの中に「経済価値以外の一切の価値領域への無関心,とりわけ,人間と人間とのこまやかな愛情などへの感受性の欠如あるいは,これらの価値関心を切り捨ててしまう意志力」を見る。この人物は,自分が生真面目な人間ではないということを主張するために「浮気の経験はずいぶんとある」などと無邪気にいうのだが,そこに,見田は,「愛情を,〈浮気の経験の回数〉という形でしか理解していないまさにそのことに」愛情などの「領域への感受性の枯渇」をみてとる。彼の成功譚は,「全関心,全エネルギーを,経済的富の獲得のために目的合理的に組織」した人生の帰結であるかのように構成されているのである。

　貧困にあえぐ人がその窮状を訴えれば,「貧しくても成功した人はいるものだ」などと乏しい事例が引き合いに出されたりする。しかしながら,貧者を取り囲む障壁は,それを突破するための尋常ではないエネルギーとその集中を要求する。貧しさの中から出世した人はいるだろうが,彼や彼女が障壁を乗り越えるために失わなければならなかった代償について関心を持つ人は少ない。見田は,「＜貧困＞からの脱出の過程そのものの中で,主体の内部が貧困の論理に捕らわれていく」とし,「貧困によって条件づけられた欲望に支配されているという意味で,彼は貧困の支配下にある」と述べている。見田のこの分析は,よくある成金趣味

の揶揄のようにも読めてしまうかもしれない。しかし，ここでは，その成金趣味が貧困の履歴現象であることが理解され，貧困体験の効果が取り出されているのだ。

　見田のこの論述は，ブルデューによる「洗練された」「趣味のいい」文化を共有する階級が文化を指標として「野暮ったい」階級——低い学歴や地方出身の人々——を排除する過程について述べたものと重なり合う（ブルデュー　1990）。そもそも，貧困層は，限られた金銭ゆえに，まずもって生活のための有用性に根差したハビトゥスを定着させやすい。これは当然のことだろう。これに対して，上流階級は，自らの優位性・卓越性を示すためにあえて有用性に逆らって洗練性を競う「高級文化」を志向する傾向がある。そして，洗練されていないハビトゥスを体現する人々を，そのハビトゥスゆえに自らの世界から遠ざける——文化を指標として排除する——のである。日本語で「貧乏くさい」と呼ばれてきたものはこの洗練からの距離のことをいうのだし，「田舎者」であるとか先に述べた「成金」はことさらに自分たちの世界に侵入してきた「異物」を括り取り指さす言葉だったのである。第2章でも述べたように，貧困とは，物質的な欠如に相伴う，「そうなりたい」というアイデンティティへの欲望を挫く圧として体験されるもののことである。そして，貧困体験は，たとえ物質的欠如から解放されたとしても取り除くことができない刻印を打ち込むものなのである。

4．アイデンティティを買う

　話を生活構造論に戻そう。中川清は，生活構造論の視角から，20世紀初頭の東京市人口下層10％部分における生活構造の変化を捉えている（中川　1985, 2000）。1920年代にもなると，貧困層をも含め東京人の生活は安定・定着し，家族の形成が随分と進む（それ以前の東京の下層に

ついては第1章で述べた)。1920年代に入っての産業化の進展と建設・土木事業の大規模な展開——1923年の関東大震災以降,東京は都市域を大きく拡張させていった——は,それまで物売り,人夫,車夫など都市雑業に従事していた下層を工場の職工や日雇い労働者として労働市場に吸収させ,一匹狼の職人は徐々に「正社員」化していく。中川は,「日本の都市下層にも,雇われて働く近代の労働規律」が「次第に浸透」したと述べているが,これは「次第に」ではなく「急激に」と言い直すべきだろう。また,これに並行して,内縁率と離婚率の急速な低下が示すように家族生活も安定し,人口の自然増加率は上昇していく(【資料3】P.234参照)。注目すべきは,それとともに,女性の労働力率が低下した点である。つまりは,この時期において安定化したその家族なるものは,男性を稼ぎ手とし女性を主婦として核家族的に閉じられた近代家族の形態をとりつつあった。中川は,この組織・定住世界に近代家族として組み入れられていった都市下層に,戦後の「中流」の源流をみている。

　さて,注意すべきなのは,今述べた事態は,男性の稼ぎ手の収入が安定して妻が専業主婦になった,といった話ではなかったことである。やはり夫の収入は不充分なものに留まっていた。その一方で,妻が主婦化し,子どもによる収入が消滅した。ということは,何か支出を圧縮しなければならなくなる。中川による家計の分析によれば,都市下層は,収入はそれほど増えないままに,エンゲル係数を低下させながら——食費を切り詰めながら——,近代家族としての都市への定着を試みていた。そうしてでも,女は主婦であるべきで,子どもは学校に行くべきということだったのだ。中川は,この事態を「過剰な適応」と表現している。

　「生活構造の抵抗」であれ「過剰な適応」であれ,そこには,エンゲル法則からも「正常な」欲求段階からも逸れた極めて社会的な欲望が読み取れる。人々が,食費を切り詰めてでも貫き通そうとしたものは何で

あったのか。それは，彼ら彼女らが生きようとする世界の一員として承認されることを求める，アイデンティティの構築と維持の欲望であったと言える。

　T・ヴェブレンは，『有閑階級の理論』（1899）において，有閑階級——英語ではレジャークラス，富裕でぜいたくができる階層のこと——の消費行動が，個人の能力や名声を誇示し地位の高さを見せびらかす機能を果たしていることを明らかにし，そのような地位を見せびらかす消費のあり様を誇示的消費と呼んだ（ヴェブレン　1961）。それだけではなく，ヴェブレンは，資本主義の高度化とともに，より低い階層にも誇示的消費の様式が拡がっていくと予言している。消費は，それぞれが「必要なものを買う」ためのものではない。「地位を買う」ためのもの——ここでの言葉を用いれば，「アイデンティティを買う」ためのもの——なのだ。ヴェブレンは，消費行動を他者への自己呈示と他者からの承認の取り付けからなるアイデンティティ・ゲームと見る視角を提供したといえる。

　ヴェブレンの予言通り，現代を生きる私たちは，誰もが「必要なものを買っている」というにはあまりにも誇示的な消費にいそしんでいる。私たちは，消費を通じて「自己を買う」ことに熱を上げているのだ。「過剰な適応」を示したあの都市下層の人々のように。スターバックスで「ラテ」を飲む人は，「スターバックスで〈ラテ〉を飲む私」を買っている。レクサスに乗る人は，それにふさわしい私を買っている。これがアイデンティティ・ゲームであることは，ツイッターだのインスタグラムだのに目をやればたちどころに理解できる。

5.「世間並み」の消滅

　ここで，ヴェブレンの議論や生活構造論を念頭に置きつつ，日本の戦後社会を記述してみたいと思う。あの「総貧困状態」のその後についてである。この迂回は，後で論じるように，今日的な貧しい暮らしぶりの見えにくさを理解する上で有益である。

　「総貧困状態」の混乱は10年ほど続いたが，1950年代の後半に起動し1970年代半ばまで持続した高度経済成長期においては，年平均経済成長率が5～9％にも達して，「総貧困状態」ならぬ「総中流社会」が実現したとまで言われた。1960年代から80年代において研究者によって推計された相対的貧困率は，だいたい「5～10％」である（橘木・浦川　2006）。もちろん，この数値を「低い」と見るのは，ひどい時代と比較してそうみなせる相対的なものであり，また，戦時や戦争直後を起点として得られる感覚という意味で主観的なものである。この数値をまだまだ「高い」とみなしてその解決を志向する社会や国家もあり得ただろうが，日本はそうならなかった。「中流」なる評定は，あくまでもいささか自惚れを含んだ自己認識であった。そして，このような自己像が構築されると同時に，貧困は，忌まわしい過去のできごとのように集合的に忘却されていった。

　佐藤俊樹は，次のように述べている。「現実には生活水準の差があっても」，「上昇の可能性を共有しているかぎり，「みんなが中流」と考えても決しておかしくない。その意味で，日本は「総中流社会」だったといえよう」（佐藤　2000）。高度経済成長期というパイの拡張期においては，その拡張部分に食い込む階層移動が眼に見えた。大きな企業であるならば「同期入社」組がそろって組織内で地位を上げていくこともあったし，学歴を得てホワイトカラー化するブルーカラーや農民の子ども

たちもそれなりに現れた。それゆえ,「客観的な地位の高低も,その可能性によって無意味化され」るような,「総中流の物語」を語ることもできた。格差や断絶が無かったのではない。楽観主義が,多くの問題を無効化したのである。

　それにしても,「総中流の物語」は何によって,説得力を獲得することができたのだろうか。楽観主義は,何によって支えられたのか。「総中流社会」という社会認識,そして「中流」という自己認識は,画一的な消費様式によって強化されたと思われる。敗戦直後の「生活構造の抵抗」において見られた消費行動の社会性は,それなりに収入が安定するとともに「世間並み」という地位の証明へと方向づけられていく。「三種の神器」と呼ばれたテレビ,洗濯機,冷蔵庫は,いずれも商品化されて15年足らずの間に世帯普及率が9割をこえた。誰もが雪崩をうつように同じものを相争って買うことに熱を上げたのだ。洗濯機や冷蔵庫が利便性で説明できたとしても,テレビはそうとはいえないだろう。人々が熱中したのは,「世間並み」という地位を買い,自らの「貧乏くささ」を消して「世間並み」を演じることだった。この結果,画一的な消費様式は,視覚的にも似通った「世間並み」の人々を作り出すことになる。陳腐な結論ではあるが,「ふつう」の外見を多くの人々が獲得することで,「みんな中流」という認識が裏打ちされていったということになる。繰り返すが,貧困は消滅した訳ではなかった。そうではなく,見えなくなっていったというべきである。

　1970年代半ば,2度のオイルショックを経て,先進産業社会の高度経済成長は終焉する。それにより,個々においては「豊かさ」の気分をまだ残したままであったが,誰もが同じように「豊かさ」を獲得していく,そのようなプログラム,物語の信憑性は消滅する。物語の中では過渡的存在として許容されていた貧者はその居場所を無くし,貧者への寛

容性は低下していく。

　1980年代に入ると，多様なライフスタイルへの関心は強まり，かつてほどには誰もが同じものを消費することに血眼になることはなくなった。同じように見えるものであったとしても，その微妙な差異の方が消費欲求を刺激するようになった。個人化はさらに進展し，「個性」「私らしさ」への欲望がこれ以降高まっていくことになる。「世間並み」という準拠枠は崩壊したのである。人々が消費を通じて誇示するのは，「世間並み」と同じであることではもうなく，むしろ他からの差異によって示される「ふつう」ではない「私」なのだ。「世間並み」が無くなれば，それぞれの社会的関心の分岐に伴い，生活構造もまた多様化するだろう。そして，その「抵抗」のあり様もそうなる。生活が苦しくなったとしても「スマートフォンは手放せない」「車のランクを落とせない」「ご近所並みに教育には金をかけたい」「犬を飼い続けたい」，そういうこだわりのうちのどれかを捨てられない人は決して稀ではないはずである。そして，そのこだわりは，誰からも理解されるというものではなくなっている。

　現代人におけるアイデンティティ構築と消費行動の結びつきは，貧困理解においても特別の考察を求めさせるものだろう。消費が自己呈示の重要で数少ない手段となっているとすれば，貧困は自己呈示の手段が剥奪された状態ということになる。Z・バウマンは，そのような意味で，現代の貧困層を「消費社会のよそ者」と呼んだ（バウマン　1999）。それでも，貧者がアイデンティティを切望するとき，限られた資源のもとであっても，貧者の消費も多様なかたちをとるに違いない。第2章では，「朝の一杯の紅茶」へのアテンションについて述べた。だが，今日，その欠如の切なさが立ちどころに多くの人々に理解されるような「国民的」ともいうべき品目などもうないのかもしれないのだ。ある人がそれを失

うことによって存在を切り刻まれるような何かがあったとして，周囲の人々からはそのような悩みは贅沢としか見えない，そういう社会を私たちは生きている。

参考文献

- Bauman, Z., 1997, 'The strangers of the consumer era' in Bauman, "Postmodernity and its Discontents" New York University Press. (入江公康訳「消費時代のよそもの　福祉国家から監獄へ」『現代思想』1999 年 10 月号)
- ブルデュー, P.(石井洋二郎訳)『ディスタンクション～社会的判断力批判 I, II～』藤原書店, 1990 年（原著 1979 年）
- 中鉢正美『生活構造論序説』好学社, 1956 年
- ロウントリー, B.S. (長沼弘毅訳)『貧乏研究』ダイヤモンド社, 1959 年（原著 1901 年）
- マズロー, A.H. (小口忠彦訳)『人間性の心理学～モチベーションとパーソナリティ～（改訂新版）』産能大出版部, 1987 年（原著 1954 年）
- 見田宗介『現代日本の精神構造』弘文堂, 1965 年
- 中川清『日本の都市下層』勁草書房, 1985 年
- 中川清『日本都市の生活変動』勁草書房, 2000 年
- 佐藤俊樹「「新中間大衆」誕生から二〇年～「がんばる」基盤の消滅～」『中央公論』2000 年 5 月号
- 橘木俊詔・浦川邦夫『日本の貧困研究』東京大学出版会, 2006 年
- ヴェブレン, T. (小原敬士訳)『有閑階級の理論』岩波文庫, 1961 年（原著 1899 年）

4 | よそ者としての貧者
まなざしと不安

《目標＆ポイント》 漠たる他者のまなざしが貧者のアイデンティティに及ぼす影響について，スティグマ概念を援用しつつ論じる。また，都市の不安の変容と監視社会化に関しても述べる。
《キーワード》 まなざし，スティグマ，不安，監視社会

1. 貧者のアイデンティティ

　人は，ただ客観的な基準によって経済的に貧しいと判定されたところで，自動的に貧者になる訳ではない。貧者になるということは貧困を主観的に体験し，「貧しい私」という自己認識が定着することによってである。高度経済成長期に，都会の片隅で四畳半のアパート暮らしから新婚生活を開始した若い夫婦は，貧者であったといえるのか。貧しさをひしひしと感じていた夫婦もいたであろうが，将来への楽観的な見通しによって現前の貧しさが気にならなかったという人々が多かったはずである。そういう人々は，貧困を積極的に忘却していたといえる。それとともに，「国ごと」一年一年だんだんと「豊か」になっていくという未来信仰のもとで，客観的には貧しいというべきかもしれない若者たちをことさらに貧者として指さすようなまなざしもなかった。貧者は，貧者としてまなざされ，憐れむべき，あるいは忌避すべき社会的地位を与えられることによって貧者となる。その貧者を貧者にする過程が，貧者にとっては貧困体験となる。その意味で，高度経済成長期の多くの「貧しい」

若者たちは、貧者ではなかったというべきなのだろう。

　ある人に劣位のアイデンティティを植え付ける過程を捉えた社会学的研究としては、ラベリング理論がよく知られる（ベッカー　2011）。ラベリング理論は、逸脱研究から生まれた。例えば、なりゆきで万引きのような軽微な犯罪を犯した少年がいたとする。万引きはそこここで行われているし行われてきたが、たいていの場合、一時のもので収まっているはずである。しかしながら、ある少年が、周囲の他者から、貧しい家庭の子であるとかマイノリティであるとか、そうしたことをもって疑い深くまなざされ「本物」と認定されることによって、「不良」を自らのアイデンティティとする環境が整う。アイデンティティは、私の側からの自己の呈示と他者からの承認という相互作用によって構築されるが、そこにおける少年にとっては、承認を得られそうな手持ちのアイデンティティの選択肢はそうはなく、「不良」というアイデンティティが他者からの承認を容易に得やすいものなのである。このように、ラベリング理論は、他者が貼り付けたラベルがある人のアイデンティティを決定していくその過程を説明するものといえる。

　非行少年のようなアイデンティティ構築の過程は、貧者にも同様に見られるだろう。より限定された意味での「貧困の社会学」の先駆者は、おそらくG・ジンメルにまで遡ることができると思われる（ジンメル　1994）。ジンメルは次のように述べている。「貧者が社会学的なカテゴリーとして成立するのは、一定程度の欠乏と窮乏とによってではなく、彼が扶助を受けたり、あるいは社会規範よりみてそれを受けるべきであるということによる」（ジンメル　1994）。つまりはこういうことである。ある社会はある特徴を持った人々を貧者として指さす。誰が貧者であるのかは、社会によって決定される。その指さされた人々は、貧者という一つのカテゴリーで括り取られ、それにより貧者が作られる、そのよう

な見方がここに示されたのである。

2. 汚辱とスティグマ

　Z・バウマンは，個人化の徹底が進んだ新自由主義が席巻した世界にあって，貧困であることがあたかも犯罪であるかのようにみなされるようになったことを貧困の犯罪化と呼んだ（バウマン　2008）。もちろん，貧困が道徳の欠如と結びつけられて語られることは，それ以前にもあったことである。能力主義と労働倫理が支配する近代においては，貧困は，能力の欠如と怠惰によって説明される傾向が一貫してあった。だが，一方で，産業化による経済成長は，貧困をあくまで将来においては解消し得る過渡的現象としてみなさせるような未来像を人々に共有させたし，並行して浸透していった人権思想は，貧者への道徳的非難を抑制する論理となってきた。誰もが「豊か」になる未来への「大きな物語」[注1] は健在であった。しかし，今やそうした「大きな物語」の信憑性は失われ，貧者へのおおっぴらな侮辱を抑止する重石は除去されてしまったのだ。

　新自由主義は，市場万能論がその中核であるが──政策的な導入期においては，「小さな政府」「民営化」「規制緩和」「グローバル・スタンダード」といったスローガンがよく唱えられた──，それは人間のあり様にも及ぶイデオロギーを派生させた。今では空気のように定着したのでそうした言葉は古臭くなってしまったかもしれないが，「自己責任」であるとか「自立」といったものが決め台詞のように用いられてきた。新自由主義は，皆で「豊か」になることを約束する大きな物語など持たない。新自由主義的な認識枠組に基づけば，貧困は，あくまでも自己責任の結末として捉えられ，さらには財政的にも社会的にも足をひっぱる害悪ということになる。バウマンは，貧困の犯罪化がもたらす結果について次のように述べている。貧困が犯罪化されることによって，「貧しい

人々を，道徳的な義務の世界から追放できる」。「道徳の核をなすものは，弱くて不運で苦しんでいる人々の統合や福利に対する責任の衝動であるが，貧困の犯罪化によって，こうした衝動は失われ，取り除かれる。貧しい人々は本当の犯罪者や潜在的な犯罪者として倫理的な関心の対象とはならなくなる」。貧困の犯罪化が成功すれば，貧者は，何の防御壁もないまま，むきだしの蔑視か蔑視を含みもつ無関心によって包囲されることになるのだ。

　1980年代に入って，マス・メディアが熱心に不正受給を告発するようになる（副田　1995）。1980年代は，高度経済成長の終焉によって財政危機が問題化し，家族の役割を強調しつつ福祉政策の縮小・限定化をいう「日本型福祉社会論」が官民によって提唱された時期でもあった（日本政府の腰はこの段階では引けていたが，英米では新自由主義の嵐が吹き荒れていた）。実は，不正受給の額は微々たるものに過ぎず，厳格化――「適正化」と呼ばれた――を徹底したところで財政への貢献はあまりなく虚しくも見える。しかし，厳格化の本当の効果は，生活保護受給者のイメージを徹底的に汚辱することにある。そうすることによって，貧者を生活保護から遠ざけて漏給層（保護水準以下にあるが保護を受けていない世帯の人々）として足止めし――実際，男子就業者の受給は極小化し，母子世帯の受給率も大きく低下した――，大規模な支出削減を成し遂げることができるのである。このような生活保護受給の厳格化が推進された結果，それまでもあった生活保護への制度的・社会的・心理的敷居がいっそう高まった。生活保護をそれでも受給せざるをえなかった人々が負わなければならない，彼ら彼女らを追いつめる否定的なまなざしは圧力を強めた。生活保護を受給しているというそのことは，スティグマ（社会的な烙印）になった。受給者は，差別されたマイノリティとして包囲されたといってもよい。官民一体の生活保護受給者への

汚辱は，社会に対しても強く影響を及ぼしたといわざるを得ない（【資料 4 － 1】P.235 参照）。

　結果的に，生活保護が「かわいそう」な高齢者，病人，身体障害者，従順な母子に限定された制度であるかのような観念が支配することになった。「かわいそう」という感情には，自らの優越的地位を確保しつつ，その「かわいそう」な存在を劣位――「弱者」――に固定する要素が含まれていることがある。そうした質の感情をもつ人々にとっては，「かわいそう」な人々には従順で無力な役割を演じ続けてもらわねばならない。自らの優位が脅かされるからである。それにしても，「かわいそう」で従順な弱者とは，何とも無残な人間像ではないだろうか。私たちは，「従順な弱者」に甘んじることができず，そのような役割には収まらない自己を欲望する存在ではないのか。しかし，もし，従順で無力な役割から逸脱する人間くさい欲望が察知されれば，それは悪の兆候のようにみなされてしまうのだ。たとえば，「分不相応」に「いいものをもっている」ことは，周囲の人々を刺激し格好の噂のネタとなる。「かわいそうな生活保護受給者」というスティグマは，そのようにして監視社会に貧者を引き入れ孤立させるのである。

　現代社会は，あまりにも個人化されており，その傾向は貧困層をも含めて全域に及んでいる。貧困の犯罪化によって悪とまなざされる人々にも，彼ら彼女らを悪とする論理に対し，反発よりもまず受容するかのような反応を生じさせがちである。現代の貧者は，強力な自己否定の感情を伴って貧困を体験している。つまり，自らを否定する論理を内在化しているのである。これは，あの柳田國男が同時代の人々に発見した「貧窮を忍び能わざる心」と同様のものであるといえるが，それにしてもその「心」は今日ではあまりにも一般化されたといわざるを得ない。近代における個人化が進展したその先に，自らの貧しさを責め，また，貧しい

他者を許容しない,そうした感情,意識・無意識が定着した社会ができあがったのである。貧者に見られる,強力な自己否定の感情を伴う貧困体験,そして,そこでの感情様式については,寄せ場労働者や野宿者の研究において指摘されてきたところである(西澤 2010)。また,21世紀に入って後の,若年貧困層の研究においても,繰り返し触れられてきた。若年貧困層について,湯浅誠と仁平典宏は,その感情を「内面化された自己責任論」であると捉え,貧困化によってそれに捕らわれ孤立していく過程を「自分自身の排除」と呼んでいる(湯浅・仁平 2007)。

3.「無限ループ」の男の子たち

社会学者の渡辺芳は,東京圏のある都市におけるホームレス支援施設に非常勤職員として勤務しつつ調査を行い,18歳から34歳までの男性「若者ホームレス」について次のように分析している(渡辺 2011)。渡辺によれば,彼らは,職業世界への定着に失敗しており,彼らを庇護する余裕のある家族をそもそも持たない。それぞれの生活史上における「承認された経験の少なさ」や失敗体験によって,「「自信が持てない」ことが,社会再参入への経路に足を踏み入れることを躊躇」させ,失敗をさらに重ねさせている。そうして,彼らは施設にたどり着くことになるが,そこはホームレス支援施設であったのであり,それを利用しているという事態が彼らの面子をいたく傷つけている。彼らもまた,個人化された社会に生まれ,競争を義務づけられた「男の子たち」たちなのだ。

渡辺によるインタビューに対して彼らが自分自身を振り返って示す内省は,逃れられない宿命のように自らの「性格」を語るものとなっている。生まれながらに,あるいはそうではなくても今さら変えようがない,自分自身の「心」の底に据え付けられてしまっているものとして自らの「性格」が語られるのである。渡辺により記録された二人の若者の言葉

を引こう。

「ホームレスになったのも，自分の性格です。小さいときから何に対してもだらしなくて，面倒くさがりや。それで何とかなるだろうと思ってしまって。こういう自分の性格を直したくても無理だなとおもってしまう。めんどくさくて。その無限ループみたいなものです。」

「自分の性格についてですか，ネガティブですね。自分のなかで自信が持てないし，積極的にコミュニケーションできない。初対面が特にダメ。じっくり付き合いタイプです。交友関係が狭くて，同じ人とずっと付き合っている。」

　ここで選ばれている語彙は，特段，彼らの特異性を表している訳ではない。その辺にいる若者を適当につかまえて自分の性格について語ってもらったとして，返ってくる言葉とそう違うところはないのだろう。こういう心理学的な自己記述は，若年層においては一般的であるといってよい。この語りを，二つの特徴に注目して解読してみよう。

　第一に，心理学主義的語彙である。彼らは，自らの現状を自らの「性格」と結びつけて語る。「性格」という心理学的語彙が，宿命論の語彙として採用されてしまっている（しかし，「性格」を宿命とするという理解は，あながち間違いではない。なぜなら，心理学的概念としての「性格」は，「心」の中の変化しにくい部分として仮定され，使用されてきたからである）。「だらしない」「面倒くさがりや」「ネガティブ」，こうした面は，どのような人格にあっても，場面によって人生の中の局面によって，社会生活のあり様次第で引き出され得るものだろう。だが，それが，「性格」という言葉と結びつけられることによって，固定されてしまうのである。

　第二に，彼らは，たいへん賢明なことに自らがごく狭い生活世界の中

に封じ込められていることに気づいており，その現実を記述しようとしている。「無限ループ」であるとか「狭い世界」であると述べられているものがそれにあたる。ところが，彼らは，彼らの生活世界の外部を認識する言葉をもたない。そこは，足を踏み入れることが「めんどうくさい」「自信がもてない」暗闇である。それゆえ，社会という拡がりを対象化して言語化することができず，心理学主義と自己責任論が彼らを支配することになる。おそらく，永山則夫の『無知の涙』がいうところの「無知」とは，この若者たちの現状をもいい表していると思われる。この場合，自らを切り刻む憂鬱が拭えないのは，彼らの内面世界が心理学主義的に作られていることを一因としている。それ以外の方法で世界を見ることができなければ，個人の問題はどこまでも個人の問題に留められたままになる。そこでは，「心」という領域が肥大し，社会は——まだ見ぬ他者との関係という，自分を変える契機ともなりうるものは——人生の余白に追いやられてしまっているのである。

4. 自立という陥穽

　もちろん，彼らは，「宿命」に反発するかのように承認欲求を表出させ，他者に対して肯定的な自己を呈示しようと繰り返し試みる。だが，彼らは自分たちへのまなざしが否定的なものであることをよくわかってしまっているし，また，あまりにも「無知」なままになされる世界への闇雲な跳躍もうまくはいかない。傍から見れば愚かにしか見えないこともやってしまうが，それは彼らが自らの否定性をあらためて証明してしまうことにもなりかねない。

　これまでにも述べてきたように，消費による自己の誇示は，現代人が誰もが試みるアイデンティティ構築の方法である。渡辺は，「自主退所をしたばかりの仕事が決まっていない状況で，ブランド品や車・バイク，

楽器等を所持して，それをアピールされる経験は，特別なものではなかった」と述べている。職員が施設収容者として彼らを扱ったのに対し，彼らは「そうではない自分」，自立している自分を，持ち物を通じて証し立てようとしたのである。しかし，彼らに「私を買う」資本が乏しいことは明白で，彼らの行為は過剰な一点豪華主義としてしか見られず，他者からの安定的承認はかえって得られない。彼らが「消費社会のよそ者」（バウマン）であることは，むしろあらわになってしまう。

　自己呈示の素材に乏しい貧者がそれでも自己の呈示と他者による承認の取り付けに挑もうとするとき，次なる方法として，その素材を誰もがもっており自分にも内在すると思えるものに求めるということがある。具体的には，ジェンダーや民族・人種のような「生得的」とされがちな要素を強調する戦術である[注2]。渡辺は——いうまでもなく渡辺は女性だが——，男性の「若者ホームレス」が「性的な話を持ちかける」「女性との交際歴を語る」「誰に対してもけんか腰で話しかける」「怒鳴りつけて威嚇をする」などといった「「男らしさ」を誇示するため」の発言・行為を見せることが「珍しいことではなかった」と述べている。実際には，多くの現代人のアイデンティティは，多元的に構成されている。家族，地域，職場，学校，その様々な場面において柔軟に自己は演じ分けられている。これは多重人格でも何でもなく，それなりに承認された「私」をもつ人々による余裕のなせるわざであるのだ。そのような余裕をもたない他者による承認をとりつけることが難しい人が，「男らしさ」や「女らしさ」，あるいは剥き出しの民族主義・人種主義でもって自己を武装し呈示すれば，余裕のある人々からすれば，局部を過剰に誇張させた不気味な存在のように見えてしまうことになりがちだ。ここでの議論にとどまらず，貧困層やマイノリティにおける家父長主義的な行動や人種主義的な発言は，アイデンティティ構築の行為としても解読をして

みる必要がある。

　彼らが社会的に要求されているのは「自立」であるはずだった。しかし，彼ら彼女らが，「内面化された自己責任論」に追い立てられて自立した自己を呈示しようとすればするほど，現実の素材と資源のもとでは非合理的で逸脱した存在となって他者にまなざされることになってしまいがちである。私たちは，そのような陥穽を貧者の前に置いている。

5. まなざしと不安

　貧者がまなざしとして体験する社会について述べてきた。だが，1990年代以降になって，まなざしのあり様を拘束する磁場の変容が指摘されるようになった。北田暁大は，東京・渋谷を取り上げつつ，人々の都市空間体験の変質について述べた（北田　2002）。1970年代以降，渋谷は，デベロッパーによって意図的に「ステージ」として開発された。「公園通り」「スペイン坂」などエキゾチックな地名を付ける。メルヘンの世界のようなストリート・ファニチャーを並べる。「異国風」の石畳で道路を覆う。それは，空間のもつ歴史性や，多様な人々が巣食う襞のような小空間を除去し，渋谷を行きかう消費者のための舞台に改変するものだった。消費者たちは，渋谷に「ふさわしい」自己を演じることが期待され，実際，ある程度はそのようになり，流行の発信地として喧伝されるようにもなった。用意された空間を舞台として，空間にふさわしい自己を演じようとする人々。それが可能になるためには，人々にある種の心的状態が装備されている必要がある。北田暁大によれば，それは，「見られているかもしれない」不安である。大都会に投げ出された「おのぼりさん」の不安といえば，わかる人にはわかるだろう。私は，ここにふさわしくない振る舞い，恰好をしているのではないか。それを誰かが見ていて，私を笑っているのではないか。そのような恐れ。それが，「見ら

れているかもしれない」不安である。この不安が根底にあって，舞台にふさわしい「私」を演じることができるおしゃれな人々も登場する。

　ところが，北田は，1990年代以降，「見られているかもしれない」不安に代わって，「見られていないかもしれない」不安が凌駕したのだという。そして，そのような移行の要因として，携帯電話の普及が示唆されている。そもそも都市空間は，家族からも職場からも解放された「自由な」場所であるはずだった。だが，「常時接続」が可能になることによって，人々は，どこにあっても既存の帰属関係に絡め取られ，そこから遠ざかって「自由」に置かれることをわざわざ恐れるようになった。それが，「見られていないかもしれない」不安である。その結果，渋谷は，演技によって何かに「なる」場所ではなく，今のままの私が「話のネタ」を探しに行く場所になる。「情報量・ショップの多さというなんとも色気のない数量的な相対的評価によって評価される」，郊外の大型ショッピングモールとの差異も失効した「（たんなる）ひとつの大きな街」。それが，北田による渋谷の見立てであった。

　「見られているかもしれない」不安と「見られていないかもしれない」不安，この両者の関係は，「から」と「へ」で結ばれる単純な移行関係ではないように思われる。「見られているかもしれない」不安は常時遍在していたのだが，人々は，携帯電話・インターネット空間というインフラを得ることで不安から逃避するためのシェルターを築けるようになった。だが，そのために，シェルターの外に出ることへの恐怖が生まれ，「見られていないかもしれない」不安が発生した。つまり，二つの不安は，入れ子構造を構成しているように見える。「見られているかもしれない」不安の中から「見られていないかもしれない」不安が生じ，ここから先は推論になるが，さらにその中からシェルターにおいて「見られているかもしれない」不安が生まれ，シェルターの中に細分されたシェ

ルターが作られて「見られていないかもしれない」不安が発生する…。大学生の中で登場した新奇な現象として，「ぼっち」や「便所飯」が話題となったことがあるが，それらは入れ子のように不安が併存する構造を表すできごとのようにも思われる。

　さて，これら二つの不安も，貧困と関連づけて論じる必要がある。自己責任論を内面化された貧者も，否定的なまなざしに晒され，「見られているかもしれない」不安に取りつかれた人々といえる。ここでは，まなざしへの反応としての，アイデンティティ構築の戦術とその挫折のいくつかについて見てきた。しかし，今や携帯電話・インターネット空間は貧者にも共有されるインフラである。そうであるとすれば，「見られていないかもしれない」不安を胚胎させながら，貧者はそれぞれのシェルターを探索しているのかもしれない。人は，関係において作られ，また，関係を作る。この反復の中に人を置いて理解するのが社会学の人間への視点であるから，「貧困の社会学」は，貧者による関係世界の探索活動に目をやらなければならない。この後の章のそこここで，関連する議論をすることになるだろう。

　かつて，高度経済成長期において，都市化が従来の地域社会の共同性を破壊したため新たな地域的共同性が模索されねばならないといった議論が盛んになされた。地理的な人口移動の大規模化に伴い，土着旧住民と流入新住民の融合が課題化されたのである。そこで人口に膾炙した言葉が「コミュニティ」だった。住民の多様性を前提とした新しい共同社会が，この言葉を用いて構想された。議論の詳細についてはここでは措くとして，その時期における都市の不安がまずもってコミュニケーションの欠如に由来する問題として捉えられていたということが重要である。「隣は何をする人ぞ」の状態が不安であるならば，とりあえず話をしてみればいいはずである。実際，「コミュニティ」問題は，「コミュニ

ティ・センター」のような拠点を作って住民間のコミュニケーションを活発化させることによって解かれようとした。ところが，今日においては，都市の不安は，リスクや心理的負担を伴うコミュニケーションという面倒な過程が忌避されて治安問題へとすり替えられ，管理や統制の強化へと結びつけられがちである。そして，いわゆる監視社会――より正確にいえば相互監視社会――が現実化している。そして，この流れの中に，「貧者のスティグマ」を背負わされた人々も巻き込まれている（【資料4-2】P.237参照）。都市の不安の処理様式の変化には，やはり個人化の深化・進展と社会の衰弱を見ざるを得ない。

注1） F・リオタールは，『ポストモダンの条件』において，モダン（近代）における知の前提であった解放や進歩という大きな物語の凋落と，小さな物語がばらばらに散乱したままに語られて大きな物語へと収斂しないポストモダン状況が到来したことを宣言した（リオタール　1989）。科学技術の発展がもたらす明るい未来も，革命が導いてくれるユートピアも，無限の経済成長がもたらす楽園も，説得力をもはや喪失した。そうした準拠点を前提として組み立てられる物語は成立しなくなり，その物語を暗黙の根拠とする未来像が訴求力を無くす。それが，リオタールのいうポストモダンであった。もちろん，物語自体が消滅する訳ではない。いまや，場当たり的に悪が探し当てられ，それを否定し攻撃する，時間軸の無い（共通の未来をもたない）単純な教訓譚や勧善懲悪譚だけが溢れかえっているのである。

注2） 文貞實は，女性の野宿者について，恐怖と隣り合わせの日常の中で，男性野宿者に囲まれながら「男らしい男」に適合した「女らしい女」の方へと自らを造形していくことで庇護者を得ようとする，「女らしく」あることを極大化するアイデンティティ構築が見られることを論じている（文　2006）。丸山里美にも同様の指摘がある（丸山　2013）。

参考文献

- Bauman, Z., 1998, *Work, Consumerism and the New Poor*, Open University Press.（伊藤茂訳『新しい貧困～労働, 消費主義, ニュープア～』青土社, 2008 年）
- Becker, H.S., 1973, *Outsiders : Studies in the Sociology of Deviance*, The Free Press,（村上直之訳『完訳　アウトサイダーズ～ラベリング理論再考～』現代人文社, 2011 年）
- Goffman, E., 1963, *Stigma : Notes on the Management of Spoiled Identity*, Prentice-Hall.（石黒毅訳『スティグマの社会学～烙印を押されたアイデンティティ～』せりか書房, 2001 年）
- 宝月誠『逸脱論の研究』恒星社厚生閣, 1990 年
- 北田暁大『広告都市・東京～その誕生と死～』廣済堂出版, 2002 年
- リオタール, J.F.（小林康夫訳『ポストモダンの条件～知・社会・言語ゲーム～』水声社, 1989 年（原著 1984 年）
- 丸山里美『女性ホームレスとして生きる～貧困と排除の社会学～』世界思想社, 2013 年
- 文貞實「女性野宿者とストリート・アイデンティティ～彼女の「無力さ」は抵抗である～」狩谷あゆみ編『不埒な希望～ホームレス／寄せ場をめぐる社会学～』松籟社, 2006 年
- 西澤晃彦『隠蔽された外部～都市下層のエスノグラフィー～』彩流社, 1995 年
- 西澤晃彦『貧者の領域～誰が排除されているのか～』河出書房新社, 2010 年
- 西澤晃彦「貧困の犯罪化～貧者に人権はあるのか～」市野川容孝編『講座人権論の再定位第 1 巻　人権の再問』法律文化社, 2010 年
- 大村英昭・宝月誠『逸脱の社会学』新曜社, 1979 年
- ジンメル, G.（居安正訳）『社会学（下）～社会化の諸形式についての研究～』白水社, 1994 年（原著 1908 年）
- 副田義也『生活保護制度の社会史』東京大学出版会, 1995 年
- Spicker, P., 1984, *Stigma and Social Welfare*, Croom Helm Ltd.（西尾祐吾訳『スティグマと社会福祉』誠信書房, 1987 年）
- 杉村宏『格差・貧困と生活保護』明石書店, 2008 年
- 渡辺芳「若者ホームレスの危機～労働・家族・地域との関わりにおいて～」樋口

明彦・上村泰裕・平塚眞樹編『若者問題と教育・雇用・社会保障〜東アジアと周縁から考える〜』法政大学出版局，2011年
・湯浅誠・仁平典宏「若年ホームレス〜「意欲の貧困」が提起する問い〜」本田由紀編『若者の労働と生活世界〜彼らはどんな現実を生きている〜』大月書店，2007年

5 | 排除の地理学
貧者の生活世界

《目標&ポイント》 貧富の格差は空間に投影され,貧困層の居住地は限定されている。その結果として形成される,貧者の生活世界について論じる。
《キーワード》 社会的排除,都市下層,移住,中心‐周辺関係,地方

1. 場所からの解放と「遊牧民」差別

　「考現学」の「始祖」である今和次郎によるかつての東京の風俗——その時代の現在的な生活文化——に関する研究は,空間軸を取り込んだ理論枠組みをもつものだった(今　1987)。新中間層の盛り場である銀座は,紳士・淑女が行きかいそれ相応の恰好をする人々ばかりで,庶民には近寄りがたい空間であったことがわかる。一方で,隅田川をこえた深川での調査記録からは,逆に,そこが,紳士・淑女には全く縁のない空間であったことが一目瞭然である(【資料5－1】P.238参照)。つまりは,これらの調査記録が物語るのは,階級・階層に応じた生活圏・生活空間の分化とセグリゲーション(相互隔離)であり,それぞれの空間において固有の風俗が発達するという構図である。人間が身体から解放されることがないとすれば,私たちはどこかに場所を占めざるを得ず,そしてその場所によって生活を規定される。貧困体験もまた,その人が身を置いてきた空間履歴とそこにおける関係と文化とによって強く彩られたものになる。本章では,近代化の帰結として生じた生活圏の階級・階層的分化と,そこにおいて生じた生活様式に焦点をあてて,貧困と空

間を論じるための大きな見取り図を描くことを試みたい。

　私たちの身体が場所に捕らわれているとはいえ，近代化が場所からの解放の過程でもあったということをまず述べておきたい。かつては，人々の生活は，地域と身分によって区切られており，そこが人々の生活世界を包み込んでいた。ムラよりも広い地域的拡がりといえば，せいぜい藩に相当するクニの範囲であって，それをこえた拡がりを具体的に想像することは難しかった。しかし，近代に入っての人々の生活に生じた変化は，人と場所とのかかわりをも変えずにはおかなかった。身分制の崩壊と都市への大規模な人口移動，活字文化の浸透，交通・通信網の発達，マスメディアの登場，そうした動きの一つ一つが，人々を場所から遊離させていく。公教育や徴兵制も場所から遊離した人々をムラやクニの人から国民へと改造し，国土という国民の空間へと再定着させるための国家的事業であったといえる。近代国民国家の政府は，既存のローカルなアイデンティティに代わるものとして，ナショナルなアイデンティティを人々の前に差し出したのである。

　しかし，にもかかわらず，近代的時空間において支配的であった秩序は，定住を是とし流動を非とするものだった。近代化のその過程においては，組織に属すること，家族を構成すること，そして再び定住すること，それらのために人生をささげることが，未来にある「文明」や「豊かさ」への道であるとみなされてきた。そうした世界観からすれば，その道から逸出した人々は，社会的にも制度的にも排除されてしかるべき異常な存在ということになる。Z・バウマンは，近代国民国家においては，人々が大地から切り離されて流動化した一方で，組織化されず定住しない「遊牧民」的存在を排除し二級市民の地位に留め置いたと述べている（バウマン　2001）。日本においても，定住者の世界から流動者が排除され，垂直的に分断されるという構造とその原理は，一貫して保持されて

きたといってよい。

　もちろん，この二級市民が，ただただ忌避される身分としてあったのかといえばそれは違う。社会的に排除された存在は，資本主義にとっては労働力として実に有用で必要である。低賃金の労働力は，資本蓄積の源泉なのだ。確かに，企業経営者としては，市場の成長を考えれば，賃金水準の上昇は購買力のある消費者を形成して市場を大きくするものであるから望ましい。しかし，自社の社員が企業に定着していくことは，労働者が金のかかる存在になっていくということをも意味している。この矛盾を解決するには，あらかじめ低賃金と解雇の容易さが社会的に容認されたカテゴリーが存在すると便利である。その人々に偏って不利を集中させることにより，残りの人々を「豊かな」消費者としておくことができる。だからこそ，二級市民の存在は有用であるのだ。資本主義は，原理的に考えれば，要はどれだけその人が金になるのかだけで人を見るのだから，ある意味平等主義的であるはずだった。しかしながら，資本主義は，歴史的事実として，差別主義的だった。古くからある差別・排除を温存・強化し，ときには新しい差別を作り出しさえした。低賃金で解雇が容易な二級市民が必要であったからだし，二級市民への差別を多数派がその差別感情に基づいて当然のことのように容認したからである。だから，正確にはこのように述べておく必要がある。社会的に排除された人々は，社会や労働市場から排除されつつ周縁労働力として労働市場に接合され，その限りで社会的に包摂されてきた，と。

2．排除された都市下層

　第1章において，未だ国民国家に統合され難い存在としてあった，近代化初期における東京の都市下層について述べた。明治期に形成されたこの都市下層は，産業化が進んだ1910年代を画期として，ようやく組

織への定着と家族の形成・維持を成すようになり（中川　2000），定住化も進んだ。その時期の下層をも含めて広範な人々が，「文明」への接近資格を与えられた国民の一員であることを感覚するようになっていたといってよいと思う。しかしながら，同時に，それは，近代的な国民の時空間の外部に，組織に属さない日雇い労働者，売春婦，「浮浪者」，収容保護された高齢者，そして戸籍において印づけられた流入朝鮮人など，二級化された「遊牧民」カテゴリーを浮かび上がらせることにもなった。この新しい都市下層は，組織・定住・家族の領域からは締め出された，非組織・非定住・非家族的存在を広く含んでいた。この時期において，都市下層は消滅したのではなく，質的に異なるものとして再編されたというべきだろう。そして，このカテゴリーは，その後，近代的な国民秩序にみたされた空間からは外部化され，隠蔽され，その存在自体忘却され，またそれゆえに放置されて貧困状態に留め置かれていくことになるのである。

　このような下層の排除は，福祉国家化が進んだはずの戦後においても継続された。下層の人々にとって福祉制度は，「健康で文化的な最低限度の生活」を保証する手段とはならないのだろうか。実は，事態は逆で，福祉制度自体が，人を腑分けし都市下層を排除するものとして機能してきた。福祉国家化の深化に伴う「福祉国家の中流階層占有化」（藤村1998）によって，福祉制度は「貧困の予防の体系から，さらには「全住民の社会福祉」をめざすもの」へと変質し，それゆえ組織・定住社会に属する「まっとうな」定住家族が基準化された。福祉行政の運営の現場では「帰属証明」が要求されるようになり，その要求に応えられない人々は制度から排除されるようになった（岩田　1997）。例えば，野宿者は，当たり前のように福祉事務所から門前払いされ，生活保護の対象とはならないままだった。これは，法の問題ではなく運用上の慣行の問題であ

ったし，またそのことについて長きにわたって誰も問題にしなかった。つまり，この排除は，制度的であるのみならず社会的なものでもあった。組織化された定住家族という「よき国民」像は，福祉国家にあっては一層自明なものとして定着し，非組織・非定住の人々が棲まう間隙を限定し続けた。

3. 都市下層の世界

　時代をもとに戻すが，1936年に発表された東京府社会課による報告書『在京朝鮮人労働者の現状』を読んでおきたい（東京府社会課　1936）。当時，朝鮮人は，大日本帝国の国民であったが，戸籍においてその出自が印づけられており，府や市によっても居住地は把握されていた。当時の東京在住の朝鮮人は，第一次大戦後に積極的に本土に導入されて炭鉱労働者や開拓地の土木労働者として使役されていた労働者のうち，その後の事業の縮小によって解雇され流入した人々が多かったという。さらには，朝鮮の農村の疲弊により，職を求めて流入する人も絶えなかった。職業的には，土木人夫など土木建築業が全労働者のうち4割を占め，また露店，行商人，雑業など都市雑業が1割で，階層的にはもちろん最下層に組み込まれていた。朝鮮人の居住地は，1934年の調査では，深川区，本所区，荒川区，城東区，品川区といった東京市の周縁部に集中し，多くは借家か掘建て小屋住いだった。このような地理的分布は，朝鮮人だけではなく，非組織・非定住・非家族的な都市下層が棲まうことができる間隙の所在を示してもいる。

　杉原薫と玉井金五は，第一次世界大戦後に欧米先進国に代わってアジア市場への輸出を急増させ，「アジア最大の商工業都市」となった大阪について次のように述べている（杉原・玉井　1986）。「日本最大の都市労働力市場が，力役，雑業などから成る「スラム労働市場」と，近代工

業に代表される「一般労働力市場」との二重構造を有しつつ，並行的に発展し」，前者は工業地帯周辺に長屋や食堂，質屋などを繁茂させ，「一般の労働者のそれとは明らかに区別される，特有の文化を持ったもうひとつの生活圏」たる「スラム生活圏」を形成していった。また，「スラム労働市場」における賃金は，「「スラム的水準」の生活を前提とした賃金水準」が一般的だった。「スラム生活圏」には，被差別部落や朝鮮人部落を核として成立しそれゆえ出自による差別に捉えられた地域もあれば，釜ヶ崎のように出自が見えない流動層を集め「「素性の知れない」者の集団として「疑いの目」で見られる」地域もあった。

　重要であるのは，「スラム」と「一般」の間の関係が，かつての封建的な身分ではなく，社会的排除を伴う階級・階層として構成されていたという指摘である。杉原・玉井によれば，大正末期においては，「部落差別，民族差別を露骨に前面に出すよりも，たとえば教育水準を根拠に部落住民や朝鮮人を実質的に排除する方がイデオロギー的にはるかに容易」であるような状況があり，そのようなイデオロギーが差別者に「全人格的優越感の根拠」を与えるようにもなっていた。社会的排除は，近代以後の社会においては，むきだしの差別として表出することは抑制されるようになる。差別と排除は，逐一近代的な秩序に沿う論理に転換されて——個人的な能力や努力の不足の問題に置き換えられて——，正当化され遂行されるようになる。差別や排除の構造は維持されるが，そうすることで，すべては「本人のせい」——自己責任——にすることができるようにもなる。ここにも個人化の始まりをみてとることができるが，個人化が差別や排除の構造を温存しつつ進展した今日先行して暗示していたといえるようにも思われる。

　20世紀に入って産業化と都市化が進むとともに，大都市の圏域は拡大した。「文明」のショーケースとして都心空間が再開発され，「よき国

民」を体現する新中間層の居住地として郊外開発が展開していくとともに，都心に近いところにあった下層の集住地区は分散され，都心地域の周縁に限定されていった。朝鮮人の居住地や「スラム生活圏」のように。こうして，貧困の見えにくさは，貧困の空間的隔離によって実現されていった。また，そのような過程を通じて，貧者の生活圏は著しく制限されていったといえる。そうした間隙を生きる都市下層の生活様式は，次のようにまとめることができる（西澤　2010）。

　第一に，その生活様式は，非組織的である。都市下層は，周縁的な労働市場においてまず仕事を求めることになるが，そこでの仕事は労働条件が劣悪でまた不安定であるため，都市下層の内部で職場を転々とする不安定な生活を送らざるをえない。第二に，その生活様式は，非定住的である。都市下層は，都市の周縁部やインナーシティ（都心周辺に取り残された密集地域），飯場のような仮設的な収容施設，寄せ場や赤線地帯のような隔離地区，観光地のような都市の「飛び地」など，マジョリティの秩序が貫徹しにくいマージナルな空間に限定されて，その間を流動する。第三に，その生活様式は非家族的である。彼ら彼女らは，居住形態を通して単身化圧力のもとにおかれる。その住居では，家族や恋人と住むことは難しく，出産・育児などの可能性も抑えられている。たとえ，なんとか家族を構成したとしても，家族として定着し得るほどの生活の構造化は難しく，束の間の安定も容易に壊れてしまいがちである。このような，非組織・非定住で非家族的な生活様式は，組織・定住・家族を常態とする近代の秩序空間にあっては否定的烙印をあらためて付与されることになり，下層化した人々を二重に封じ込めることになる。以後の都市下層は，社会的に排除されつつ下層化され，それゆえに流動しつつ，細分され不可視化された周縁空間において流動的な生活を余儀なくされた。こうした生活圏の限定性と流動性，そしてそこにおける生活

様式は，現在からそれほど遠くない時期における，寄せ場労働者，外国人労働者，野宿者，飯場労働者，派遣労働者などの調査やルポルタージュにおいても，繰り返し確認されることになるものである（女性の流動的な下層労働者については【資料5－2】P.240を参照してほしい）。

4．親方子方関係

大都市部についていえば，都心と郊外の間に大きな中間的領域が形成されていた。中小零細の工場・商店が集中し，またそこで働く人々とその家族が居住する地域である。そこが，産業化によって活発化した地方からの若年労働者流入の受け皿となった。村落社会における家（イエ）の研究の延長線上に，社会学者たちは，都市の職業世界において親方子方（親分子分）関係を見出してきた。親方子方関係は，都市に流入した，年端もいかない若い働き手に居場所を与え，独り立ちするまでの技量を身につけさせ，都市に定着させていく上で歴史的役割を果たしたといえる。充分な賃金を保証できない街の親方たちは，子方たちに「親のように」接し食わせようとする。子方たちは，たいした取り柄のない自分を庇護してくれる親方に「子のように」従う。そこに「家のような」協働体が成立することになる。もちろん，親方子方関係に見られる温情主義が，それが封建主義的であると批判されたように，中小零細企業における賃金水準の低さを覆い隠す機能をもっていたことは確かだろう。だが，経営者にとっても労働者にとっても，「そのようにしかできない」現実の中で親方子方関係は選びとられていったとはやはりいうべきだと思う（中野 1964）。産業化が進んだ時代にあっては，そのような親方子方関係のもとで，職業的な訓練がなされて自営を目指す人々が多く輩出された。そして，自営業者となって，地域社会に定着し町内会などで役付きになっていく人々も見られた（小浜 1995）。一方で，職業生活に

失敗する人々も後を絶たず，そうした人々は職場を転々と変え，周縁空間に吸収されていく人もいたのである。家と親方子方関係との間には，やはり大きな違いがあったといわねばならない。親方子方関係は，家と家の間ではなく個人間の関係であり，それゆえどこかはかなさを伴う都市的な関係であった。そうであるから，若者たちは，いい親方に出会うまでは転職を繰り返したのだし，そうした親方に出会えるかどうかは運次第のところもあった。

　歴史的役割を果たしたと述べたが，現時点では，親方子方関係は過去の現象になりつつあるといえる。それでも，学校教育や雇用・職業政策の力が及ばないところで機能していた社会的メカニズムがあって，そこにおいて，経済合理性とは異質な交換原理——古い言葉を用いれば義理と人情だろう——に基づく，技能も学歴もお金もない若者たちの社会的包摂がなされていたことは，現代社会の欠落を照らし出すためにも記憶しておくべき事実であると思う。今日，大都市部の，かつて中小零細の商工業が集中していた地域は，製造業が衰退しまた工場が地方へ海外へと流出することによって再開発とジェントリフィケーションのターゲットとなり，マンションやオフィスビル，ショッピングセンターなどが立ち並ぶ地区へと変貌したところも多い。今，その場所に立っても，貧困を見てとることは難しくなっている。

5. 中央と地方

　これまでに記述した見取り図は，大都市の貧困に焦点を合わせて，近代化の帰結として生じた生活圏の階級・階層的分化とそこにおいて生じた生活様式を捉えたものである。もう少し大きな地理的拡がりにおいて，別の見取り図を描いておく必要がある。それは，中央と地方の関係を政治経済的な中心−周辺関係の中において理解する試みになるだろう。

近代的時空間における地方は，中心に対して労働力と一次産品を供給する周辺であり，「進んだ」中央からは「遅れた」場所として観念・意識されてきた。格差が「遅れ」とみなされるのは，地方においても，よりよい未来へと向かって流れていく単線的な近代の時間感覚が共有されていたことを示している。また，近代に入って，国民社会へと統合されることによって，国民間における不平等はかえって意識されるようになる。国民国家の均質性——「同じ日本人」というような——を前提として，中央と同様の「豊かさ」がやがてはわが地にも及ぶという期待が成立した。これもまた，人々のアイデンティティの中心点が，クニから国へと移行したことを示している。東京にあることがわが町にない，そのことが違いではなく「遅れ」であるとすれば，時間の経過とともに開発・発展によって「文明」「豊かさ」が普及することが期待できる。このような一国内での中心−周辺関係と周辺に成立した期待のもと，地方の政治のあり様も開発主義的な政府に従属して保守化していくことになる。しかしながら，「遅れ」は容易には解消されない。それゆえ，解消されない「遅れ」にしびれをきらすように，地方から大都市への人口移動が生じた。そうした移動は，地方の貧しさを証し立てていた。
　日本における，近代化に伴う大規模な周辺から中心への人口移動は，国家的な殖産興業政策とともに生じ，まずもって水路づけられた。
　古厩忠夫によれば，そもそも明治以前には日本列島に「表」「裏」の観念など存在しなかったが，国家的な産業政策によって「表」と「裏」という認識は作られた（古厩　1997）。戦前の北陸・山陰は，阪神・京浜の巨大な労働力プールとなり大量の人口を送り出した。この移動は，「表日本」への国家的な集中投資と北陸・山陰地方における手工業・地場産業の相対的没落によって促されたものである。加えて，当時の政府の租税収入はその8割が地租によるもので，19世紀末においては北陸・

山陰六県のみで政府の地租収入の12％をまかなう規模を負担しており，それが農村部を疲弊させてもいた。こうした政策の帰結として，「裏日本」という認識が作り出され定着していったといえる。20世紀を通じて，日本列島の大都市圏はその人口を3〜7倍以上に伸ばしたが，北陸・山陰はほぼ横ばいである。「表」と「裏」に出生率の差はあまりないので，北陸・山陰人口の自然増加分は，「表」にほぼ吸収されてきたということになる。

東北から大都市部への人口移動は，戦後になって大規模化した。山口覚によれば，「土地と人との結合が強固で小宇宙性が強かった」東北は，「1950年代初頭までは」「広域的労働市場と強い関係を持たな」い，取り残されたともいうべき地域だった（山口 2004）。戦後の集団就職事業や出稼ぎのあっせん事業は，そうした地域を大都市部の労働市場に包摂し，国境の内側において——もう植民地はない——限度いっぱい安価な労働力を掘り起こしていく，そのような政策であったといえる。そのようにして東京と東北は関係づけられ，高度成長経済の成長マシンであった産業都市の周縁労働力は充足されていった。東北の人口についても，北陸・山陰と似通った数値を示している。敗戦直後の人口は現在の人口とほぼ等しく，戦後の自然増加分が，まるごと大都市へと流出したのである。

6. 移住者たち

やや一般的な水準で移住あるいは労働力移動について述べておきたい（西澤 2011）。まずもって，労働力コストの削減は，資本増殖の主要な源泉の一つである。機械化は，職人仕事を単純作業に置換し人員を少なくすることによって，労働力コストを削減する有効な方法であり続けてきた。もう一つの有効な策は，労働力の調達先を広域化することであ

る。これもまた，一貫して追求されてきた。地方にそして海外に安価な労働力を求め連れてくる。あるいは地方へ海外へと工場を移転する。人が動いたり資本が動いたりだが，地理的に距離があって，その間での人や資本の移動によって労働力コストは削減されてきたのである。他方，送り出し地域においては，地域経済に見合わない余剰人口が存在すれば，移住は促される。また，紛争や天災が生じても移住は生じる。

　ここで今述べたことは水が高いところから低いところに流れ出すように人は移動するという話になるが，実は，そのような条件だけでは移動は起きない。そもそも人は容易には移住しないのである。それゆえ，移住が促されるには，いくつかの条件が付け加えられなければならない。移動によるリスクが軽減され，いくばくかの安心感——それは裏切られることも多いのだが——をもつことができるような仕組みがフォーマルにもインフォーマルにも必要となる。

　インフォーマルには，先行者である親族や知人の「つて」が，そのような役割を果たした。送り出し側と受け入れ先の間に，「つて」を介した人の流れが形成され，チェーン・マイグレーション——鎖のようにつながった移住——といわれる現象が生じることがある。フォーマルには，政府が関与した出稼ぎや集団就職を含む広域的な職業紹介もまた，移動にあたっていくらかの安心を人々に与えた。日本においては，すでに「つて」によって出稼ぎのルートが出来上がっていた地域にも出稼ぎの仕事を紹介する職業安定所が設けられ，人の流れは確固としたものになっていった。もちろん，政府にとってのそのような政策は，産業化や大都市の開発を推進する上で必要な周縁労働力を作り出すことを目的とするものだった。現在では，人材派遣の合法化が様々な領域にまで進められ，そうした仕組みの民営化が進展している。

　移住が促進される条件としては，受け入れ先に関する情報も大きな要

素である。情報は，安心の問題とは別に，移住への動機を強める——あこがれをもたせる，えいやと踏み切らせる——効果をもたらす。受け入れ地域が政治的・経済的・文化的中枢として突出して中心を構成し送り出し地域が従属的な周辺となっていく，そのような関係の確立は，情報格差を生じさせる。情報の流れが，中心から周辺への一方的なものになるのだ。この情報の流れは，中心の「文明」や「豊かさ」からの格差あるいは「遅れ」を周辺の人々に欠如や相対的剥奪として自覚させ，周辺の人々の移住動機を強めた。

　国際的な移住においても，同様のことがいえる。暴力的な植民地支配であったり，そうではなくても中心と周辺を固定化する帝国主義的な経済進出によって，周縁労働力は創出されてきた。強制的あるいは半強制的な労働力の調達は，帝国主義の時代には世界的に行われ，アジアやアフリカから開拓地へ，鉱山や工場のあるところへと移住が生じた。その際に決定されたグローバルな中心−周辺関係は，それもまた国内的な中心−周辺関係と同様に，周辺の人々に相対的剥奪と劣位の感情を植え付けるものとなった。ただ，国際的な移住に関していえば，国境線がある以上，政府のこの移住への関与の度合いはたいへんに大きなものにならざるを得ない。今日においても，どの国のどのような人々を労働力として調達するのかは，受け入れ国の政策によって大きく決定されるものとなっている。

7. 地方における貧困

　それでは，そのような人口移動にもかかわらず，地方に生き続けた人々の世界は，どのような変貌を遂げていったのだろうか。ありがちな発展モデルに従って，一地域において産業化が進みさらには脱産業化へと向かう，そのようなことはない。中央からの「遅れ」は，なくなることが

期待されていたのだろうが，資本にとっては解消すべきものというよりは利用の対象だった。地方への工場移転は，賃金水準の低さによって促されるのであって，賃金水準が中央並みになってしまえば移転・立地のメリットは無くなってしまう。それゆえ，もし中央と同様の「豊かさ」を実現しようとすれば，国家による政策が大きく関与した別のモデルがたてられ，お金を引き込むパイプが新たに必要になる。公共事業や地方交付金を通した制度的分配は，そのようなパイプであった。

　どういうパイプを通じてであれ，地方に一定の金銭が制度を介して流入することによって，確かに変化がもたらされた。その変化を，ある種の都市化ということもできるかもしれない。都市化が進んだ地域においては，自給自足性はほぼなくなり，地域的な共同性も限定的なものになって，各人が金銭を対価として生活課題の処理を専門家・専門機関に任せる都市的生活様式が定着していくとされてきた（倉沢　1977）。ところが，実際には，都市的生活様式は，都市部農村部にもかかわらず，今日では全域的に浸透しているといえる。過疎もまた都市的生活様式をかえって必要とさせる。過疎は，人を奪い，地域的な共同生活の維持を難しくする。そうして，自ら耕して自ら食い水が必要なら井戸を掘る，それが困難な屋根の葺きかえや冠婚葬祭といった共通の課題については協働する，そのような暮らしぶりは徐々に姿を消していった。それに代わって都市的生活様式が入り込んでいくのだが，そのことを可能にしたのが，先に述べたような制度的な分配だった。地方は，「東京のように」モノやハコモノを揃えることに関心を集中させたが，そのことにより雇用が発生すれば，それもまた金銭を地域に流し込む手段になる。そのような分配を通じて金銭は流入し，金銭を対価とした生活課題の解決もある程度可能になる。そうして，人口増加のない都市化——都市的生活様式の浸透・定着——が現実化した。都市的生活様式を積極的に受容するこ

とで，人々の間にかつてあった地域的共同性の守備範囲は自発的に狭められていった。地方にはまだまだ相互扶助性が残っていてうんぬんといった，地域的共同性へのロマンティックな期待はもうもたれるべきではないだろう。

　これまで地方について述べたことは，中心－周辺関係において周辺にあることがもたらす構造的な地方の貧困についてであった。一方，地方における貧困はどうなっているのだろうか。開発への期待の中で，これまで，地方における貧困は地方の貧困の問題に埋没してしまい，まとまった議論がなされてきたとはいいにくい。

　社会政策学の戸室健作による都道府県別貧困率の集計は，地方における貧困を議論する上でいい出発点となる（戸室　2013）。戸室によれば，2007年において全国平均の貧困率（14.4％）より高い水準にあるのは，北海道，青森・岩手・宮城・秋田の東北4県，山梨，京都・大阪・兵庫・和歌山の近畿4府県，広島を除く中国4県，四国4県，九州7県，沖縄となっている。貧困は複合的な排除・格差要因に基づくものであるので，この偏りを単一の要因で説明することはできない。ひとまず京阪神は違う扱いが必要であるだろう。その上で，残る道県の分布を見ると，大都市型とは違う地方型の貧困を想定できるように思われる。

　さらに，戸室は，都道府県別の生活保護世帯捕捉率の集計をまとめている。捕捉率とは，生活保護の受給水準にありかつ実際に受給している世帯の比率のことで，残りは受給水準にありながら受給していないことになる。戸室によれば，生活保護世帯の増加が全国的現象である一方で，同じ法に基づくものなので本来ばらつきは許されない捕捉率の地域間格差が拡大しつつある。2007年の全国捕捉率は14.3％で，捕捉率がそれより低い県は，岩手・宮城・秋田・山形・福島の東北5県，東京と神奈川を除く関東5県，中部9県，滋賀・三重・和歌山の近畿3県，広島を

除く中国4県，高知を除く四国3県，福岡を除く九州6県，沖縄となっている。捕捉率が平均よりは高かった北海道，高知，福岡においても，2002年から2007年の間に捕捉率が急減していることに戸室は注意喚起している。地方における捕捉率の低さについて決定的な説明はないが，生活保護を受給することへの否定的なまなざしが強いという指摘が見受けられる。ひとまず，高貧困・低捕捉が地方における貧困を特徴づけている（特徴づけつつある）と考えてよいだろう。地方における貧困層は制度からより疎外されやすく，しかも，村落的な共同性による扶助を期待することはもうできなくなっているのである。

　本章での記述は，近代の帰結としての「貧困の日本地理」を大づかみに示したものに過ぎない。だが，1990年代以後の，情報化を伴う経済グローバリゼーションの展開は，定住を是とする近代的秩序を揺さぶり，人々の空間とのかかわりを大きく変えつつある。この，近代的ならぬ現代的な変化については，第11章と第13章でまとめて論じることにしたい。

参考文献

- Bauman, Z., 2000, *Liquid Modernity*, Polity Press.（森田典正訳『リキッド・モダニティ～液状化する社会～』大月書店，2001 年）
- 藤村正之「福祉国家・中流階層・福祉社会」『社会学評論』Vol.49. No.3，1998 年
- 古厩忠夫『裏日本～近代日本を問いなおす～』岩波新書，1997 年
- 岩田正美「現代の貧困とホームレス」庄司洋子・杉村宏・藤村正之編『貧困・不平等と社会福祉』有斐閣，1997 年
- 今和次郎（藤森照信編）『考現学入門』ちくま文庫，1987 年
- 倉沢進「都市的生活様式論序説」磯村英一編『現代都市の社会学』鹿島出版会，1977 年
- 中川清『日本都市の生活変動』勁草書房，2000 年
- 中野卓編『地域生活の社会学』有斐閣，1964 年
- 西澤晃彦『貧者の領域～誰が排除されているのか～』河出書房新社，2010 年
- 西澤晃彦「身体・空間・移動」西澤編『労働再審 4　周縁労働力の移動と編成』大月書店，2011 年
- 小浜ふみ子「下町地域における町内社会の担い手層～戦前期の下谷区を事例として～」『社会学評論』(182)，1995 年
- 杉原薫・玉井金五編著『大正・大阪・スラム～もうひとつの日本近代史～』新評論，1986 年
- 戸室健作「近年における都道府県別貧困率の推移について～ワーキングプアを中心に～」『山形大学紀要．社会科学』43（2），2013 年
- 東京府社会課『在京朝鮮人労働者の現状』1936 年
- 山口覚「人身売買から集団就職へ～「一九五四年青森発，戦後最初の就職列車」をめぐって～」『関西学院史学』第 31 号，2004 年

6 | 貧困と家族
「恥」・近代家族・福祉国家

《目標&ポイント》 近代化の過程において，家族のかたち，家族の感覚は，社会学においては近代家族と呼ばれる閉鎖的核家族のそれへと変化していったが，「恥」の感情は近代家族にも定着し，また，戦後の福祉国家化においては，そうした家族に多くの負担を抱え込ませる家族主義的な体制が発達した。そうした議論を踏まえ，近現代日本の貧困と家族の関連について考えたい。
《キーワード》 近代家族，恥，家族主義レジーム

1. 親子心中と近代家族

　家族という言葉は，幕末から明治初めにかけての時期に，family の訳語として使われるようになった（広井　2011）。紆余曲折はあったが，今日に至るまでの間に「家（イエ）」の感覚は徐々に駆逐されていき，現在的な家族——family に形態的に近似した家族——の感覚に近いものに置き換えられてきたといってよいだろう。そこでの家族とは，近代家族という歴史的な類型に分類される。近代家族とは，夫婦とその子どもによって排他的に閉じられた核家族のことを指す。ここでは，近代家族の規範的な拘束力についてまず考えてみたい。近代家族という概念は，単に家族のあり様を事実として取り出すためのものに過ぎない。しかしながら，近代家族のイメージは，「そうあるべき」準拠枠として規範的あるいはイデオロギー的に人々に作用してきた。そうした規範的拘束力を検討するために，それが広範な人々を捕らえるようになったその時代

において，近代家族の影響圏の周縁において生じた現象を検討することから始めたい。「あるべき」家族像に捕捉されながらも，それを果たせないでいた人々の間に現れたできごとに，である。

　和田宗樹による親子心中に関する新聞記事件数の集計によれば，親子心中は，大正期に入って増加した現象であるようである（和田　2005）。いうまでもなく，新聞記事件数は，社会的関心の高まりやマスメディアの側の欲望の強さを反映するものであって，実態それ自体を示すものとはいえない。しかしながら，柳田國男の『明治大正史世相篇』における記述などからも，どうやらこの時期の親子心中の増加を認めてもよさそうである（柳田　1993）。その柳田は，親子心中という当時の新奇な現象について，「とにかくに親がこれほどまでに，思いをわが子の行く末に凝らすようになっているのである」と述べている。

　和田に従って，親子心中のグラフに棄子（すてご）の統計図を並置してみよう（【資料6】P.241参照）。すると，親子心中が増加することに先立って，棄子の数（もちろん把握された数に過ぎないが）が減少していたことが分かる。棄子について合わせて考えれば，柳田のコメントも説得力を増す。家（イエ）やムラに家族が融合されていた状態にあっては，家族の課題は家として（あるいはムラの手で）解決が試みられていた。それゆえ，頼みとなる家やムラは，強い求心力を保ち得ていた。しかしながら，人々が家（イエ）から家族へと移し変えられるのに伴い，家族の孤立化と閉鎖的な情緒的一体化も進んだ。その結果，子どもは何としても家族が独占的に責を負わねばならない存在になり——棄子という社会に子どもを委ねる行為は禁忌となる——，家族の問題はあくまでもその内部で解決しようとする志向が強化された。そうした近代人の心性の極端な表れが親子心中ということになるだろう。

2. 恥じ入る家族

　だが，親子心中という現象の極端さには，「思い」の強さからだけでは説明できない執拗性が見てとられなければならない。家族がそこに生じた問題を全員の破滅に至るまで抱え込んで他には見せようとしない，そうした執拗性である。

　第3章で見たように，20世紀に入って都市の貧しい人々も，組織・定住・家族の生活形態を獲得していった。そして，そこにおいて拘泥された家族のあり様は，夫が勤め人，妻が主婦，そして子どもは教育に専念するという役割分業で構成される近代家族のかたちであった。だが，そこには無理がやはりあり，人々は食費を切り詰めてでもそうした像に「過剰な適応」を試みたのだった（中川　2000）。

　小山静子によれば，明治20〜30年代（明治20年は1887年である）の女性雑誌を通じて「家庭」という新語が普及し，そこにおいては「男性は仕事，女性は家庭」という近代的性別役割分業が推奨された（小山　1999）。また，「家庭」における子どもは，もはや労働力などではなく，愛され教育される存在として位置づけられていた。また，それまで家（イエ）の一員ともされていた奉公人は，家族の一員とはみなされなくなっていた。ただ，19世紀におけるこの「家庭」像は，ほとんどの日本人にとっては無縁のものであり，マスメディアを通してようやく垣間見ることができるきらびやかな西洋の光景としてあった。ところが，1920年代に入って，阪神や東京では，ホワイトカラー（新中間層）として分類できる，管理・事務の仕事に従事する労働者や管理職がまとまって出現し始める。このモダンな新しい階層は，それまでの日本人には縁がなかった西洋的なライフスタイルを進んで摂取していった。この人々は，ネクタイを締めて職場へ通勤する夫（父）たちと，「おかみさん」では

なく「奥様」と呼ばれる専業主婦である妻（母）たちと，学歴を獲得すべく教育される子どもたちから構成されていた。日本人の眼前にも，近代家族が実体となって現れたのである。「同じ日本人」であるホワイトカラーの「文明」的なライフスタイルは，憧れることが許されるほどには近しい，求心力を持つものになっていったといえる。同時期の，都市下層における「過剰な適応」は，新しいライフスタイルがミドルクラスから下層へと滴り落ち浸透していったことをうかがわせる。

　親子心中の執拗性，そして「過剰な適応」の過剰性は，「文明」的な生活が実体化されることによって，「文明」と「文明」を享受できない「私たち」との間の落差が鋭く感覚されるようになったところに見られる現象だった。そして，そのような執拗性や過剰性は，孤立した家族集団の駆動装置として，恥という感情様式が広範な人々の内面に据え付けられていたことの表れであった。

　作田啓一は，R・ベネディクトの『菊と刀』を批判的に読み解きながら，自らの良心に照らして内面的に自覚される罪とともに，所属集団への不充分な帰属がもたらす恥もまた，普遍的な規範意識のあり方であり行為を方向づける意識状態であるとした（作田　1972）。やはり，西洋は罪が，日本では恥が，人々を内面から律しているなどといった対比はあまりにも単純に過ぎる。だが，それはそれとして，恥の感情は，近代以降の日本において，「世間」あるいは国家を前にした人々の統制メカニズムにおける構成要素として特別の意味をもったと考えられる。作田は，ベネディクトの観察を引きつつ，家族主義的といわれながらも日本の家族の防衛機能がヨーロッパの家族よりもはるかに脆弱であると述べている。子どもが「世間」から非難されたとしても，日本の家族は子どもにとっての防御壁とはならない。日本の家族は，たちまち「世間」に同化して，「世間」とともに子どもを責めるのである。つまり，日本の

家族は，独自性や自律性が弱い。

　柄谷行人は，日本に限られて「年少者が何か犯罪めいたことをやったときにかならずでてくる言説」として「〈親の責任〉というもの」があると述べ，その責任が「〈世間〉といったものに対して」のものであることに注意を喚起している（柄谷　2000）。もともとは，柄谷は，「親の責任」は儒教的なものでそれゆえ東アジア特有のものだろうと考えていたらしい。しかし，日本よりももっと儒教色が強いようにも見える韓国では，少年犯罪が起きても親の責任は大きな問題にはなりにくい。孤立しつつ一体化しており，その一方で，社会的な圧力に抗することができない家族の性質は，日本の国民国家のあり方に対して適応して発達してきた近代の産物だろう。そのことを，強大な国家のもとでの日本の家族による処世術と見ることもできるし，あるいは，近代化しつつあった日本の家族を国家がうまく利用したということもできる。

3. 戸　籍

　ここで，戸籍制度について述べておきたい。戸籍制度には，明治政府が求めた国家像が表現されている。戸籍制度は，家制度との連続性が強調されることが多いが，大きな断絶性も認められる。まず，戸籍は，家（イエ）の籍ではなく，戸の籍である。大きな家への忠誠は明治政府にとってリスクであり，そこから人々を引き離して平準化し，国民化（＝臣民化）する必要があった（藤田　1998）。制度上は，家は戸までは分解されたのである。戸籍において，人は，あくまでも戸という集団の一員として把握される。だが，家の家父長主義は戸籍制度においても温存され，男性戸主の権威性と国家に対する責任は強化された。こうした戸籍制度における家族と個人のあり方は，すでに述べてきた日本の近代家族の特質ともよく合致している（つまり，日本の近代家族は，明治政府

の掌中において成立した家族の様式ということになる)。家族成員の「不始末」に対して戸主が「申し訳ない」と謝る，国家に対し無抵抗で「世間」からの落差を恥とするこの集団は，国家的な動員に実に適合しているといわねばならない。

　しかしながら，戸籍制度は近代化とは相容れない要素をそもそも多く含んでおり，それゆえ現実との間の乖離は大きくなっていかざるを得ない。個人化の進展は，個人を家族の中に融合し家族を一体のものとみなす見方をいつまでも許すことはないように思われる。また，すでに明治期において限界は晒されていたのだが，家郷を離れた流動的な大量人口は，戸と特定の場所との結びつきを永続的なものとみなす社会像を過去のものにしてしまったといえる。にもかかわらず，戸籍制度が内包する国家観・社会観は，子どもの不始末を「世間」に対して詫びる親や入籍をもって結婚とみなす結婚観のように，個人化が徹底しつつあるように見える今日にあっても，「そうすることになっているからそうする」強固な準拠枠として機能し続けている。

　大都市の貧困層が「過剰な適応」を試みるようになった以前，すなわち大規模な産業化が軌道に乗る前の時期においては，戸籍制度の理念と都市の貧困層の現実との間には，まだまだ大きな距離があった。都市の貧困層は，安定的な家族生活などまだまだ営むことが難しかったし，組織とも定住とも無縁な流動的な生活がそこにはあった。そのような現実は戸籍制度となじまなかったし，そもそも戸籍に登録する動機もなかった。少なくとも，19世紀においてはそうだった。それゆえ，彼ら彼女らの中には，届けを出さない「内縁」夫婦や「無籍児童」が多かったのである（中川　1985）。

　「文明」を無条件に善とし，政府と目線を多くの部分で共有していたマスメディアや言論人は，「内縁」や「無籍」の生活を彼ら彼女らの不

道徳性と関連づけて紹介した。「暗黒物」のルポルタージュはいくつも書かれたが，下層の人々の性的放縦について触れられることがお約束であった。それらとは一線を画す内容をもって，横山源之助の『日本之下層社会』(1899)は今も名著として知られている（横山　1985）。横山は，事を道徳の問題に矮小化せず，あくまでも社会問題の枠組の中で下層社会を論じようとしたのである。しかし，にもかかわらず，横山の下層家族への視座は明治政府と共通するところも大きい。横山もまた，下層社会における内縁夫婦，無籍の子どもの多さについてやはり嘆いた。それはともあれ，興味深いのは，横山が戸籍がない子どものことを「国籍がない」と言い表していることである。「戸籍がない」ことを「国籍がない」ことと等置する用例は，横山だけのものではなかった。例えば，ジャーナリストであり，また，東京市社会局による数々の貧民調査において指導者として招かれた草間八十雄も，戸籍のない子どもを国籍がないと書いているのである。

4．国民になる

　国民という言葉が一般に用いられるようになったのは，1871年における戸籍法制定の別紙布告以来であって「それ以前には殆ど見出されない」（藤田　1998）。政府によって強制的に平準化され臣民化されてできあがるであろう人そして人々のかたまりに，この時，国民という名称が初めて付与されたのだった。この言葉ができてその後に，人は国民になった。

　国民になるには動機が必要である。「文明」のイメージは，人々に動機を与える。国民になるということは，近代化がもたらしてくれるであろう「文明」への接近資格を得ることであった。近代の国民国家は，まずもって，身分や地域から解放されて国家に帰属意識をもつ国民を作り

出そうとする。国民国家という国家形態において見られる公教育や徴兵制度は，全ての人々を（徴兵制度は男性限定ではあったが）均しく閉鎖施設に収容して国民へと鋳造する装置であった。その意味で，公教育や徴兵制には，前近代的な秩序を否定する強力な平等主義があったことは確かである。「文明」――そして，戦後においてそれに相当するものが「豊かさ」であるだろう――という誘因は強力で，それぞれの家族において護られてきた価値とは矛盾するものであったとしても，子どもの教育――教育の中でもとりわけ学校教育に直結する部分――への闇雲な情熱は広範に浸透していった。まず，家族は，貴重な労働力としての子どもを放棄した。また，子どもが教育を受けるということは，大なり小なり親から離れ異質な世界に移動することであったがそれも許容した。子どもの高い学歴は，子どもが故郷や家業を捨てることにも当然つながるはずであったのに。家族は，それぞれの自律的価値を自壊させながら，学校という装置の補完装置として「よき国民」の生産に携わっていったのである。

　横山源之助の「国籍がない」という表現に戻ろう。国民になるためには――学校に通い，また兵士になるためには――，戸籍への登録が不可欠であり，また，戸籍制度に適合した生活が自明のごとく求められていた。子どもたちに「国籍がない」ことへの嘆きは，戸籍（＝国籍）が「文明」へのパスポートであることが自明視されており，国民にならないということが「野蛮」にまみれ続けることを意味すると考えられていたことに由来している。そのような認識枠組みのもと，いまだ国民ではない貧者がよからぬ存在として否定されたのである。

5. 恥と周縁の人々

　ここで，先に名をあげた草間八十雄の『どん底の人たち』（1936）に

収められた，貧民窟の小学校「四谷旭町分教場」の児童による作文を引いてみたい（草間　1987）。草間は，多くの東京の都市下層に関する記録・著作を残しているが，この本は，東京市社会局退任後にまとめられた主著といっていいものである。1936年といえば二・二六事件が起こった年で，この後の日本は一気に戦時体制化していき，草間もその仕事もすっかり忘れられていくことになる。ここではその本に収められたある少年の作文を読み解きながら，「文明」と「国民」の世界の周縁にある貧者の内面について，その理解を試みたいと思う。なお，草間は，特に何のコメントをつけず，子どもたちの作文の数々を本の最後の方にまとめて収録しているだけである。ただ子どもたちの声を聞けということだろうか。

　以下は，小学校6年生の村瀬米吉少年の作文「僕の生ひ立ち」の一部である。少年が6歳の時に関東大震災（1923）があり，母親は行方不明になる。末子の彼以外のきょうだいは「奉公」に行き，彼は父親と二人きりになる。家も仕事もない二人はしばらく路上生活を強いられるが，やがて父親が青物市場で八百屋の仕事にありつくようになると「宿屋」に暮らせるようにはなる。数ヶ月後，彼は学齢期となり小学校に入学する。5年前のその記憶が作文で述べられている。

　四月一日に學校へ行きました。みんなは，新らしい帽子を被つて，新らしい袴をはいて，そして新らしいかばんをかけて來て居ました。僕はそんなものは一つも買つて貰へないので，恥しい様な氣がして家へ歸つてしまひました。すると一年生の先生らしい人が，村瀬さん，歸つてはいけませんと云つたが，僕は馳けて歸つてしまひました。その夜，僕は袴を買つて呉れと父にせがみました。父は，よしよし買つてやるよとは云ひましたが，それを買ふお金がなかつたと見えて，考へて居ました。やがて，よしと云つて立ち上がると，僕をつれて町へ出ました。僕達の立ち止まつた處は古着屋の店の前でした。父はよく探したけれど，見つからないので歸ら

うと云つて其所を出ました。後から僕は、買はないのと云って追ひかけました。
　其の夜、八百屋の人にかばんを貰ひました。そして本は父が買つて呉れました。明日から學校に行くことになりました。
　それから二日ばかりたつた日奉公に行つて居た姉さんから袴とかばんと帽子を貰ひました。
　其の夜はうれしくて一と晩中眠れなかつたことを今でもよく、おぼえてゐます。

　この作文では、二つの異なる空間の往還が描かれている。学校へ「行く」、父親のもとに「帰る」。町に「出る」、父親とともに「帰る」。こうした往復は単なる地理的な移動ではない。そこにおける移動は、明瞭に隔絶した二つの世界の間で生じており、「行く」「出る」ことには跳躍の要素が含まれている。
　学校で、教師がこの子どもを「さん」づけで呼んでいるのは印象的である。5年前の記憶の中にこのエピソードが含まれているのは、彼にとっても鮮烈なものがあったからだろう。おそらく、この少年が「さん」づけで呼ばれることなど、生まれて初めてのことだったのではないだろうか。貧民窟の小学校での「さん」づけは、公教育において、国民的な平等主義が原理主義的と言いたくなるほどに徹底されていたことを物語っている。それはそれとして、この少年にとって、近代の国民の空間——ここでは学校——が彼の日常空間からすればあまりにもまぶしい場所であったことが伝わってくる。
　「町」についても述べられている。同じ東京の中にあっても、貧しい人々が暮らす生活圏はここでいう「町」ではない。「町」とは「文明」につながる場所を意味している。その「町」は、「文明」化された国民としての外見を作り出すパーツを買いそろえる消費空間だった。この場合、袴とかばんと帽子がそれにあたる。
　学校や「町」は、自身の欠如を思い知らされ、恥じ入る空間であった。

この少年は，そこに引き出されることによって，「文明」から疎外，排除された自己を強烈に自覚する。「貧窮を忍び能わざる心」が爆発的に発生したのである。

一方，彼が「歸る」その場所は，近代的な国民の時空間から取り残され，周縁化された空間だった。しかし，そこは「貰ふ」ことが可能なほどに，贈与の関係がかろうじて保たれた空間でもあった。これもまた，柳田のいう「共同防貧の手段」のささやかな例なのかもしれない。しかし，ここでの贈与は生存のためにではなく，子ども自身によるあるいはその家族による近代的秩序への「過剰な適応」を援助するためになされていることに注意すべきである。周縁空間における共同性も，近代的な国民秩序から自律した共同体の形成に向かうものではなく，国民秩序によって周縁化されつつしかし国民秩序への接合を恥じ入りながら志向する，そのようなものとしてあったことを示唆していると思われる。

6. 家族主義レジーム

社会保障，社会政策のあり方は，国家や制度によって機械的に決定されるのではなく，その社会の家族の状態や市場によっても拘束されつつ決まってくる。G・エスピン＝アンデルセンは，この国家と市場と家族の総体のことをレジームといい，福祉国家の類型化を行うために福祉レジーム論を展開した（エスピン＝アンデルセン　2001）。彼の福祉レジーム論には時系列的な発展・変化が見られるし，また多くの論者がデータに基づきながらその洗練を試みている。ここでは，大づかみではあるが，現時点での福祉レジーム論を要約してみたい。

第一の類型は，自由主義レジームである。多くの問題を市場に委ね，「小さな政府」，自己責任を志向する。社会保障は必要最小限の生活困窮層向けに限定され，そのため個人の負担も小さくなる。社会保険・医療

保険は，民間サービスを利用した自助努力的対応が中心になる。家族の重要性も主張されるが，子育ては個人的責任とみなされやすく，あくまでも個人が社会の基本単位である。アメリカなどのアングロサクソン諸国（英米，オーストラリア，カナダ）が，この類型に含まれている。

　第二は，社会民主主義レジームである。問題を社会的に管理する傾向が強い。家族や市場が福祉に果たす役割が小さく，国家がそれを担う。それゆえ，いわゆる大きな政府になる。個人への給付は多いが，負担も多くなる。現役世代向けの給付も高齢者向け給付も充実している。個人が社会の基本単位であり，誰もが同じ権利をもち同じ給付を受けることが原則である。スウェーデン，デンマークなど北欧諸国がこの類型に相当する。

　第三は，保守主義レジームである。問題の社会的共有が主張されるが，個人ではなく家族が基本単位であり，問題は可能な限り家族で解決するものとされる。志向される政府は，中規模から大規模の政府となる。家族が受け持つ負担が大きく，男女の性別役割分業は温存されやすい。給付は，高齢者向けが充実する。大陸ヨーロッパ諸国のドイツ，イタリア，フランスなどがこれにあたる。

　エスピン＝アンデルセンは，日本は，保守主義と自由主義の両方の要素を持つとした。現役世代向けの家族給付が弱く少子化対策は進展していないが，高齢者向けの給付は多い。また，性別役割分業が温存されている。こうした点で保守主義的である。一方，全体としてみれば社会保障給付の水準は低く，医療給付は英米並み，子育て支援などはヨーロッパ諸国を下回る。このような点では自由主義的である。エスピン＝アンデルセンの類型は，基本的には欧米諸国から導き出されたものであるため，アジア諸国をも含めて類型を再構築する試みがなされている。その結果，上の三つの類型から別の類型を分離しそこに日本を含める議論が

登場している（新川 2005，辻 2012）。

　第四の類型として導き出されたのが，家族主義レジームである。南欧＝東アジアモデルともいわれる。南欧のイタリア，ギリシャ，スペイン，ポルトガル，東アジアからは日本，韓国，台湾などがあげられる。その名の通り家族主義的で，家族単位での問題への対処が前提となったレジームであり，家族への負担が過重になりがちである。その結果，少子化は促されることになる。

　ひとまず，日本の福祉国家体制が，それぞれの家族が責任と負担を大きく負うことを要求していることを押さえておきたい。そこでの家族なるものは形態上は孤立しつつ閉じられた近代家族のかたちをとっており，これまでも見てきたように，その家族と国家の相互作用の歴史的帰結として家族を利用する家族主義レジームが成立したのだった。今日までの多くの日本人の家族観は，家族主義レジームと共犯的に形成されたものであるということができるだろう。

　戦後の福祉国家化の歩みにおいて，福祉制度は，帰属証明が必要な，つまり，主たる稼ぎ手が組織に所属している定住家族を基準として整備され，非正規雇用の単身者は制度の網にかかりにくかった（岩田 1997）。現在，生涯未婚率の上昇は続き，家族からなる世界の外部に置かれた単身世帯の増加も顕著である。そして，この脱家族化は，より貧しい階層に偏って進展している。なんとか今ある家族についても，国家がこれまでのように依存し続けることができるほどの強さはない。多くの日本の家族は，内部留保を吐き出しながら存続を図ろうとする局面にある。年金に関して世代間対立がいわれるが，実は家族を単位としてみれば対立しているとは決めつけられない。それは，全体として見た親の代から子の代への家族内でのお金の移転が，今日では子の子育て期にまで続いているからである（嶋崎 2009）（もちろん，親の援助などあてにできな

い若年層からすれば，高齢者が優遇されているように見えるのは当然のことだ)。「パラサイトシングル」や晩婚化も，子の世代が独立した家計を維持することが困難であることを背景として持っている。国家が頼る家族は縮小再生産の局面にあり，今の子の代において，親の世代が高度経済成長期やバブル経済期において得た内部留保に相当する蓄積はもうないだろう。要するに，自立した近代家族の想定が通用しなくなりつつあるのであり，それとともに家族主義レジームの限界もあらわになっていくだろう。そうであるとすると，家族主義レジームに協調的な家族観や社会観も，大きく修正を迫られることになる。

　家族主義レジームの問い直しは，家族主義レジームの共犯者であった私たちの価値観を，家族の責任・負担をより解除する方へと変更させるものになるだろう。そして，家族に代わって，それぞれ困難を抱えた個人を包摂することができるのは，社会としかいいようがない拡がりになる。さて，そのような社会はどのように構築されるのだろうか。「親の責任」などと何かにつけ反射的に口走る家族主義的ハビトゥスなどは，反省の対象とされなければならない。

　この章は，現代の貧困についての問題を直接には議論したものではないが，この迂回なしには，現に貧困にあえぐ人々から私たちの目を逸らさせる力について知ることができないと思う。

参考文献

- Esping-Andersen, G., 1990, The Three Worlds of Welfare Capitalism, Princeton University Press.（岡沢憲芙・宮本太郎監訳『福祉資本主義の三つの世界～比較福祉国家の理論と動態～』ミネルヴァ書房，2001 年）
- 藤田省三「天皇制国家の支配原理」『藤田省三著作集 1　天皇制国家の支配原理』みすず書房，1998 年
- 広井多鶴子「家族概念の形成～家族と family ～」『実践女子大学人間社会学部紀要』第 7 集，2011 年
- 岩田正美「現代の貧困とホームレス」庄司洋子・杉村宏・藤村正之編『貧困・不平等と社会福祉』有斐閣，1997 年
- 柄谷行人『倫理 21』平凡社，2000 年
- 小山静子『家庭の生成と女性の国民化』勁草書房，1999 年
- 草間八十雄「どん底の人達」『近代下層民衆生活誌 I　貧民街』明石書店，1987 年（原著は 1936 年）
- 中川清『日本の都市下層』勁草書房，1985 年
- 中川清『日本都市の生活変動』勁草書房，2000 年
- 作田啓一『価値の社会学』岩波書店，1972 年
- 嶋崎尚子「成人した子とのつながり～親からみた親子関係～」藤見純子・西野理子編『現代日本人の家族～ NFRJ からみたその姿～』有斐閣，2009 年
- 新川敏光『日本型福祉レジームの発展と変容』ミネルヴァ書房，2005 年
- 辻由希『家族主義福祉レジームの再編とジェンダー政治』ミネルヴァ書房，2012 年
- 和田宗樹「明治大正期の親子心中の"増加"に関する考察」『慶応義塾大学大学院社会学研究科紀要』No.60，2005 年
- 柳田國男『明治大正史世相篇（新装版）』講談社学術文庫，1993 年（初出 1930 年）
- 横山源之助『日本之下層社会（新版）』岩波文庫，1985 年（原著 1899 年）

7 | 責められる家族
貧困の犯罪化をめぐって

《目標＆ポイント》　日本では，貧困を「家庭内」の問題とする圧力が強い。また，貧者への社会的非難は，「家族叩き」のかたちをとることが多い。貧困の罪を家族に負わせる社会と国家のあり様とその帰結について考えたい。
《キーワード》　新自由主義，貧困の犯罪化，貧困家族

1. 新自由主義と貧困の犯罪化

　1970年代半ばのオイルショックは，先進産業諸国の高度経済成長を終わらせ，国家的な財政危機を深刻化させた。英米においては，サッチャー主義，レーガン主義とも呼ばれる新自由主義的な「改革」が進められ，国家によって「小さな政府」が積極的に主張されることとなった。日本の場合，バブル経済という特異な時期が挟まったため，新自由主義的な「改革」の露骨な主張は，1990年代後半に遅れて登場する。そして，自由競争至上主義や個人の責任を強調する様々なスローガンが語られ，強い影響力を持つようになるのである。「小さな政府」に加え，「民営化」「規制緩和」「グローバル・スタンダード」，そして個人のあり方にかかわるものとしては「自己責任」や「自立」といった言葉がそれにあたる。それらの言葉を使う人々は「改革派」を名乗った。また，「自己責任」は瞬く間に誰もが口にする言葉になった。

　福祉予算や公共事業を削減し，どの国にもある聖域を縮小していくとすれば，当然不満は広範に鬱積する。そうした不満を別の方向にそらし

たり押さえつけたり，あるいは，納得させて事態をあきらめさせてしまうのは，言葉の力——より正確にはイデオロギーの力——である。そこで，「改革」を正当化する論理が作り上げられていく。それが新自由主義のイデオロギーだった。新自由主義は，あらためて自由競争を至上のものとし，可能な限り多くのものを市場に委ねることを是とする論理である。それゆえ，競争を緩和するために設けられてきた社会的な仕組みや特定の領域・階層を保護する制度は敵視されることになる。この論理が貫徹されれば貧困層は増加せざるを得ないが，その貧困層はあからさまに攻撃されるようにもなった。

　新自由主義は，次のような単純な人間観を大前提として成り立つイデオロギーである。ある人が生きる現実は，すべて個人に内在する要因によって競争を通じ決められたものである，それゆえそれはそれぞれの個人が責を負うものとなる…。第4章でも述べたように，Z・バウマンは，新自由主義が席巻する世界にあって，貧困であることがあたかも犯罪であるかのようにみなされることを貧困の犯罪化と呼んだ。新自由主義は，誰もが未来において豊かになることを約束する大きな物語などもう必要としていない。新自由主義的な認識枠組みに基づけば，貧困は，あくまでも自己責任の結末であり，さらには財政的にも社会的にも足をひっぱる害悪ということになる。

　家族主義レジームの特色が色濃い日本の場合，財政上の「お荷物」としてまずもって攻撃対象となりやすいのは家族である。そもそも家族に負担を押し付ける家族依存の体制が家族主義レジームであるのだが，家族主義レジームのもとでの新自由主義者は，まずもってその家族の「不道徳性」を叱りつける（後述するが，定型的な家族を構成していない単身者についてはそもそも埒外の存在である）。そこここの介護現場が深刻な状況を迎えていることが明らかであったにもかかわらず介護保険の

導入は遅れ，制度が実際に施行されたのは 2000 年のことだった。この遅れの要因は複合的だが，介護保険が「親の世話を子どもがする」という「美風」を破壊するという反対意見が足を引っ張りもした。また，子どもの貧困をめぐる議論は，「親が悪い」という声の大合唱によってかき消されてしまいがちである。「悪い」親を叩いたところで個人としての子どもについて述べたことにはならないのに。家族主義レジームとそれに見合った家族主義的認識枠組みは，個人において生じている問題を社会問題化することを妨げてきたし妨げている。そして，新自由主義的な論理に裏打ちされた貧者に向けてのサディズムの解放は，いっそう激しく貧困家族への単純な懲悪言説をあちこちに溢れださせている。今日的には，生活保護受給者が，社会に遍在するサディストたちの攻撃対象となりやすいようである。

　この章では，家族主義レジーム体制のもとで貧困が犯罪化される状況において，貧困家族が攻撃の対象となりやすいことをあらためて示したい。後で取り上げるデータは，主に新自由主義的論理が分かりやすく登場した 2000 年代以降の生活保護不正受給問題をめぐる，不正受給者を貶める国会における国会議員の発言である。生活保護と並べて論じられることも多い，年金，児童手当，雇用保険などの不正受給をめぐる発言も検討の対象とする。これらの発言に潜む欲望を観察の対象とし，分析してみたい。いうまでもなく，国会での国会議員の発言といわゆる世論との間には大きな差異がある。ここで，国会発言に注目するのは，公的なタテマエ（国会でのそれを立憲主義ということもできる）に束縛されながらも公論の場に侵入し介入する新自由主義的言説のあり方とそのイデオロギーについて考察するためである。なお，取り上げた発言は，国会図書館のデータベースである「国会会議録検索システム」から引用したものである。

2. 不正受給問題

2015年，衆議院憲法調査会において，佐藤ゆかり議員は次のように述べた。

「戦後，ある意味行き過ぎた個人主義に対して，年金や生活保護の不正受給の問題しかり，個人の権利主張の裏側にあるべき自助の精神の教え，こういうものが欠けてきた結果，さまざまな国民生活の側面で，自助努力をする国民がきちんと報われないという社会的な新たなひずみも生じていると思います。公共の利益と個人の利益のバランス，個人の権利と個人の義務の関係，特にこの義務の記載，こうしたものをより明確に概念上記述するような憲法の改正，これが重要であると考えております。」(2015年5月7日衆議院憲法調査会　自由民主党の佐藤ゆかり議員の発言)

この発言からは，この人あるいは人々が，とにかく国民の権利が疎ましく，義務を課したくてたまらないことはよく分かる。それはともあれ，佐藤ゆかりは，「年金や生活保護の不正受給の問題しかり」と「行き過ぎた個人主義」を不正受給問題でもって代表させている。「行き過ぎた個人主義」という一般的な水準における問題に比べると，不正受給問題はそれが生じる社会領域がかなり限定された問題であり，しかも不正受給の額からすれば小さな問題であるように思われる。にもかかわらず，不正受給に見出された悪を誇大化し一般化せずにはおれないほどに強く敵視する人々がいて，彼ら彼女らを刺激しその欲望が触発されているという現象がある。

現在，生活保護受給者は増大しつつある。この増加の主たる要因は，高齢者人口が増すにつれて高齢貧困層の量も大きくなったことにある。それに加えて，高齢ではない年齢層の受給も近年になってやや増えたが（増えたとはいえ高齢者世帯の3分の1程度であるが），生活保護法から

逸脱した窓口レベルでの稼働年齢層の排除がある程度改善されたためと考えられる。きわめて重要であるのは，生活保護水準以下の状態にありながら生活保護を受給していない漏給層が，生活保護受給者の約4倍程度いる（生活保護の捕捉率が2割程度）と推計されていることだ。ここには，いわゆるワーキング・プア（働いているが収入が生活保護水準以下の人々）も含まれている。

　第4章でも述べたように，生活保護受給の厳格化と受給者への官民一体の汚辱によって，生活保護への制度的，社会的，心理的敷居が高まり，生活保護を受給することが否定的なスティグマとなった。今や，生活保護受給者は，差別されたマイノリティといってもよい状況である。生活保護を受給する被保護層は，ワーキング・プアと比較されながらその受給基準や被保護層としてのそれなりの安定を非難されることがある。「年金保険料を支払っている就労層にとって，基礎年金より高い生活保護基準はがまんのならないものかもしれないし，稼働している母子世帯にとって，無職の「被保護母子世帯」は気楽そうにみえるかもしれない。唯一貧困を代表するものとして扱われてきた「被保護層」は，その周辺にあるもっと大きな貧困層の中で，羨まれるとともに，批判される存在になりつつある」のである（今日では「なっている」というべきかもしれない）（岩田　2000）。生活保護受給者は，顔の見えないどこか遠くの人々からの気楽な悪口に囲まれつつ，すぐ近くにいる同じような境遇の人々からの重く攻撃的な空気に晒されているのである。

　現在の生活保護法は，1950年に公布・施行されたものをもととする。生活保護制度は，そもそもは，杉村宏が同年の厚生事務次官通知を引きつつ述べるように，保護されるべき人々が保護から漏れる漏給と保護の必要がない人に保護を適用してしまう濫給とを同時に防ぐことを「適正実施」としていた（杉村　2010）。つまり，その段階においては，日本

国憲法における生存権を保障せよという国家への命令は，基準を満たさないすべての人々を積極的に捕捉し保護することを求めるものと政府・厚生省においても理解されていたのである。しかしながら，1960年代以降，政府・厚生省は，漏給問題については「徹底した沈黙」（副田1995）を保つようになり，いわゆる「適正化」は濫給防止のことをのみ意味するようになっていく（貧困の実態調査が打ち切られたのは1965年である）。

　濫給をのみ問題視する「適正化」（＝厳格化）は，予算の抑制が求められる度に，予算獲得の方便としての意味を持った。いっそうの厳格化を進めることを条件として，生活保護制度の維持が計られたのである。杉村は，生活保護の「「約五十年にわたる歴史は，保護適正化対策に主導されて推移してきた」と述べている（杉村　2010）。過去の保護率が急激に減少した時期において，それを促した社会的・経済的要因は特に見出せないし，「適正化」対策が直接に保護率を減少させたとしかいいようがないのである。

3.「よい貧者」と「悪い貧者」の物語

　国会審議に見られる不正受給をめぐる論理の枠組みは，だいたいにおいてこうした厳格化の流れに沿って作り出されてきた。政府も議員も，厳格化を前提として議論を組み立てた。もちろん，厳格化に否定的な意見がなかった訳ではない。発言の中には，不正受給への過剰反応をむしろ危惧した例もある。しかし，それらもまた，不正受給者の存在が生活保護法を毀損しているという論拠で厳格化はやはり必要と政府から切り返されたのだった。

　すでに述べたように，国会での議員や政府側委員の発言は，いうまでもなく，貧困をめぐる世論を代表しているとはいえない。国会審議は，

世論からある程度自律して独自の論理の枠組みの中でなされている。国会議員は，タテマエから自由ではない。しかし，タテマエと折り合いをつけつつその時代の世論を読みながら，発言は作り出される。その意味では，剥き出しの攻撃性と公権力の間に成立する，効力を持った論理を観察することができる場所ということになる。

　1980年代，家族による自助努力に期待して福祉政策を抑制する「日本型福祉社会論」の影響下にあって福祉予算への縮小圧力が強まり，「福祉見直し」が現実化し始める（副田　1995）。露骨な新自由主義的主張の登場は90年代後半にずれ込んだとはいえ，業界によるディフェンスが弱い福祉領域は，財政再建の議論において攻撃対象となりやすかった。時を同じくして暴力団による不正受給がマス・メディアで報道され，国会議員もたびたび審議においてその問題に触れるようになった。そして，政府側の答弁において「不正受給防止対策の徹底」がそれまでにも増して強調されるようになっていく。

　ここでは詳細は述べないが，この時期の不正受給叩きは，以下のような一定の型を持つ物語として構成されていた（西澤　2010）。暴力団に表象されるような「悪い貧者」がいる，その一方，ほんとうに「かわいそう」で無力な「よい貧者」がいる，「よい貧者」を守るために（あるいは「よい貧者」の「評判を下げない」ために），「私たち」は「悪い貧者」を撃たなければならない…。生々しい欲望をもった生活主体である貧しい人々を「よい貧者」と「悪い貧者」とに分類するのは，想像上の操作としかいいようがない。私たちは，誰もが「よい」し「悪い」はずである。そうであるから，前者を守るために後者を撃つという物語形式は，現実から目を背けたところに成立する観念遊戯にすぎないのだ。

　だが，そうした不正受給の物語形式は，今に至るまで国会における不正受給言説を拘束し，特に政府側答弁において根強く保たれている。そ

のように語ることで，タテマエに沿いつつ，財政削減にも制度の維持にも対応可能な立ち位置を確保できるという訳である。長く語られ続けた物語は，民主党政権（2009 〜 12 年）の政府側答弁においても再演された。以下は，民主党政権下での，不正受給と国民のモラル低下を関連づけた自民党議員の質問への，長妻昭厚生労働大臣の答弁である。

　「この不正受給ということに関しましては，雇用保険の不正受給もあります。生活保護の不正受給もあります。本当に，不正はすべてよくないわけでありますけれども，こういう生活，社会保障について，不正受給というのは一部の方にもかかわらず，多くの受給している方もそういう目で見られてしまうという弊害，非常にやるせない状況になる可能性もありますので，これはもう徹底的に不正がないように取り締まるということは，私は特に心がけているつもりでありますので，不正が起こらないそういう仕組みというのを今後とも不断に検討していきたいと思います。」(2010 年 3 月 19 日衆議院厚生労働委員会　長妻昭厚生労働大臣の発言)

　ここに見られた形式も，「よい貧者」と制度を守るために「悪い貧者」を撃つという物語形式からは全く離れていない。そして，その後の自民党政権においても，今のところ政府によるこの答弁形式は持続している。ただし，2014 年にこれ以上ないほどに厳格化を徹底した改正生活保護法が成立して後のこれから，この物語形式がどこまで効力を保ち続けることができるのかは分からない。

4. 新自由主義の人間観

　しかしながら，一方で，2000 年代に入って，新自由主義の論理に沿って，貧者への攻撃性を解放した発言が，「保守系」議員の口から現れ出るようになる。そして，自民党が答弁から解放された野党時代（民主党政権時代）には，そうした発言が頻出する。以下の 2007 年の，いわゆ

る「小泉チルドレン」による質問はその先駆けであった。

　「支援の方法としては，福祉の受け手側が支援に頼り切ってしまわないよう，自立の気概を持たせていくことをあわせ持ったものでなくてはならないと考えるのですが，近年の傾向として，生活保護における世帯をまたいでの保護や稼働年齢世帯の長期保護，児童扶養手当においては事実婚状態での不正受給，介護保険では家庭介護の放棄による介護事業への丸投げ状態の実態などの絡みを見ますと，どうも，公的福祉への担い手意識が薄く，受け手としての依存度が高くなっているのではないかと感じるのですが，いかがでしょう。／つまり，社会的弱者とはいえ，国が何らかの形で保護，保障してくれるものへの依存度が高いと感じるのですが，現在の社会福祉に対する受け手側の認識やその実態をどのようにお感じになるでしょうか，御答弁をお願いいたします。」（2007年12月12日衆議院厚生労働委員会　自民党西本勝子議員の発言）

　ここでは，「生活保護における世帯をまたいでの保護や稼働年齢世帯の長期保護」「児童扶養手当においては事実婚状態での不正受給」「介護保険では家庭介護の放棄による介護事業への丸投げ状態」が羅列されている。それぞれの問題の個別性はここでは乱暴に無視され，それらすべてに共通するものとして「公的福祉への担い手意識が薄く，受け手としての依存度が高くなっている」という一般的傾向が取り出されている。これは，不正受給言説における大きな変化というよりない。ここには，「よい貧者」も「悪い貧者」ももういないのだ。そこにあるのは，国家からの自立が善であり国家への依存が悪であるという価値観，人は甘やかせば悪に染まる，国家に依存し怠惰になる（逆に脅しつければ自立して勤勉になる）という人間観，そして，悪の兆候は国民に偏在しそれを国家が正さなければならないという国家観である。このような価値観・人間観・国家観が，「日本版」新自由主義の認識枠組みであるといってもよいだろう。

第二次安倍政権になって，高市早苗議員は安倍晋三総理大臣に対し次のように話を振っている。

　「過度の依存心をあおるばらまき政策というものを排して，福祉の不正利用をしっかりと排していく，これはもちろん，真に必要な福祉水準の確保を前提としたものでございますけれども，ぜひとも正直者が報われる公正な社会をつくっていただきたいと願っております。」（2013 年 3 月 7 日衆議院予算委員会　高市早苗議員の発言）

　この世の中は自分を「正直者」だと思う人たちだらけだから，自分のような「正直者」が報われる社会を作れと高市がいってくれているように自称「正直者」たちには聞こえるのかもしれない。しかしながら，彼女は，甘やかせば悪に染まるという国民の一般的傾向についての彼女の認識をまず述べている。では，ここでの「正直者」とは誰のことであろうか。要するに，納めた税や年金に比して多くの福祉サービスを得ているものがいるという状態を「不公平」だという資格がある（と高市が判断する），そういう地位の人々が「正直者」ということなのだろう。むろん，そのような見方は，社会福祉・社会保障の思想を否定する，単純な市場原理と自由競争を善とする論理に過ぎないのだが，「正直者」というマジックワードが用いられることによって，妙に耳障りのいいある種の「洗練」がなされたものになっているのである。本会議や予算委員会というテレビの全国放送もある「大舞台」においては，このような修辞術が求められているようである。

　しかしながら，多くの議員の発言は「洗練」などとは縁遠い，野卑なものに留まる。次の自民党議員の質問においては，野党時代のものであるが，生存権うんぬんをまず述べて憲法におもねってみせた上で「けれども，最近は」を境に新自由主義的主張が開陳されている。

「最近，生活保護が非常に急増しております。憲法二十五条，いわゆる生存権，最低限の生活保障は大変重要でありまして，昨今，ひとり暮らしの高齢者がふえている，あるいは，病気，障害のある方々，円高不況で倒産して家を失って全てを失った，こういう方々のセーフティーネットとしては当然重要だと思いますけれども，最近は，不正受給の増大，あるいは一度もらったらずっともらえるような今の仕組み，働けるのに働かない稼働世帯の増加，この民主党政権になった二年半で三十四万人もふえている。急増しているんですよ。今，二百十万人を超えております。／社会通念としての自助，共助，公助というものがあるとするならば，今この日本で，自分で努力しない，お互い助け合わない，何となく初めから，あるいは最後には行政がカバーしてくれるんじゃないか，もしこういうムードが漂うとするならば，これは戒めていかなければならないと思っております。」(2012年2月23日衆議院予算委員会　自民党の菅原一秀議員)

「34万人」についての彼の解釈は不明な点が多く，彼がどこまで詳細に検討した上でこの数字を使っているのかは疑わしい。おそらく彼にとってそれはどうでもよく，すべてが大急ぎで悪として一括されている。その上で，この社会には，国家に依存する「ムード」が蔓延しているという認識が示される。むろん「ムード」という言葉には，それに容易に感染する人間が想定されている筈である。さらには，それを「戒めていかなければならない」という。「ムード」を「戒める」のは誰なのか。この文脈では国家以外にありえないし，それをいう彼の自己認識は国家と一体化されている。彼が自らを「戒める」側の人間であると考えていることはよく分かる。

5. 疑われる貧困家族

これまで，幾人もの「保守」派議員は，貧しい家族への疑念を隠そうともしてこなかった。2000年代以降の発言を見てみよう。長くなるが，ここではまとめて二つだけ紹介しておきたい。

「一方で，大変モラルハザードといいますか，不正受給の問題もあろうかと思います。偽装離婚による手当の受給や，あるいは事実婚状態であるにもかかわらず手当を受給されるということは，これはよく見られることだろうと思います。／私は臨床医をしておりましたときに，母子家庭ということであってもお父さんが付いてきているなというのは結構ございましたので，やはりこういう不正受給の存在というのはそれほどレアではなかろう。」（2010年5月25日参議院厚生労働委員会　自民党石井みどり議員の発言）

　「まず，母子及び寡婦福祉法についてであります。／端的にお伺いいたしますが，不正受給がちゃんと摘発できているのかという問題であります。この仕組み自体は私はいいと思いますが，当然，いい仕組みだからこそ，不正受給などあってはならない，こういう話であります。／そこで，悪意か善意かを問わず，再婚だったり，事実婚，同棲だったり，こういった理由で不正受給になって停止及び返還を求めた事例というのは，ここ数年で何件ずつあるのか，まず事実からお伺いいたします。（土屋正忠副大臣の「平成23年度実績で0.1％」という答弁に対して）0.1％ということですが，実際の件数を見ますと，これは，たまたま生活保護の不正受給が問題になった時期に合わせて母子寡婦のこともお調べになったんだというふうに伺っておりますが，110の自治体で調べた結果，私が申し上げたようなタイプの不正受給は90件だったということであります。／110の自治体で90件不正受給があったということは，一自治体，一つの市で一人いるかいないかだったということでありますが，これは，私の生活実感からして，にわかには信じがたいぐらい少ない摘発の件数ではないかと思います。／この，摘発できている件数が少な過ぎるのではないかという私の捉え方に対して，大臣，いかがですか。110の自治体で90件しか実際摘発できていないわけでありますが，少ないと思いませんか。（中略）私も，本当に近所で，あそこは不正受給なんじゃないかとか，やはり時々聞きますから，少なくとも，一自治体に一人しかいないなんという，こんな件数ではおさまらないというふうに私は思っております。／いろいろ大変だとは思いますけれども，やはりこういった制度は，生活保護のときもそうでしたけれども，不正受給が一たび問題になったら，制度そのものの信頼性が問われ，本当に必要として法律にのっとって受け取っている方までが肩身の狭い思いをする話でありますから，不正受給対策，現地調査をもっと本気でやるということをよろしくお願いいたします。」（2014年3月26日衆議

院厚生労働委員会　結いの党の井坂信彦議員の発言）

　偏見は，自己の感情を絶対化することによって成立する。強固な偏見の持ち主には，どのような事実も意味を持たなくなる。後の議員は，政府が示す数値の意味を認めず，「私の生活実感」や近所の噂の方が正しいと主張する。小児歯科医であるらしい前の議員は，「私は臨床医をしておりましたときに，母子家庭ということであってもお父さんが付いてきているなというのは結構ございましたので，やはりこういう不正受給の存在というのはそれほどレアではなかろう」などと自らの印象を絶対化する。母子と元夫が医師のもとを訪れるという事態は，まっとうな大人であるならば，疑念を持つよりも先に思うことがある筈である。「世の人々にはそれぞれいろいろ事情があるのだ」ということを。しかし，この歯科医は，「結構ございました」という患者とその家族との面接において，いつも疑心暗鬼に捕らわれたまま臨んでいたように読める。そうしたまなざしに子どもたちが気づかないでいたことを願うばかりである。

6. 責められる家族

　新自由主義者にとって子どもの貧困は鬱陶しい問題であるだろう。なぜならば，自らがいう自己責任論を徹底したとすると，かえって自己責任を問えない子どもの貧困が課題として浮上するからである。しかし，家族主義を手放せない日本の新自由主義者は，そこでいきなり感情的になって「親が悪い」と言い出すという特徴がある。彼ら彼女らは，子どもに手厚い援助を行うことを好まず，子どもを個人として認識することを拒絶して，親とともに家族に一体化させるのである。そうして，家族が，攻撃対象として確保される。

「事実婚」「同棲」あるいは「偽装離婚」、そうしたことが不正受給問題に関する議論では悪の表れとして取り上げられ続けている（西澤　2017）。この人々は、国家によって把握された──戸籍によって捕捉された──夫婦以外の家族のあり様に苛立ちを隠さない。明治政府が作り上げた戸籍制度は、個人を家の一員として捉え、家を特定の場所との結びつきを保ち続けるものと見た。その戸籍に登録されることによって、人々は国民＝臣民となった。家と場所を一対一対応で結びつける見方はさすがに今日では意味のないものになっているのかもしれないが、国家によって捉えられた家に個人を融合させて認識する人間観は今も健在で、家から浮動する人々を嫌悪、蔑視する感情は広範に存在するように思われる。ここで取り上げた発言は、そこに根を持っている。

　扶養する／される対象として家族が想定されがちであるように、家族は共同体であるかのように期待されがちである。しかし、期待は期待であって、私たちは、現実を直視するところから話を始めなければならない。例えば、今を生きる私たちが、親きょうだいの借金をわが借金として背負うことを進んで受け入れられる人間なのだろうかと問うてみる必要があると思う。あるいは、親きょうだいの借金のために、危うい人生を送らざるを得ない境遇の人がいるとして、それを「美しい」ことであると私たちは思えるのか。家族は、期待は措くとして、個人の生存・存在を脅かすリスクにも転化し得るものではないのか。どのように糊塗したとしても、現代の家族は、（小さな子どものことを除いて考えれば）互いにそれぞれの存在を脅かさない限りにおいて成立している。

　おそらくはこれまでに見た「日本版」新自由主義的言説に沿うものであるだろう、自民党改憲草案第二十四条というものを見ると、次のように述べられている。

「第二十四条　家族は，社会の自然かつ基礎的な単位として，尊重される。／家族は，互いに助け合わなければならない。」

「家族は，互いに助け合わなければならない」ことが国家によって国民に義務として課されることで生み出される闇から，目を背けるべきではない。いうまでもなく，ある個人にとって家族がリスクとして立ち現れる事態は，貧困家庭においていっそう生じやすい。貧困の責めを家族に重く負わせてしまえば貧困は泥沼化し，親から子への貧困の連鎖が強化されることは間違いない。官僚は，予算削減の圧力のもと，新憲法に沿いながら親族の扶養義務を強調しいっそう生活保障を家族任せにする法案を書くだろう。議員たちは，この義務に従うことができない貧しい家族をますます奔放に叱りつけ，国民を戒めることに励むだろう。このような流れの中で，貧困と社会の様相はどこに向かうのか。また，この流れを押しとどめるものがあるとすればそれは何なのか。引き続き，以下の章で考えていきたいと思う。

参考文献

- Bauman, Z., 1998, *Work, Consumerism and the New Poor,* Open University Press.（伊藤茂訳，『新しい貧困〜労働，消費主義，ニュープア〜』青土社，2008年）
- 岩田正美『ホームレス／現代社会／福祉国家〜「生きていく場所」をめぐって〜』明石書店，2000年
- 西澤晃彦「貧困の犯罪化〜貧者に人権はあるのか〜」市野川容孝編『講座人権論の再定位第1巻　人権の再問』法律文化社，2010年
- 西澤晃彦「貧困〜社会はどのように分断されていくのか〜」伊地知紀子・新ヶ江章友編『本当は怖い自民党憲法改憲草案』法律文化社，2017年
- Sassen, S., 1998, *Globalization and its discontents,* New Press.（田淵太一・尹春志・原田太津男訳『グローバル空間の政治経済学〜都市・移民・情報化〜』岩波書店，2004年）
- 副田義也『生活保護制度の社会史』東京大学出版会，1995年
- 杉村宏『格差・貧困と生活保護』明石書店，2008年
- 杉村宏『人間らしく生きる〜現代の貧困とセーフティネット〜』左右社，2010年（参照ホームページ）
- 国会会議録検索システム　kokkai/.ndl.go.jp/

8 | 子どもにとって貧困とは何か

《目標＆ポイント》 子どもの貧困の現状を踏まえつつ，親から子への貧困の連鎖や貧しい子どもの社会化過程について論じたい。
《キーワード》 子どもの貧困，貧困の連鎖，子どもの社会化，社会関係資本

1. 社会問題としての子どもの貧困

　子どもの貧困がようやく社会問題として議論されるようにはなった。自由や平等といった価値を追求するのであれば，14％という子どもの貧困率は，優先度の高い課題としてこれに取り組むことを要請する。私たちはどこに生まれおちるのかを選ぶことはできないし，そこにおける条件の有利不利が不平等であることが明らかだ。そして，子どもの貧困は，個々の子どもの問題に止まらない社会問題としての奥ゆきも持つ。阿部彩は「生活問題をかかえる人々の多くは，親の世代から「不利」を引き継いでいる」と述べているが（阿部　2008），貧困は親から子どもへと連鎖する傾向が強く，子どもの貧困率の増大は，社会が身分状，階級状にいっそう分断されていく事態をも示す。
　その一方で，子どもの貧困は，地域的・階層的に偏って生じるために，14％という数値にリアリティを感じないという人も多い。制服による身なりの規格化，「しまむら」ファッションや100円ショップの化粧品のような比較的安価「おしゃれ」が可能になることによって，子どもについては外見上での貧困が不可視化されたということもある。今のところ，

子どもの貧困は，統計的な数値によって何とか議論が成立しているといえるのかもしれない。

そのようやく成立した議論に冷水を浴びせかけようとする論理や勢力も根強いといわねばならない。日本の新自由主義者は，自己責任論を問えない子どもに対しても冷淡で，貧しい子どもを親と一体化して捉え権利者としての子どもの存在を無効にしようとする性向がある。「親が悪い」のだから，政府はかかわるべきではないという訳である。子どもの貧困への取り組みにおける最大の障壁は，制度と社会を強固に呪縛し続けている家族主義であるだろう。

基本的な数値を確認しておきたい。2015年時点での日本の子どもの貧困率は，13.9％である。全体の平均世帯所得の下げ止まりとともに，2012年の前回調査における16.3％からはやや改善されたものの，依然として高い水準にある（厚生労働省 2017）。就学援助制度は，生活保護世帯と生活保護水準に近いと市区町村が認めた（基準は一様ではない）準要保護世帯に適用される。準要保護世帯の多くは生活保護水準にありながら生活保護を受給していない世帯である。そして，就学援助を受けている世帯のうち，9割以上を準要保護世帯が占めている。2001年には9.7％であった就学援助率も，2014年には15.4％に増加している（内閣府 2017）。それだけの児童・生徒が，学校教育基本法第19条でいうところの「経済的理由により就学困難」と公認されているのが実情である。

また，子どもがいる家族は，子育てと教育に金銭がかさむことになるが，制度やサービスの費用は私的な負担によるところが大きく，「日本の子育ては社会的に支えられているというよりは，家族依存の傾向にある」（大澤・松本 2016）といえる。また，「日本では他の国より子どものいる世帯に対する社会保障給付が薄く，税や社会保障費の負担が重い傾向にあり，所得再分配が貧困削減の機能をほとんど果たしていない」。

政府による所得再分配は，共稼ぎ世帯やひとり親世帯の貧困率を上げることにむしろ寄与しているのである。

　子どものいる貧困世帯の半数以上はふたり親世帯であるが，家族形態別の子どもの貧困率は「ふたり親世帯では12.4％，ひとり親世帯では54.6％」となっている。ふたり親世帯における貧困は，「二人目の稼ぎ手（主に女性）による貧困緩和効果がOECD諸国で最も小さ」いことの影響が大きく，正規労働市場からの女性の排除と非正規雇用労働者の賃金水準の低さの影響を受けていると考えられる。母親たちが選べる職種は，非正規の臨時・パート職が主なものとなっているのである。そのことによる不利がいっそう明瞭に直撃しているのは母子世帯であるだろう（【資料8】P.243参照）。日本の場合，ひとり親世帯の貧困率の高さは尋常ではなく，OECD加盟国中最も大きい。ひとり親世帯の大学進学率は，全体平均53.7％に比べ半分以下の23.9％にとどまる（生活保護受給世帯は19.0％）（厚生労働省　2015）。また，ひとり親世帯の中でも，特に母子世帯の貧困が深刻で，たとえ有業者（母子世帯の母親の就業率は81.8％）であっても収入は少なく（平均年間就労収入は200万円），貧困率がきわめて高い（厚生労働省　2018）。

　貧困は子どもに何を及ぼすのか。阿部彩は，これまでにそれの説明を試みてきた理論を簡潔にまとめている（阿部　2008）。①「投資論」。子どもの将来のためにはどうにもお金がかかる。それがないことが子どもの不利になる。②「モデル論」。親は子どもに将来像を提供するモデルである。ところが貧しい親は往々にしてこの役目をうまく果たせない。逆に，マイナスのモデルになってしまうかもしれない。③「ストレス論」。貧困は親にストレスを与え，家庭環境を良好ではないものにする。④「遺伝論」。貧しい親は能力がないから貧しい。その能力の低さが遺伝する。⑤「文化論」。貧しい家庭で習得した文化は，貧困生活には見合ってい

ても，そこから離れることの助けにはならない。かえって足を引っ張る。

　さて，重要なことは，これらを実際に検証し，貧困がどの成長段階においてどのような影響をもたらすのか，その「経路」を解明することである。阿部は，アメリカにおける社会実験の結果を引きつつ，所得の効果はシンプルだが大きいと論じている。所得効果については，「投資論」と「ストレス論」とをうまく統合した説明ができそうである。所得の上昇は，学業達成の上で子どもが被る経済的な不利を取り除くことができる。また，家庭内のストレスを緩和するという効果もあるだろう。経済的不利が除去され，家庭内のストレスが低減すれば，勉学に取り組み余裕をもって生活課題と向き合う環境も得られる。子どもの貧困への対策の中心は，やはり経済的な援助の具体化と積極的な教育保障ということになるだろう。これを認めた上で，一点だけ問題を保留しておきたいと思う。もし，対策や実践の目的が貧しい子どもたちを学歴競争に向けて加熱していくことと狭く取り違えられてなされるとすれば，競争の敗者というラベルをあらためて貼られた若者たちを数多く作り出すに終わる危惧がある。ただでさえ競争の勝者と呼べる人は少数派で，貧しい子どもの背負う不利は多様にいくつもあるのである。

2. イデオロギーとしての遺伝論

　桜井信一の『下剋上受験』は，中卒夫婦の小学生の娘が，父である桜井とともに勉強に打ち込んで進学塾にも行かずに（行けずに）二人で「名門」私立女子中学校を目指した記録である（桜井 2016）。中卒の両親を持つ団地住まいの――高学歴の両親を持つ訳でも裕福な家庭でもない――子どもが「名門」を目指すとすれば，どのような壁に直面することになるのか。まず，教育にかけられる金銭が足りない。有用で効率的な情報も乏しく，勉強を強く動機づけてくれるような文化的背景も弱い。

目指すところが自分たちの生活史において慣れ親しんだ世界ではないため将来像がイメージできず，動機を維持し続けることが難しい。そして，情報の取得，価値観の形成，動機の維持を支えてくれるようなネットワークとの接点を欠いている。逆にいえば，勉強に長期にわたって取り組むことができた生徒たちは，そのような環境に恵まれていたといえる（桜井 2016）。そうした逆境に抗って，父と娘はもがいてみせたのである。そこにおける最も厳しい敵は，彼と彼女を内側から繰り返しあきらめへと誘う，宿命ならぬ宿命論であったのではないか。

桜井の娘が小学校5年生であった6月のある日，ポストに入っていたチラシに無料とあったので受けさせてみた「全国統一小学生テスト」の結果が返却される。「まさかこの頑張り屋さんが，2万6千人以上もの受験者の中で，よもや後方集団に位置するなんて考えもしなかった。2万人の後塵を拝するなんて」。彼らの世界では「頑張り屋さん」であっても受験生の世界では「後方集団」であるという現実は，この家族を唐突に狼狽させる。

「えーっ？ どうしてー？ なにこれ？」
　テスト結果を手に佳織は次の言葉が見つからないようだ。
「ねえ，どういうこと？」
　妻は無意味な質問を私に投げかけてきた。
「まあ，そういうことだよ。マズイよ」
　私は妻にも佳織にも意図的に目を合わせず唇を噛んだ。ここは怒りや悔しさをみせるべき場面であり，娘の前で決してがっかりしてはならない。
「やっぱり……」
　妻は何か心当たりがあるような言い方でつぶやいた。
「やっぱりって？」
　佳織は母親が何を言いたいのかわからないようだ。
　妻は佳織の問いに答えることなく，佳織に目を合わせることもなく，私だけを見

ながら否定して欲しそうな目で質問を続けた。
「遺伝だよね？」
　私は唸り声だけしか出てこない。出てくるはずがない。認めるとそれは同時に今後への期待を否定することになり，認めないとこの結果への説明が必要になる。親の責任だと認めたくない卑怯な気持ちがどこかに存在し，できれば「遺伝」以外の言葉で片付けたい。私は必死にぬるい言葉を探した。

　桜井による遺伝論への抵抗は，この本の隠れたテーマのように読めるものだ。ただ，桜井は，結局のところ，遺伝論を組み伏せたとまではいえない。十分過ぎるほどに「高偏差値」であるとはいえる第二志望の中学校に娘は合格するのだが，遺伝論は明瞭には否定されないまま曖昧に本は終わってしまう。
　さて，ここでいうところの遺伝とは何であるのか。獲得形質が遺伝されないように，学歴はもちろん遺伝しない。そして，入試や受験勉強は，人間の遺伝的能力の限界を量るにはあまりにも問われる能力の幅が狭すぎるしまた易しすぎるのである。ここで語られる遺伝論もまた，現代における宿命論の実例であるだろう。イデオロギーは，現状の社会構造とそこにおける自己のアイデンティティを正当化する論理である。貧者にとってのイデオロギーは，あきらめへと誘導し「仕方がない」と現状を受容させる宿命論として立ち現れる。宿命論の機能はそれだけではない。宿命論に服属してのアイデンティティの鋳造は，他者への干渉行為を伴わせる。「仕方がない」といいたがる宿命論者は，往々にしてあきらめを他者へと転移しようとする。あきらめようとしない家族や友人が，非難や嘲笑の対象とされるのだ。それゆえ，宿命論への反逆は簡単なことではない。ところが，どういう訳か，桜井の家庭においては，遺伝論への抵抗が開始されたのである。なぜ桜井にはそれが可能であったのかは知りたいところだが，残念ながらよく分からない。他方，多くの家庭に

おいて,「遺伝だよね？」から「？」が速やかに削除され,「勉強ができない」ことが宿命化され正当化されている可能性は高い。その場合,子どもが告げられる遺伝は,烙印以外の何物でもない。

ここで,インセンティブ・ディバイド（意欲格差）について述べておく必要もあるだろう。苅谷剛彦らによれば,1979年に調査を行った同じ11の高校で生徒とその親に対して20年後に同じ質問項目を用意し再度調査を行ったところ,学校以外での学習時間が短くなり,学習意欲（親においては学習をさせる意欲）の低下が見られるようになった（苅谷2001）。苅谷らによれば,親の階層によって,学習意欲の低下の度合が異なる。上層（父親が専門職・管理職である,母親が高学歴である,など複数の指標が用いられている）では,その20年間の学習意欲の低下はほとんど見られなかった。ところが,より下層においては,学習意欲の低下が顕著だった。下層においてのみ競争を煽る言葉が説得力を失い,親における「勉強させる理由」,子における「勉強する理由」が消失してしまったのである。苅谷はこの事態をインセンティブ・ディバイド（意欲格差）といい表した。不利が意欲を生むという事態は特別の条件のもとで成立するものであって,むしろ,多くの場合,不利はあきらめへと人々を誘う。高度成長経済期において広範な人々に共有されていた未来への期待や,「日本的経営」のもとでの「今がんばれば将来報われる」という見通しなど不利や欠如を意欲へと転換する回路は,今から思えば特殊歴史的な現象であったと見るべきなのかもしれないのだ。そして,集合的な楽観主義が解体された現在にあっては,受容されやすいイデオロギーが宿命論なのであり,今日的な宿命論は遺伝論として表れやすいのである。

3. 社会化

　それでも人は，宿命論に捕らわれていたとしても，現状に納得できない感情を滓のように沈殿させている。そのこと自体，宿命論には収まらない，人間の大きさを示しているのではないか。特に子どもたちには，どこかあきらめきれなさを抱えつつ「今の私ではない私」を想像する力が強いだろう。では，宿命論をこえる，「今の私ではない私」のイメージはどこからやってくるのだろうか。この問いに社会学的に答えるために，G・H・ミードの社会化についての議論を経由したいと思う。

　ミードが述べる社会化は，個人が他者との相互作用を通じて社会へと参入するその局面を捉えている（ミード　1995）。子どもは本能を持った生物学的存在として産まれてくる。しかし，そのような存在も，動物としては異様に長い乳児期に大人たちの世話のみで生きるうちに，生物による自然の世界から人間による文化の世界へと移植されることになる。

　ミードは，子どもが社会化において強い影響を受ける人物を重要な他者と呼ぶ。家族が，ほとんどの子どもにとって重要な他者となることは間違いない。しかし，母親，父親，きょうだい，祖父母などそれぞれの家族は一枚岩ではなく，それぞれが異なる生活史を持ち異なる世界を実は背負っている。それゆえ，家族においてさえ，様々な場面での幼児への期待は微妙な食い違いを見せる。さらには，重要な他者たちの中に，保育園や幼稚園の友だちや保育士・教諭，近所の子どもたちや大人たちも含めれば，いっそうずれは大きくなるだろう。一人の子どもに対する他者からの期待における，この一貫性のなさにこそ意味がある。幼児は，この食い違いを自分なりに調整していかなければならない。

　やがて，幼児は，重要な他者たちからの個別の期待を自分なりにとりまとめ，一般的な期待を想像しつつそれに合わせて振舞わなければなら

なくなる。そうすることで，一人の幼児は，一人の重要な他者——例えば母親——の直接的影響から離れて，一般化された他者による自己拘束へと移行するのである。このとき幼児は，家族や近隣や「園」というローカルな領域をこえた，社会という拡がりを生きる小さな個人になる。重要な他者は複数いる，しかも，一般化された他者へのとりまとめは一人一人の幼児に委ねられている。社会という拡がりとそこにおける個人の発生根拠の一つは，ここにある。

　私たちは，多分に子どもを家族的存在とはみるが社会的存在とはみない。先に述べた「モデル論」においても，貧しい子どもにとっての親を突出した存在として見過ぎる傾向がある。確かに親の文化的影響力は大きいが，一方で，子どもが「今の私ではない私」を想像しつつアイデンティティを構築しようとする存在であることを踏まえる必要がある。つまり，家族や地域や学校という狭い世界をこえる，仮に社会としかいっておくよりない拡がりへと自己を解放しつつ生きようとする志向が子どもには内在しているのである。そうであるとすると，社会が，いかに多様な出会いを提供できるのかが問われることになる。多様な出会いは，モデルの設定における選択肢を増すとともに柔軟な修正をも可能にすると考えられる。「親しかモデルがいない」という状態は高リスクであり，社会のあり方に問題がある。

　親が子どもを独占する閉鎖された家族は近代家族の特徴であったし，近代家族は管理された収容空間である学校と連携しつつ子どもの社会化をなそうとしてきた。しかしながら，閉鎖と収容は教育効果を高めるかもしれないが，社会という拡がりとの接点が断たれているという点で不十分な社会化しか果たせない。それでも，かつては，貧しい子どもたちについていえば，家族と学校の不十分さが社会化を可能にしていたともいえる。子どもたちが早くに接する職業空間には「親方」や「師匠」が

いて，そこで子どもたちは大人になる方法を学んだ。また，狭い家の外にはストリートの世界が存在し，そこにも大人になる方法を学ぶ機会はあった。しかし，今日の職業世界では，学歴を誇れない貧しい子どもたちはいくらでも替えがきく使い捨て可能な労働力でしかなく，彼ら彼女らに大人になる方法を伝授する親方や師匠は不在である。職業的社会化が不十分なまま，キャリア形成の機会からも疎外されて放置されているのである。

　かつては，公式的な学歴を介した上昇移動のコースに加え，独立し自営することを目指すコースが存在していたことも忘れられてはならないだろう。「店を持ちたい」「一本立ちしたい」などは，そこにおける「夢」であった。そもそも高学歴のメリットを享受できる人々は少数だった。それゆえ，親方や師匠のもとで学び独立・自営を志向するコースは，「もう一つの」幸福像を提供するものであり，実際，それには現実味もあったのである。ところが，非農林漁業の自営業主数は1983年をピークとしてその後減少を続け，90年代後半には廃業率が開業率を上回るようにもなる。2000年代に入っても，開業率と廃業率は何度か逆転を繰り返してはいるが，開業率の水準は低く安定したままである（厚生労働省2013）。社会は，学校と家族による子どもの社会化の不足を補ってきたが，その力は衰弱しているといわねばならない。

　個別の家族や学校に社会化を任せるということには，そもそも論理的な矛盾があった。社会化は，それぞれの家族・学校・地域・職場をこえた社会という拡がりにおいてなされるものである。「今の私ではない私」の像はそこにあるのだ。職業世界に希望があることは大切なことだが，議論をそこに留まらせておく必要はない。貧しい子どもたちの社会化を，様々なアプローチから検討してみる必要もあるのではないか。狭い世界を相対化して社会という拡がりの中に身を置けば，その狭い世界を客観

化して，親に説教をしたり，「ブラックな」職場を批判したり，学校の人間関係に翻弄されない知性も可能になるかもしれないのだ。そのためには，趣味であれ何であれ，周囲の大人たちによるおせっかいなかかわりが重要な意味を持つだろう（このことについては次章でも繰り返し述べる）。

4. 社会関係資本

　教育社会学者の志水宏吉は，2009年に，1964年と2007年の全国学力テストの結果を比較，分析して，次のように論じた（志水　2009, 2014）。かつては，学力格差は，都市部と地方部との間の格差であり，地域間の経済格差の問題だった。しかし，都市部と地方部との間の学力格差は，消滅したわけではないが見えにくくなった。かつて低位であったいくつかの県が躍進する一方で，大阪府のように上位から下位へと地位を下げたところも出てきた。経済的指標では説明できないそうした現象について，志水は，「つながり」の豊かさの度合いが学力と相関していると述べる。近隣関係が密で「地域とのつながり」が強い――地域の持ち家率の高さが代わりの指標となる。「持ち家」の人であれば，と述べられているのではない。以下同様――，「家族とのつながり」が強い――離婚率の低さ――，「学校とのつながり」が強い――不登校率の低さ――，「この3つの「つながり」が豊かな自治体の子どもたちの学力は相対的に高く，逆に「つながり」が揺らいでいると思われる自治体の子どもたちの学力は低い」という傾向が，経済的条件に併せて，浮上してきたという。

　志水の分析は，学力問題に限定されたものではあるが，生きる意欲や張り合い――宿命論に捕捉されない伸びやかさ――のすべてについての議論へと敷衍できるようにも思われる。地域社会における社会関係資本――信頼を基底に置きつつなされる有形無形の交換や贈与の関係――の

豊かさと子どもたちの学力の相関の発見は，学力に留まらず職業や趣味に関するものも含め，活性のある関係が豊富な「強い社会」が子どもたちに生きる張り合いを与えていく条件となることを示唆している。子どもたちは，もっと多様な大人たちに囲まれるべきだ。貧しい子どもであるならばなおさらである。政府や地方自治体による後押しが開始され，子どもの居場所や子ども食堂などの事業が全国に展開しつつある。そのことの意義を，直接的に「格差の解消」のような大問題に結びつける必要はないだろう。貧しい子どもの社会化とアイデンティティ構築の観点からは，近所の「おもしろいおじさん」や「元気なおばさん」，普段は会うことがない「大学生」という人々等々，多様な人々との接触を通じて，彼ら彼女らが生きる世界をこえて存在する拡がりを感覚するところに大きな意味があると思われる。

5. 攻撃される子どもたち

2016年8月，NHKの「ニュース7」が，神奈川県主催の高校生が貧困問題を語り合うイベントを取り上げ，ある母子世帯の女子生徒による報告と彼女の自宅での映像を紹介した。彼女は，進学をあきらめなければならないかもしれないこと，パソコンが買えないことなどを訴えた。この時代のこの社会のマスメディアにおいて，彼女のような当事者が貧困問題について意見を述べるとどのような攻撃を受けることになるのかは，容易に推測することができる。映像を見て「自宅にアニメグッズがある」とか，彼女のツイッターへの投稿をチェックして「何度も映画を見ている」とか，あるいは友人たちと「1000円以上のランチ」を食べているであるなどと，細々と指摘していたぶるネット・サディストたちがネット空間に溢れかえることになるのである。こうしたことをネット空間の中だけの話として措くことができないのは，ヴァーチャル空間上

での声を背景にリアル空間においてそれを集約し現実化しようとする政治的な力も存在するからだ。自民党の片山さつき参議院議員は，「ツイッターに「節約すれば中古のパソコンは十分買えるでしょう」などと，NHK に説明を求めたと投稿した」という（朝日新聞　2016）。

　貧者であること，貧しい子どもであることは，社会的なスティグマ（烙印）である。ひとたび，貧者として認識されればそれは烙印となり，その人はその烙印を通してしか理解されなくなる。そして，スティグマから自由になるための自己呈示は，往々にして社会的に拒絶される。貧困のスティグマが，貧者の声や振る舞いに含まれる意味を無効にするのだ。例えば，「ニュース 7」への反応について述べれば，「ニュース 7」が示した「カワイソウ」で「ケナゲ」な女子生徒の像はサディストたちによって蹂躙され，「ガメツイ」「ズルイ」人間として描き直されてしまった訳である[注]。

　湯浅誠は，このできごとについてある対談で次のように発言している。「視聴者が福祉系の人たちである『ハートネット TV』でやってるぶんにはいいんですよ，みんな共感して見てくれるから。でもあれは 0.1% しか見てない。（中略）だからそこで反応がよかったからといって，テレビ局の福祉班が調子にのって 7 時のニュースとか，あるいは『あさイチ』とか，ああいうところに出しちゃうと，8 分間のうち 7 分間この人は大変だっていう話をしていようが，出てきたシングルマザーのお母さんがピアスしてるだけでアウトなんですよね。後ろに液晶型テレビが映りこんでいたらそれでアウト」（湯浅・仁平　2018）。

　現代人におけるアイデンティティ構築と消費行動の不可分な結びつきについては，第 3 章ですでに述べた。にもかかわらず，いやそうであるからこそ，貧者たたきにおいて，サディストたちが関心を集中させるのは消費財である。なぜならば，そこにこそ，個々の貧者における自己呈

示が読み取れてしまうからである。貧困のスティグマを通して貧者を見る人々は，「貧乏人らしい」もの以外の貧者の自己呈示を許さない。もちろん，個々の貧者は，その通りのアイデンティティに満足できる人々ではない。貧者の自己呈示に，「今の私ではない私」へとにじりよろう，あるいは飛翔しようとする要素が含まれているのは当然のことである。それをこそサディストたちは嗅ぎつけて，黒く塗りつぶそうとするのだ。

　湯浅誠も含め多くの論者が指摘しているように，このできごとについては，相対的貧困率に対する無知・無理解がその背景にあることは確かである。子どもの貧困率は2017年現在で14％であり，その14％の子どもたちには進学を初めとして多くの不利が集中していることは間違いない。そして，先の女子生徒もまた，その14％の代表として取り上げられたのである。彼女は，貧困のスティグマそのままの「貧乏人らしい貧乏人」を代表した訳ではないのだ。だいたい，そのような人は人前には表れない。しかし，これは，単なる誤解の問題には留まらない。このできごとは，この社会に潜在する貧困のスティグマを露呈させるものだった。そして，この貧困のスティグマに対して，中学生や高校生は従順ではない。子ども・若年層は，大人たちよりももっと「今の私ではない私」を何とか呈示しようとあがく人々であり，それゆえサディストたちの格好の標的になりやすいのである。

　貧困家庭の中学生や高校生にとってのパソコン，映画，スマートフォン，ランチ，その他は一体何を意味しているのだろうか。今日の若年層が求める自己呈示の手段としての消費材は，大づかみにいって，「今の私ではない私」を見出すための品目（先の女子生徒は，アニメ・イラスト関連の仕事につきたいと考えていたが，たくさんのアニメグッズとともにパソコンなどはそのような自己像と関連するものだろう）と，自己を承認してくれる友人関係を維持するための品目（スマートフォン，ラン

チ，衣服，化粧品など）から構成されていると考えることができる。金銭的にはゆとりがない状態で，貧困層の中学生や高校生も，できる範囲で何とかそうしたものをも手にしていきたいと思っているだろう。しかし，それを持たないことの切なさが，たちどころに多くの人々に了解されるということはない。アイデンティティと消費の志向は多様化されているので，ある人にとっての欠如の嘆きは，周囲の人たちからは贅沢としてしか見えないのである。だが，よくよく見れば——ネット空間のサディストたちは「よく見る」ことが不要な距離に身を置いているのだが——，消費や所有に関する行為に含まれるアイデンティティ構築の志向は，容易に理解可能なものなのだ。

注）「カワイソウ」という表象は，醜や悪へと容易に意味を転換される弱さを持つ。奥村隆は，1980年代の外国人に関する新聞・雑誌報道を分析し，次のようなイメージの変転過程について述べている。異質な他者として立ち現れる外国人はまずもって「コワイ」。そのイメージが保たれたまま外国人が客体化されれば，外国人は「キタナイ」存在となる。あるいは，客体化できるほどの距離をもって外国人を肯定的に捉えれば，「カワイソウ」な存在として記事が構成される。しかし，やがて外国人も生活する主体であることが感得されるようになってくると，「ケナゲ」で「タクマシイ」ところも目に入る。だが，そうした要素は，「ガメツイ」「ズルイ」ものへと読み換えられやすく，それゆえに「コワイ」存在とされて排斥されやすい（奥村　1998）。貧者もまた，外国人と同様に弄ばれやすい脆弱な存在であるといえる。

参考文献

- 阿部彩『子どもの貧困〜日本の不公平を考える〜』岩波新書，2008年
- 阿部彩『子どもの貧困Ⅱ〜解決策を考える〜』岩波新書，2014年
- 朝日新聞「NHK報道めぐり「貧困たたき」　なぜ起きた」『朝日新聞』2016年9

月14日（朝刊・東京本社）
- 苅谷剛彦『階層化日本と教育危機〜不平等再生産から意欲格差社会（インセンティブ・ディバイド）へ〜』有信堂高文社，2001年
- 厚生労働省『平成25年版労働経済の分析』
 （http://www.mhlw.go.jp/wp/hakusyo/roudou/13/13-1.html）
- 厚生労働省「施策情報　ひとり親家庭等の現状について」，2015年
 （https://www.mhlw.go.jp/file/06-Seisakujouhou-11900000-Koyoukintoujidoukateikyoku/0000083324.pdf）
- 厚生労働省「平成28年国民生活基礎調査の概況」，2017年
 （https://www.mhlw.go.jp/toukei/saikin/hw/k-tyosa/k-tyosa16/index.html）
- 厚生労働省「施策情報　ひとり親家庭等の支援について」，2018年
 （https://www.mhlw.go.jp/file/06-Seisakujouhou-11900000-Koyoukintoujidoukateikyoku/0000202710.pdf）
- Mead, G. H. (C. W. Morris ed.), 1934, *Mind, Self, and Society from the Standpoint of a Social Behaviorist,* University of Chicago Press.（河村望訳『精神・自我・社会』人間の科学社，1995年）
- 内閣府『平成29年版　子供・若者白書（全体版）（PDF版）』，2017年
 （http://www8.cao.go.jp/youth/whitepaper/h29honpen/pdf_index.html）
- 奥村隆『他者といる技法〜コミュニケーションの社会学〜』日本評論社，1998年
- 大澤真平・松本伊智朗「日本の子どもの貧困の現状」『公衆衛生』vol.80 No.7，2016年
- 桜井信一『下剋上受験（文庫版）』産経新聞出版社，2016年
- 志水宏吉『学力を育てる』岩波新書，2005年
- 志水宏吉「学力格差は「きずな」の差」『日本経済新聞』2009年11月30日（朝刊・全国）
- 志水宏吉『「つながり格差」が学力格差を生む』亜紀書房，2014年
- 湯浅誠・仁平典宏「対談　貧困はどのように問題化されていったのか」丸山里美編『貧困問題の新地平〜もやいの相談活動の軌跡〜』旬報社，2018年

9 | 貧困と友人関係
「伴(とも)を慕う心」注の行方

《目標＆ポイント》 貧者においては，家族に加え，ローカルな友人関係は，存在の承認を受ける他者との関係として重要である。特に近年では，若年層において，ローカルな友人関係は新たな親密圏として注目されている。その可能性と限界について考察する。
《キーワード》 友人関係，ローカルな友人ネットワーク，親密圏，承認と確認

1. 秋葉原無差別殺傷事件

　2008年6月8日，東京の秋葉原で，25歳の青年が2トントラックとダガーナイフによって7人を殺害，10人を負傷させる事件があった（【資料9】P.244参照）。犯人の加藤智大は，裁判ですでに死刑判決を受けており，2015年に判決は確定している。事件をめぐっては，彼が派遣社員として工場を転々とする地位にあったことや，ネット上での彼による書き込み，彼の生育環境などに関連して様々な議論がなされた。まなざしは，ここでもこの事件の解き口の一つになった。大澤真幸は，加藤の書き込みを取り上げ，見田宗介『まなざしの地獄』に触れながら，「Nにとってまなざしが地獄だったとすると，Kにとっての地獄はまったく逆のところにある。ここに述べてきたように，Kにとっては，まなざしがないこと，他者たちのまなざしが集まらないことが地獄だったのである」（大澤 2008）と述べている（Kとは加藤のことである）。大澤は「まったく逆」としているが，今日の私たちの世界がヴァーチャルな世界とリ

アルな世界の二重構造であるとするならば，話はもう少し複雑になる。濱野智史は次のようにいう。「K は，自らの容姿に関する苦悩を掲示板に書き連ねていた。(中略) その一方で，K は，掲示板上で無視されていることに対する苛立ちや寂しさの感情を見せ，「相変わらず一人／ネットでも一人」などと書き込んでいた。(中略) すなわち K は，リアルな世界では「見られること」を，ネットの世界では「見られていないこと」を，それぞれ苦悩の源泉としていたのである」(濱野 2008)。第4章では，「見られているかもしれない」不安と「見られていないかもしれない」不安について述べ，偏在する「見られているかもしれない」不安からのシェルターをインターネットというインフラのもと容易に作ることができるようになったこと，それゆえシェルターから疎外されることを恐れる「見られていないかもしれない」不安が発生し，人々にとりつくようになったことを論じた。そして，二つの不安が同時にあるとも述べた。加藤の二つの苦悩（容姿と掲示板上での無視）も，それぞれ二つの不安と対応している。

　加藤もまた，「内面化された自己責任論」を注射された現代人ではある。彼が，貧困を，強烈な自己否定の感情とともに体験していたことは明らかだ。その一方で，彼は，自己否定の感情に組み伏せられるのではなく，言葉によってそれをきわどくすり抜けてみせようとしていた。湯浅誠は，加藤の書き込みを引用しつつ，次のようなコメントを加えている。「「どうせ何をしても「努力不足」って言われる／それなら，何もしないほうがいい」「誰にも理解されない／理解しようとされない／心を開かない俺が悪いんだってさ」「「死ぬ気になればなんでもできるだろ」／死ぬ気にならなくてもなんでもできちゃう人のセリフですね」」——K 容疑者の携帯サイトの書き込みは，しばしば自己責任論者との対話の様相を示す。彼のように自己責任論を端的かつアイロニカルに形象化でき

る人は少ない」（湯浅 2008）。湯浅が「少ない」というのは，「内面化された自己責任論」に屈して「「生きるに値しない生」を「死ぬこともできないから生きる」状態に至」った多くの貧者と出会ってきた湯浅の経験に基づいている。しかし，ヴァーチャル空間は過剰に言葉に依存して成立しているところがあって，それゆえ，そこでは，レトリックが使えさえすればリアル空間で否定された自己以上の「私」を構築してみせることができるようにも見えるのである。多分，加藤という人には，リアル空間の現実をこえたところに壮麗な物語を構築することができるほどの想像力はなかった。彼がひとまずやろうとしたのは，わが身の現実を素材として書くことによって，他者の共感を調達し書き手としての自己を承認させることだった。初期の報道では，加藤が「書き込みに対する反応のなさに不平を口にしている」ことが明らかにされている。貧しい彼はオーディエンスを必要としたが，それは得られなかった。

　加藤が孤独であり，また孤立を恐怖していたことは間違いないが，加藤の孤独と孤立の質を，もう少しだけ丁寧に考えてみたいと思う。そして，そこに，現代の社会変容――私たちの生の文脈変化――を読み込んでみたい。以下，この章では，現代人にとっての友人関係，とりわけ貧困層におけるそれの意味について述べることで応えたい。

2．親密圏としての友人関係

　人間関係の中に占める友人関係の比重は，全体として見ると，せりあがりつつあるといえる。近代化のその過程において，職場（組織）は，アイデンティティの供給源としての機能を担ってきた。今なお，人々は，組織の一員としてのアイデンティティを求め続けているとはいえるが，例えば，会社が与えてくれたその一員としてのアイデンティティは，確固としたものとはいい難くなっている。経済のグローバリゼーションに

応じた労働市場のフレキシブル化は，転職を逸脱としてではなく常態とみなす見方を広範に定着させた。そうなると，会社の一員としてのアイデンティティは，かりそめの私の姿ということになる。あるいは，非正規雇用労働者の増大は，組織の外にある人生を「普通のこと」にしつつある。こうしたグローバリゼーションのもとでの帰属の不安定化は，いっそう個人化を進展させ，私が私であることの根拠を何かの一員であることにではなく，「私らしい私」「ほんとうの私」あるいは「個性」に求めようとする心性を一般化させた。1990年代の半ばには財界が「日本的経営」の見直しを自ら主張するようになり，90年代末には「自己責任論」がそこここで語られるようになった。また，そうした時期において，公教育の現場でも「個性重視」がいわれるようになったことも思い出す必要があるだろう。このような90年代の動きは，「私らしい私」を志向する個人化された私たちの欲望とも妙に親和的に呼応し合い，それらすべてが相乗しつつ加速したのだった。

　「個性」や「私らしさ」が重視される社会といえばおめでたいが，それらが個々に対して求められる価値として影響力を持つようになったとすると，私たちは，やっかいな課題を抱え込んだことになる。アイデンティティは，自己呈示された「私」を承認する他者があってこそ安定的に成立する。会社や学校の名前でアイデンティティを示すという方法は，わかりやすく他者から承認をとりつけることができるものだった。ところが，要求されているのは，「私らしい私」をそのまま他者に承認させることである。けれども，そんなことを引き受けてくれる他者などどこにいるというのか。旧来の方法に立ち戻ろうにも，アイデンティティの根拠となってきた組織の方も個人との結びつきを弱めている。他ならぬ特定の他者への「配慮／関心」によって相互に結合した関係の圏域を親密圏という（齋藤　2000）。要するに，取り換え不能の関係である。「私

らしい私」の承認は，親密圏をともにする他者においてようやく可能に見える。今日の友人志向は，「私らしい私」が承認される親密圏として友人関係が認識されることによって強化されたと考えられる。

ところが，親密圏は，誰にでも平等に与えられるものではない。まず，友人関係について述べれば，友人を集めやすい人とそうでない人がいるのは当然である。なぜなら，私たちが誰かと付き合うのはそこに何らかのメリットがあるはずだからで，そのメリットは不均衡に配分されている（何をメリットとするのかについての価値観がある程度多様であることが救いといえば救いだが）。そして，通常，友人関係は，対等に近い関係として形成されるものなので（「友人のような上司」はいるかもしれないが，上司と部下の関係は友人関係とは区別される質を持つ），その結果，誰からも友人とは認めてもらえない人も出てくる（明白な優位性と劣位性は友人を得にくくさせる）。また，親密圏といえばこれまでまずもって言及されてきた家族についても，それももう当たり前にあるだろうものとはみなせなくなった。今の20代男性の生涯独身率は三割をこえると推測されており，少なくとも家族を「作る」ことは誰にでもできることではなくなっている。

3. 地元つながり

現在，特に未婚の若年層において，親密圏への関心が強い一方で，親密圏の脆弱性と希少性への認知も高い状態にあることは踏まえておくべきだろう。それゆえ，若年層においては，友人からいい評判を取り付けて友人関係を維持するという問題——友人問題——が切実なものとなっている。そもそもの目的はどうあれ，携帯電話とインターネットは友人問題を抱える人々にとっては不可欠なツールでありインフラとなった。SNSは，友人関係のメンテナンスとそこにさりげなく「個性」を忍び込

ませるために利用されている。こうした状況は，広範な階層に共有されているといえる。だが，親密圏への関心は，とりわけ貧困層において重みを増さざるを得ない。経済・学歴における上位層は，若年層においても，組織や学校，場合によっては家柄をアイデンティティの源泉とすることができる特権をもっており，友人関係への関与においても余裕をもって臨むことができる。撤退は気に入らなければいつでもできるのだ。しかし，貧困層には特権的資源が欠けている。

　若年の非正規雇用層の研究は，友人ネットワークについての知見の蓄積を作り出しつつある。ここでは，観察すべきポイントを明瞭に示してくれている研究をまず紹介しておきたい。新谷周平は，「ストリートダンスと地元つながり」という論文において，メンバーはほとんどが18歳以降「フリーター」という首都圏の郊外都市におけるストリートダンスグループの調査から，彼らが「同じ中学あるいは近隣の中学の同級生，先輩・後輩」であり，「共通のたまり場」において緩やかな集団を形成しそこに「地元つながり文化」が保持されていることを明らかにしている（新谷　2007）。ローカルな生活圏に限定されながら，ただ会うことを主要な目的として構成された関係世界がそこにはある。中学校とは，もちろん，地元の公立中学校のことである。彼らは，中学校卒業後にそれぞれの進路に進んだはずだが，中学校時代の関係世界へと立ち戻っている。そして，その関係世界には，現実社会のように存在が評定され判定されることがない，「私」を脅かしはしない気安さがある。それを彼らの親密圏といってもいいと思う。

　新谷によって記述された彼らの時空間の感覚は，彼らの関係世界の特質をよく示している。彼らの生活圏は「地元」に限られている。その「地元」は首都圏に含まれる地域ではあるが，彼らは「東京に行かない」のだという。また，行ったとしても「電車に乗らない」，つまり，自動車

で移動する。「東京にはいかない」という表現は,「東京」と「地元」の間に横たわる社会的・心理的な距離を意味している。「自動車」での移動は, 密室がそのままに移動をする訳だから, 別世界への移動ストレスが少ないのである。彼らにおける「東京」と「地元」との対比は,「地元」として区切られたその空間が, 彼らの生活世界を安定させる強固な枠組みであることを表している。若年の非正規雇用層に見られるローカルな関係世界を,「地元」に取り残された人々のネットワークということはできる。安定した職を得られた同級生は, 同じ街に住んでいたとしても, ローカルなネットワークをこえた拡がりを生きているだろう。そうした人がかつての友人たちの集まりに顔を出すことがあったとしても, その人にとってはいくつもあるネットワークのうちの一つにすぎないのだ。ところが, 非正規雇用の若者たちにとってのその世界の比重は大きい。

　新谷によれば, 彼らは「予定を立てない」のだという。誰と何をして遊ぶのかはその日のうちに決めるし, 実際, 誰かがいる。この「地元」世界には, 直線的で不可逆的な時間軸がないのである。また, 彼らは, 頻繁に「おごる」しおごってもらう。「いずれ返ってくる」という漠然とした期待に基づく交換関係には, 期限という観念の前提となる時間軸がやはりない。そして, 彼らは, 何の根拠もなく将来も「地元」に居続けるだろうと考えている。近代の時間感覚は直線的な時間軸に沿うもので, それは今の勤勉を将来の成功に結びつけて理解させる枠組みというべきものだが, 彼らはそのような時間の外に時間なき世界を構築しているように見えるのである。

　新谷は, 以上のような関係世界の特質を,「地元つながり文化」と呼び,「場所, 時間, 金銭の共有という特徴をもった」「非移動志向の文化」であると述べている。新谷は, この文化の担い手たちには「学業達成が

低い者で，親が非サラリーマン層」が多いとし，学校の就職あっせん機能が低下しまた家庭の情緒安定機能が弱い状態のもとで，この文化との接触が彼らにある種の居場所を与えていると見ている。

4. 友人関係の弱さ

　中西新太郎は，若年層に観察される地元回帰の現象を踏まえ，「ノンエリート青年」という緩やかな概念を用いながら，「ノンエリート青年」たちが社会的排除によって孤立化圧力に強く晒されていながら，それでも彼ら彼女らが「尊厳要求」を保持しインフォーマルな友人関係の中に「親密な他者」を求め「なんとかやっていく世界」を作り上げている，そのことの重要性を述べている（中西 2009）。「ノンエリート青年」の「親密な他者」への志向と関係形成は，「個人単位で不利な目に遇わされ続ける」彼ら彼女らが「仕方なく編み出す「共同の戦術」」ではある。そして，それは，「自立」の名のもとに孤立化を推し進めようとする新自由主義にある意味対抗する戦術と解釈することもできるかもしれない。

　だが，「なんとかやっていく世界」の意義を認めたうえで，仲間関係がローカルに限定されていくことの危うさについても触れておかなければならない。沖田敏恵は，無業・フリーターの若者へのインタビュー調査から，閉じられた関係の内部で，「「みんなしている」からという「安心感」が，移行期の視点から見ると非常に「危険」な選択」をさせることがあると指摘している（沖田　2009）。彼ら彼女らが，「安定した仕事への希望」をもっていたとしても，「若者のもっている限られたソーシャル・ネットワーク」から「安定した仕事」につながる何かが得られることはない。親しい仲間は誰もが不安定な職業に就いており，彼ら彼女らがもたらす知識や情報は現状離脱のための契機とはなりにくい。結果，彼ら彼女らは，「閉じたサイクル」の中に封じ込められてしまいがちだ

というのである。要するに，簡単にいってしまえば，彼ら彼女らは視野が狭いということになる。誰もが「地元」の外には広い世界があって，その世界の中で自分が評価されたり判定されたりすることもあることを知っているが，しかし，どのようにすればそこで認められるようになるのかを知る機会がない。外部で否定されることへの怖れは，払拭されることなく心の底に留まり続ける。「地元つながり」はこの怖れからのシェルターとしてたぐり寄せられるが，それが怖れを消去してくれる訳でもない。

「地元つながり」の弱さはそれだけではない。「地元」であるとかローカルであるとかいった形容は誤解を招きがちなところがあるが，「地域」や「コミュニティ」という言葉につきまとう共同体幻想とはほど遠いところにある現象であることはいうまでもない。もちろん実際には，彼ら彼女らは，「みんなしている」からした自分の行為の責を「みんな」に押し付けたりはしないだろう。そして，その「みんな」の方が，ある人が「みんなしている」からした行為の否定的帰結について助けてくれるのかどうかは相当にあやしい。若年の非正規雇用層は，確かに貧困層そのものか貧困層予備軍を多く含み共有するところも多いが，にもかかわらず，その貧困の現実は階層化されている。直近のふところ事情によって，職の不安定性・流動性の程度において，あるいは家族生活からの疎外の程度においてなどなど，差異によってその世界も分解されていきがちである。個人化された人々にあっては，貧困の恥辱は，仲間に対しても恥の意識をもたせるものであり，付き合いを疎遠にさせてしまう可能性を孕んでいる。それほどには「内面化された自己責任論」の効果は強力である。

5. 大人はどこに行ったのか

　ローカルな友人関係の弱さを見据えれば，再び，議論は家族へと差し戻されてしまうのかもしれない。貧困の子どもへの影響に関する議論の中で繰り返し言及されてきたのは，親を介した貧困の文化的影響についてであった。親は子どもに将来像を提供するモデルであるが貧しい親は往々にしてこの役目をうまく果たせず，場合によっては否定的な効果を及ぼすモデルになってしまう，そういうのである。だが，この一見もっともらしい論理には，たいへんに大きな見落としがある。これまでにおいても，人生のモデルは，何も親だけではなかったはずなのだ。確かに，私たちが生まれおちて人生の早い段階で受け取った文化は，一つの人格にとってたいへんに大きな構成要素にはなるだろう。しかし，私たちは，実は，多様な回路，人々を通じて，様々な文化的要素を受け取り，それを組み合わせたり融合させたりしながら自らの人格を作り出している。この要素は多様であるし，その組み合わせ方は個々に委ねられているものなので，結果的にできあがる人格は一つとして同じものがない。つまり，個性は成立する（ジンメル　1998，西澤　2000）。ある人についての家族的背景さえ押さえればその人を理解できるなどということはないし，第8章でも述べたように「親しかモデルがいない」ような事態が現実化しているのだとすれば，それは，子どもたちにとって高リスク状態であるといわなければならない。

　長い間，子どもたちが家庭や学校の外側で自分なりの重要な他者——師匠や親方——と出会い社会化されていくのは，学歴社会の周縁では当たり前の大人になる方法だった。しかし，今日的な問題は，そうした大人になる方法がいかにも衰弱してしまったかのように見えることである。今や育ててやろうなどという気概を持った大人は奇特になりつつある。

多くの非正規雇用の現場では，一人一人の若者はいくらでも代えのきく使い捨て可能な労働力になってしまっている。そして，学歴社会から疎外されやすい貧しい子どもたちは，そうした労働現場に容易に吸収されてしまう。

学歴社会そして組織社会から排除された彼ら彼女らにとっては，ローカルな友人の世界は，家族を除けば，社会的承認を得るための最後の資源として突出している。中西の表現を再び引けば，それは「なんとかやっていく」ための「仕方なく編み出す「共同の戦術」」である。しかしながら，その脆弱性は否めない。同年代の友人と家族以外でここに登場していないのは，いわゆる「大人たち」である。多様な文化への回路は多彩な大人たちの中に自在なモデル設定を可能するが，ローカルなその場所には「おせっかいな大人」が欠けている。趣味や娯楽を通じたものも含め，少なくとも，若年層のローカルな友人ネットワークと多様な年齢層との接点が模索されるべきであるだろう。

6．承認と確認

杉田真衣は，東京都内の「最低位校」公立高校出身の女性5人のインタビューから，「不利な状況に陥りやすい」地位にある彼女たちの，高校卒業後の5年間を通じての「労働と生活の移り変わり」を記述・分析している（杉田 2009）。インタビュー調査は，2002年の高校3年時から2008年の高卒後5年次まで4回行われている。正規職でいったんは就職した人も含め，5人とも最終調査時には非正規職であった。また，この5人は，卒業後から最終調査時までつながりを継続していた。その関係も，上で述べたローカルな友人関係としてみることができると思われるが，杉田によれば，同級生のみの関係をこえた拡がりがそこから展開しているのだという。「近くに住み友人の家に行くことを通して，彼女

たちの家族を含めた関係が作られ」て，5人の内の1人の両親に，思いや悩みを聞いてもらったり家族のように扱ってもらったりといったつながりが見られた。あるいは，それよりももっと距離はあっても，助言的な援助をくれる誰かが彼女たちの周りにはいて，そうした緩やかな関係が彼女たちにとって相談機能を果たすということがあった。だが，そこにおいて，彼女たちがその存在を承認されたというのは言い過ぎであるだろう。

　杉田は，5人の関係，そして彼女たちの人生に偶発的に訪れた様々な他者との関係にみられたものは，「承認よりも，確認という言葉で表現した方が適切かもしれない」とし，以下のように述べている。「彼女たちの労働や生活のまわりには，リスクがあふれている。彼女たちの将来は不透明で，確固たるモデルは存在していない。そのような社会の中で，互いの生活をまなざし合い，互いの生活がそれで「大丈夫」だと確認し合うような関係を築いているようにみえる。そうして彼女たちは，彼女たちなりの「普通の生活」を作り上げる過程にいるのかもしれない」。

　社会から排除された貧しい人々にあっては，アイデンティティ問題は親密圏頼みになりがちである。しかも，その親密圏が脆弱だ。だからといって，作為的に疑似的親密圏をあてがおうとすることは解決にはならないだろう。なぜならば，そもそも人は容易には心を許さないから。そして，誰かと互いに信じ合うという体験が貧しければ，心を許すということがどのようなことかもわからない。この現実のもと，承認と確認を峻別しつつ議論を深めていくことには意味があると思われる。そして，確認は，不連続な緩いつながりのもとで成されるので承認とは違って「安定」をもたらさないが，「安心」を提供することができるかもしれない。そして，他者から否定的に「見られているかもしれない」という不安を緩和することもできるかもしれない。

確認の関係を豊富化していくとは，要するに，社会に貧者を迎え入れるということである。そして，たくさんの「おせっかいな大人」が現れることによって，集合的水準においても貧困へのアテンションが高まり，社会が社会として機能するということでもある。友人による承認を「おせっかいな大人」による確認が補強することによって，「なんとかやっていく」ことも持続することができる。杉田の描いた5人の事例は，そのことを物語っているように思われる。
　さて，加藤の孤独とは何であったのか。彼は，「地元」からは離脱した人だった。もちろん，彼が，事件を起こさずにもう少し時間がたてば「地元」に帰って定着していたかもしれないなどと夢想してみることもできるかもしれない。だが，事件を起こしたその時点での彼は，「地元」に戻るにはややプライドが高過ぎた。そのプライドの高さは，青森県の名門高校を卒業している彼の生活史と関連しているのかもしれない。ともあれ，彼は，ネット空間において，レトリックによって「今の私ではない私」の構築に熱を上げたのだった。
　加藤の孤独とは，例えばあのストリートダンスグループのような「なんとかやってゆく」ローカルな世界では我慢できず，「今の私ではない私」を求め続けた者の孤独である。もちろん，これは，平凡な孤独だ。ただ，現代の平凡な孤独者の前には，ヴァーチャル空間が置かれている。そして，そこには，自分自身の「ダメさ」をまでネタにしてレトリックによって自らの非凡さを示すことができる，ヴァーチャルだがローカルな共同世界があるようにも思えたのだ。だが，彼の，分かる人にしか分からない話に話を合わせられる人はそもそも少なく，しかも誇示的な自己呈示に付き合う義理など誰にもなかった。加藤の破綻は，彼のささやかな自己呈示に承認される見込みがないことが露わになったその時に生じたと思われる。ところで，加藤のまわりには「おせっかいな大人」は

いなかったのだろうか。それはよくわからない。いたところで,彼の孤独を解消することは難しいだろう。だが,「おせっかいな大人」は,彼に何らかの社会との接続点を与えることで一派遣労働者の孤立を解消できたかもしれないし,もっと違った方向とやり方で「今の私ではない私」を想像するヒントを与えることができたかもしれない。承認ではなく,確認によって。

注）柳田國男『明治大正史　世相篇』では,「伴を慕う心」という章が設けられ,家（イエ）の外で展開される社会生活——ムラの組織から「弥次馬」まで——について述べられている。「伴」との関係を貫いてあるものが誰かを求めてやまない心であり,それは今も恐らく不変のものであるだろう。「伴を慕う心」を読み,現在の私たちを振り返れば,私たちは,あまりにも素直さを失って屈折しており,「伴を慕う心」は虚栄心の層によって覆い隠されてしまっているかのように感じられるのである。

参考文献

・ジンメル, G.（居安正訳）「社会分化論」「大都市と精神生活」『ジンメル　社会分化論・宗教社会学』青木書店, 1998 年（原著 1890 年）
・濱野智史「なぜ K は「2 ちゃんねる」ではなく「Mega-view」に書き込んだのか？〜二〇〇〇年代のネット文化の変遷と臨界点をめぐって〜」大澤真幸編『アキハバラ発〜＜ 00 年代＞への問い〜』岩波書店, 2008 年
・加藤智大『解（Psycho Critique）』批評社, 2012 年
・加藤智大『解＋〜秋葉原無差別殺傷事件の意味とそこから見えてくる真の事件対策〜』批評社, 2013 年
・中島岳志『秋葉原事件』朝日新聞出版, 2011 年
・中西新太郎「漂流者から航海者へ〜ノンエリート青年の＜労働―生活＞経験を読み直す〜」中西新太郎・高山智樹編『ノンエリート青年の社会空間〜働くこと, 生

きること,「大人になる」ということ〜』大月書店,2009 年
- 西澤晃彦「個性化のメカニズム」町村敬志・西澤晃彦『都市の社会学〜社会がかたちをあらわすとき〜』有斐閣,2000 年
- 沖田敏恵「ソーシャルネットワークと移行」本田由紀・筒井美紀編『リーディングス日本の教育と社会 19　仕事と若者』日本図書センター.(初出は,『移行の危機にある若者の実像〜無業・フリーターの若者へのインタビュー調査(中間報告)』労働政策研究・研修機構,2004 年),2009 年
- 大澤真幸「世界の中心で神を呼ぶ〜秋葉原事件をめぐって〜」大澤真幸編『アキハバラ発〜＜00 年代＞への問い〜』岩波書店,2008 年
- 齋藤純一『公共性』岩波書店,2000 年
- 新谷周平「ストリートダンスと地元つながり〜若者はなぜストリートにいるのか〜」本田由紀編『若者の労働と生活世界』大月書店,2007 年
- 杉田真衣「大都市の周縁で生きてゆく〜高卒若年女性たちの五年間〜」中西新太郎・高山智樹編『ノンエリート青年の社会空間〜働くこと,生きること,「大人になる」ということ〜』大月書店,2009 年
- 湯浅誠「K 容疑者と生活困窮者との間」大澤真幸編『アキハバラ発〜〈00 年代〉への問い〜』岩波書店,2008 年

10 | 貧困と老い

《目標＆ポイント》 高齢社会における貧困問題について概観するとともに，貧しさの中での老い，そして死について考えてみたい。社会的孤立はここでもキーワードになるだろう。
《キーワード》 老い，死，高齢者の貧困，社会的孤立

1. 貧困と老い

　困難としての貧困の核心が，自己を承認してくれる他者が得難く，また，それゆえに，自らの存在がどうにも否定的なものに思われていく，そのようなアイデンティティの不可能性にあることについて，第1章で述べた。そのような状態が，老いと結びつくことによって強められるかもしれないことは容易に想像できる。本章ではそうした観点から，特に，高齢者における貧困と社会的孤立の関連に焦点を当てて議論を進めていく。

　高齢者における貧困は，社会的孤立と結びつきやすい。高齢夫婦世帯から単身高齢者世帯を経て家族の消滅へと至る過程は，核家族世帯においては一般的なものである。そこに個人的な寂しさの感情が伴われていたとしても，それを孤立というのは適切ではない。孤独とは，社会生活の中で他者と心が通わない状態のことであり，孤立とは，社会生活の欠如や社会生活からの疎外を意味している。「誰にもわかってもらえない」という感情は誰にでもあり，そうした感情にもとづく孤独は普遍的現象

なのであって，それを孤立と混同すれば，排除され忘却された貧者の苦難を捉えることができなくなる。子ども世代との結びつきが保持されていれば，生活圏において知人とのネットワークがそれなりに形成されていれば，あるいは制度的なサポートによる確認が保証されていれば，孤独であっても孤立しているとはいえない。しかし，貧困層の場合，親子関係の中に疎遠化・不和化要因が孕まれやすく，また，借家住まいやそれまでの定住性の低さゆえに地域社会との結びつきが弱い人も多い。また，単身者のまま高齢になった人には，そもそも貧困層は多い。貧困であればあるほど，結婚が難しく，また，家族は壊れやすいからである。結果，高齢者においては，貧困と社会的孤立は一体化して現れ出る傾向が強い。

やや一般的な議論について，迂回的に述べておこう。そもそも，長命化は，現代社会と現代人のアイデンティティを論じる上での大前提である。日本において人生を80年という長さで捉えることができるようになったのは，20世紀後半になってのことであって，それ以前は病気や戦争による死亡が多く，乳児死亡率も高かった。かつて，死は，人々の日常生活においてはごくごく近しいできごとだったのであり，また自宅で死ぬ人も多かった。そうした死と隣り合わせの生活が過去のものとなり，私たちは，子どもから青年・壮年へ，そして老年を経て死へという段階のある人生を想定できるようになった。

長命化が個人に及ぼした影響を列挙すれば，第一に，長期にわたる生活設計が求められるようになったことがあげられる。そのような設計ができず合理的な行為主体たりえない個人は，社会的にまともではないとみなされてしまうようにもなった。第二は，段階ごとに「死にがい」ならぬ「生きがい」が求められるようになり，それもまた個人の生活課題となったことである。特に退職後の老年期の過ごし方は，まさしく長命

化のもたらした課題といえる。第三は，死が，日常生活から遠ざけられ，禁忌化され隠蔽されたことである。この三つの影響のそれぞれが，貧困層には困難として体験されがちである。近代資本主義は，循環するムラの時間や細切れのその日暮らしの時間を否定し，過去から未来へと流れる一本の時間軸を強力に要求した。今この時の快楽を否定し勤勉と節約に励めば未来における富として報われるという初期資本主義の精神は，そうした時間軸の内面化を要求するものだった。しかし，職業生活や家族生活の不安定性は，直線的な時間軸を融解させてしまいがちだ。日々の暮らしに汲々とする中で，先のことにまで気が回らなくなる。そうなると，そこにおける時間は細切れの時間の蓄積に過ぎなくなり，生活に長期的な設計を持ち込むことも難しくなる。そうなると子育てや子どもの教育，老後の生活，死など，時間軸をもった対応が求められるライフイベントへの準備は，どうにも疎かになりがちである。貧しい人々が「生きがい」を求めても，それもなかなか難しい。「生きがい」の主たる供給源は，今日では，家族，仕事，そして消費生活ということになるだろうが，貧困は，そのいずれをも脅かす。

2.「自分らしい死」をめぐって

　第三の影響については後に詳しく述べるが，近年，自分の死への関心の高まりが見られるといわれていることについては言及しておきたい（澤井　2015）。そこでの関心の中核には，「自分らしい死」への志向がある。チューブを差し込まれて生かされる過剰に管理された死よりも，「自分らしい死」を選びたいという「死の自己決定権」の主張がそこには見られる。いわゆる尊厳死やホスピスでの安らかな死についての多くの人々の関心は，それに沿うものであるといえる。いわゆる「終活ブーム」も「自分らしい死」への関心の表れであるだろう（【資料10】P.245

参照)。生前に行う遺影撮影や葬祭場で流す映像の撮影,「エンディングノート」, 棺桶への入り心地を確認する入棺体験等々,「終活イベント」は様々に提供されている。ブームに見てとれるのは, 自らの死というできごとをコントロールしようとする欲望である。そして, このブームから得られる示唆は, 個人化が, 死をも全くの個人的な生活課題とする段階にまで至ったといえることと, 高齢層をも含めて個人化が全世代を捕らえた社会が現実化したといえそうなことである。しかし, 今日においても, 死は, 日常から隔離されていたとしても, 多くの他者の関与のもとでしか進行しようがない。ある人の死をめぐる様々な決定は, 医療関係者や家族の介入なくしてはありえない。「家族に迷惑をかけたくない」などというよくいわれる話も, 現に家族がいる人には実際にはありえないことである。私たちは, どこまでも他者を巻き込み巻き込まれながら生き, そして死んでいく。もし,「死の自己決定権」の主張が, 死が社会的なものであるという側面から目を背けたところでなされるものであるならば, ほどほどにしておくべき趣味の問題ということになる。

　それにしても, 死の個人化は, 相当に深化しているといわねばならない。2010年9月11日の毎日新聞において紹介された『現代葬儀白書』(冠婚葬祭互助会"くらしの友"による)における調査結果は, 首都圏に限定されておりまたインターネット調査という調査方法の限界をもつものではあるが, 葬儀の質と意味の近年における急激な変化を示唆している (毎日新聞 2010)。調査は, 過去1年の間に喪主となった40代以上の男女400人を対象として行われた。ここで検討したいのは, 葬儀を手伝った人は誰かを問うた質問項目である (回答は複数回答)。1993年, 96年, 99年の3回についていえば, 93年の時点で4割を超えていた「近所の人」と「故人・遺族の職場の同僚」がそれぞれ99年には3割台にまで減少しており, その一方で, 親類・縁者が27.3%から32.4%へ,

故人・遺族の友人・知人が 13.1% から 20.0% へと増加している。その上で，ほとんど業者まかせという回答も，7.7% から 17.6% へと着実に上昇していた。そこまでの時点で進行していた葬儀の傾向は，地域社会や職場におけるつながりは死をめぐる扶助関係としては機能しなくなりつつあったこと，友人関係の比重の増加が死をめぐっても見てとれていたこと，そして，親類・縁者の増加と業者のみの増加は死者を弔う関係の縮小を意味しているだろうこととまとめられるだろう。最新の調査はやや間を置いて 2010 年に行われたのだが，その結果は，すでにして進んでいた死の個人化がさらに徹底された現状を示すものとなっている。近所の人と職場の同僚がいっそう減少するとともに，90 年代には増加傾向を見せていた友人・知人も反転して比率を下げた。葬儀の手伝いが，ほとんど業者まかせか親類・縁者のみにまで縮小し，2000 年代になって「密葬化」が急激に進んだことが見てとれるのである。死の個人化は，自らの死を自ら意味づけようとする欲望を高めている一方で，他者による弔いという死の意味を生じさせてきた要素を削ぎ落としてもいる。

3. 死の都市化

　近代化とともに誰もが貧しかったがゆえに「忍びやすかった」貧困が「忍び能(あた)わざる」ものになっていったことに並行して，死の社会的意味も変容した。

　第 1 章で述べたように，かつての日本の家（イエ）とムラは，個々の小さな家族では対処できない生活課題に協力して取り組む共同体であり「共同防貧の手段」であった。しかし，家とムラの守備範囲は，成員の生存のために留まらず，成員の存在のためのものにまで及ぶ。お互いのために助け合うことは共同体の存続に寄与することであり，それにより得られる共同体の一員であるという感覚は，共同体が，単なる「共同防

貧の手段」であることをこえ，存在の意味とアイデンティティをもたらすものであることを示す。それゆえに共同体は強い結束力をもつことができたのであり，生と死の意味を説明する宗教との親和性も高かった。家もムラも，信仰共同体でもあったのである。ムラにおいては，道つくり，水や入会地の管理，各々の家の屋根の吹き替えなど共同体としての活動が総出で行われたが，それらとともに先祖祭祀や冠婚葬祭も協働行為としてムラ全体で取り組まれたのだった。そこにおける死者は，隠されるべき存在ではない。死者は先祖として人々に家やムラを守り続ける義務を与え，人々はそれに応えるために家やムラに尽くす。つまり，死者は，死んでなおこの世にある人々とともにあって，生きる意味を与える存在なのである。

　ところが，ムラは，生存のための協働体としての機能を徐々に縮減するとともに，存在のための共同体としての意味も喪失していく。そして，人々が自らの生の意味を問われる死の時に，ムラが果たす役割も消滅していったのである。貧困の個人問題化は，死の個人問題化と密接にリンクしているのだ。

　社会学において，都市化とは，ある集落が人口を増大させることをいう。人口が密度をもって増大すれば，そこにおいて職業的な分業，階層的な分離，多様な社会的世界の分化が生じる。都市を生きる人々の関係も，様々な場面，様々な対象に合わせて複数化し，つきあいは人格の一部を通して行われるようになる。いわゆる地域社会なるものも，そこに居住する人々の生活を包括するものではなくなる。第5章で述べたように，地域的な協働性・共同性も限定的なものになり，各人が金銭を対価として生活課題の処理を専門家・専門機関に任せる都市的生活様式が定着する。都市的生活様式とはいうが，今日では，このような市場と制度に深く依存した生活様式は，地方・農村部にも深く浸透しているといっ

てよい。今では，列島のどこに住まおうが，生活課題の処理はまずもってそれぞれのもつ金銭によってなされることが一般化した。

　開沼博は，『フクシマ論』において，福島県の原子力発電所立地地域において原発のある日常がいかにして成立したのかを明らかにしている（開沼　2011）。ひとたび原発やその関連施設を受け入れた地域においては，それまでにあった「混乱」は表面化しなくなり，「淡々となされているムラの日常」が訪れた。「混乱」はどのようなメカニズムによって忘却されたのか。誰もが原発のリスクについては薄々知っているが，原発なしには生きられないという信念をいっそう強固にすることによって，不都合なことは無意識へと沈められてしまう。そして，リスクを「自ら無効化する論理」が発達する。「そのような難しいことは考えない，考えたとしても表に出せない」，そうであるがゆえに，飛行機事故との比較など持ち出してリスクに蓋をする論理が流通する。その結果，もし，「外部から来た反対運動家やマスコミが」「危機感を煽るような情報，自分の中に猜疑心を生むような情報」を持ち込むならば，「住民の感情をさかなですることになってしま」うようにもなる。

　こうした意識は，原発がやってくることで実現した，次のような風景によって裏打ちされていく。「わらぶき屋根が瓦屋根へ」，東京電力社員や下請け作業員が集まることによって賑わう，喫茶店，スナック，民宿，映画館，パチンコ店。商店街の改築ラッシュ。「食堂，弁当屋，ホルモン屋，結婚式場，葬儀屋，「原子力運送」と名づけた運送会社。ムラに流れ込んだカネは広く普及していった」。『フクシマ論』が提起するいくつもの論題についてここでは触れられないが，述べられている風景についてはこだわりをもってコメントをしておきたいと思う。「わらぶき屋根が瓦屋根へ」になる変化は，ムラの協働性が放棄され都市的生活様式に置き換えられていく過程が象徴的に表れているといえる。結婚式場や

葬儀屋の隆盛もまた，ムラの共同性が自己解除されていったことを示す。そして，重要であるのは，そうした事態があたかも「豊かさ」の指標であるかのように受容されていったことである。よく使われている一般的な日本語表現を用いれば，それが「栄える」ということであった訳である。開沼のリストにある葬儀屋が示すのは，「豊かさ」が貧困の忘却とともに現実化されるとともに，やはり，死の社会からの隠蔽，死の個人化が進むということなのだ。

4．死の隠蔽と孤立

　G・ゴーラーの『死と悲しみの社会学』（1965）は遺族の悲嘆に関する古典的研究といってよい著作であるが，そこでは，19世紀から20世紀というスパンにおいて死の隠蔽が進行したことについても論じられている（ゴーラー　1986）。19世紀においては，死は共同体的に受容されつつ性は隠されていたが，20世紀になると性は表面化し逆に死は日常から遠ざけられた。この現象を，ゴーラーは，死のポルノグラフィー化と呼んでいる。1965年の著作であるということが，この本を特徴づけていると思う。その時代には，戦争や事故による死が小説や映像で生々しく描かれるようにもなっていた。そこにおいて，死は嫌悪すべきものとして描かれた。つまり，バーチャルには死は露出しつつ嫌悪されて否定され，リアルには隠蔽されたのである。ゴーラーは，死の隠蔽が死者のみならず遺族もまた孤立させることを明らかにしている。社会は他人の死に対して冷淡になり，遺族の悲しみに対する許容度を下げた。その結果，愛する者を亡くした遺族の悲嘆に適切に対処していく社会的な支援がないまま，悲嘆する人は放置されてしまうのである。

　また，N・エリアスは，『死にゆく者の孤独』（1982）において，近代以後の死の特殊なあり様を中世との対比というより長いスパンのもとで

歴史社会学的に浮かび上がらせている（エリアス　1990）。中世においては，今よりももっと不条理な危険が満ち溢れており人の一生は短く死は苦しいものだった。臨終の苦痛も死への怖れも，今よりももっと厳しいものであったに違いない。それでも，死と死者は人々のそばにあった。一方，近代以降になると，死を迎えた人は，健康な人々の前から姿を消して社会生活からは隔離された空間へと速やかに移送されるようになった。死は，日常生活においては禁忌化されたのだ。それゆえ，死は，中世にはあまりなかった苦難を生み出した。死は無防備な個人に直接襲い掛かり，死にゆく人は深い孤独に直面することになる（この場合は，孤立ではなく孤独でよいだろう）。私たちは，死を前にした孤独を自明の条件として，自らの生と死の意味の感触を与えてくれる関係をもつことができるかどうかを課題としている。それゆえに孤立が問題となるのだし，孤立の程度は社会的に不均衡なのである。貧者を弔う人はいるのか。

5. 援助拒否と孤独死

　高齢者問題の一環として孤独死について述べられることは多い。しかし，実は，この問題を提起した額田勲の著書『孤独死』は，孤独死を高齢者一般の問題として論じていた訳ではない（額田　1999）。額田は阪神淡路大震災後の仮設住宅において孤独死を見出すのだが，そこでは，孤独死は，地域内で孤立した貧者の問題として論じられている。額田によれば，孤独死の死者には，（1）「近隣と没交渉の」「一人暮しの無職の男性」，（2）「慢性の疾患を持病としている」，（3）「年収百万前後の低所得者」という三つの特徴が見られる。そもそも貧窮していたそうした「重病の被災者が，肝心の医療も含めて周囲から疎外され，孤立の果てにこの世から消え去る」のが孤独死であった。額田は，大阪の寄せ場，釜ヶ崎を訪れた際の印象を述べつつ，彼らの属性が寄せ場労働者と近似

するものであることにも言及している（寄せ場については後述）。仮設住宅の孤独死の死者も，寄せ場労働者も，そもそも定住家族からなる地域社会からは埒外に置かれた存在である。つまり，孤独死における孤独とは，地域社会からの排除でありそれゆえの孤立のことであった。

　小山弘美による東京都世田谷区における調査報告によれば，孤独死対策に熱心に取り組む住民活動が行われている地域とそうではない地域とを比較すると，前者は定住民高齢者のつながりを強化する上での寄与は見られたが，結局のところそもそも地域で孤立していた貧しい単身者の孤独死を防ぐ効果があったとはいえないという（小山　2012）。そうした地域活動の母体となっていると思われる町内会・自治会は，「町内」の定住民を網羅してその生活を守るための組織であって，アパート暮らしやワンルーム・マンションの居住者をカバーしていない（あるいはできないでいる）のが現実である。見えやすい住民の活動を取り上げて地域福祉やコミュニティ福祉をいうよくある議論は，そもそも包摂が容易な領域の外部に置かれている人々をあらためて無視するものといえるかもしれない。

　繰り返し述べてきたように，貧困は非定住・非家族・非組織の領域に生じやすく――社会的排除による貧困化――，また，ひとたび貧困化すれば非定住化・非家族化・非組織化の圧力に晒され続ける。それゆえに，貧困は，社会的孤立を伴う傾向が強い。そして，貧困化した人々は，己の境遇を恥じ入り，むしろ自らを孤立化させてしまうことがある。社会的な力が及ばない部分を制度的な力で補完するという発想からすれば，孤立した貧者に近づくのは「行政の仕事」ということになるのかもしれないが，凝り固まった貧者は「お上」の世話になることを惨めに感じそれを拒絶することがよくある。小川栄二は，介護保険サービスなど福祉的援助を拒絶して孤立する高齢者の問題を「援助拒否」という言葉

で言い表し，援助拒否によって作られる，社会の網にも制度の網にもかからない広大な暗い広がりについて注意を喚起している。援助拒否は，包摂・統合が比較的容易な領域とそうではない領域の間の断絶と，排除する側への排除される側からの現在的な応答のあり様を示しているといえる。他者から承認されることがない時間を長く過ごし，他者からのまなざしを否定的なものとしてしか受け取ることができなくなってしまった——実際，否定的なものしかなかったのであるから——人間は，他者からのことさらな働きかけを素直に受け取ることができる反射がないのである。

しかし，多くの場合，そのような人にあっても，結局のところ，家族や周囲の他者が「面倒な」その人々と医療や福祉サービスとをつなげようと試みるだろう。「子どもには迷惑をかけたくない」とか「お上の世話にならない」などと語ってきたその人々が，結局のところ医療や福祉につなげられているとすれば，それはそれらの「おせっかい」によってである。問題は，そのような他者が欠如した人々ということになる。そして，そうした人々ほど，あらためてアプローチをしてくる他者に対して頑なでありがちなのだ。いわゆる孤独死が集中する層はそこであり，彼ら彼女らは社会的排除のメカニズムと深く結びついて産み出されている。援助拒否を「自己責任」といい放置したところで，闇は闇のままにあり続ける。そして，ほんとうは，相当数の人々において，この闇は，忘れてしまいたいほどには近いところにある恐怖であるように思われる。

6．死が紡ぐ協同性

最後に，寄せ場の話を述べておきたい。寄せ場とは，日雇い労働者が路上で日々の職を得る場所のことをいう。手配師と呼ばれる業者によって仕事の勧誘・紹介がなされ，労働者たちはその日の現場に向かう。手

配師による斡旋は違法であったが現実としてそれが行われてきた一方，寄せ場には公共の日雇い労働者向けの職業安定所も設けられていることが多い。寄せ場の規模が大きくなると，彼らが「ドヤ」という労働者向けの簡易宿泊所が軒を並べそこが彼らの生活の拠点ともなる。大阪の釜ヶ崎——行政の用語としてはあいりん地区——や東京・山谷，横浜・寿町が有名だが，小規模の寄せ場も各地にあった。今日の寄せ場は，周縁労働力のリクルートの経路が変化したこともあり，日雇い労働者の街としては衰退している。ドヤ暮らしの寄せ場労働者たちは，飯場に拡散したり，野宿者化したりして減少してきた。現在の寄せ場は，住居を失った高齢の生活保護受給者を広く集める，男性・単身・高齢の貧困層の居住地域になってきている。

　白波瀬達也は，『貧困と地域～あいりん地区から見る高齢化と孤立死～』において，釜ヶ崎における無縁仏に対する弔いの多様な展開を取り上げ，「死が紡ぐ」共同性の「萌芽」について論じている（白波瀬 2017）。白波瀬は，自らが無縁仏になるということを悟っている人々における，何種類かの慰霊祭や死者への弔いについて取り上げているが，ここでは，ある浄土宗僧侶が2013年に始めた「釜ヶ崎見送りの会」の事例を引いておきたい。「釜ヶ崎見送りの会」は，月100円の会費で入会でき，会員が亡くなれば互いに葬儀に参列して見送っている。釜ヶ崎で亡くなった単身の生活保護受給者たちが亡くなると，福祉事務所が親族に連絡するが葬儀も遺骨の引き取りも拒否される場合が多く，その時には葬儀なしに火葬され無縁仏として埋葬されるのが常である。そのような「直葬」を避けて葬儀を行い弔うことが，この会の目的となっている。他にもこの会では，例会，入院した人への見舞い，新年会や花見大会など，要するに集まる機会が多様に設けられている。会員数は順調に増えており，「結成から1年後には会員が60人ほどまで増加し，2016年の時点

で約 100 人となっている」という。
　さて，流行の「自分らしい死」とこの会が作り出そうとしている死とは，どこが違うのだろうか。死者は，その葬儀において自らの生と死の意味をほんとうは作り出すことができない。死者の存在の意味は，死者を弔う人々に全て委ねられている。「自分らしい死」の方は，自らを悼んでくれる関係を自明のものとした上で，アイデンティティの承認をあらためて弔う人々に要求するものであるといえる。だが，そもそも，誰もが「自分らしい死」を受容してくれる好意的な観衆を得られる訳ではない。「釜ヶ崎見送りの会」は，ゼロから互いに悼み合う関係を構築し，互いの生と死の意味を感じとろうとする試みであるということができる。高齢になってから出会う人々による関係構築であるから，それぞれの知られたくない部分についてはそのままにしておくこともできる。確かに，彼らは，死を前にした孤立の状態にあった。だが，彼らは，同じような境遇の隣人を見出し，時間を共有し始めたのだった。新たに作られた関係の中に，互いの存在の意味も生じる。
　もし，私たちが，死が遠くないことを感じて，大あわてで「私」という存在にあらためて意味を求めるとするならばどのようにすべきか。この「私」を悼んでくれる人などいそうになかったとすればどうすればいいのか。無力な私たちにできることはといえば，小さな共同体，いや共同体というには緩やか過ぎる結びつきをあらためて立ち上げて仲間とともに死に処していくよりないということのように思われる。

参考文献

- エリアス,N.（中居実訳）『死にゆく者の孤独』法政大学出版局，1990 年（原著 1980 年）
- ゴーラー,J.（宇都宮輝夫訳）『死と悲しみの社会学』ヨルダン社，1986 年（原著 1965 年）
- 開沼博『フクシマ論』青土社，2011 年
- 小山弘美「パーソナル・ネットワークからみた高齢者の孤立と地域の役割」『社会学論考』首都大学東京・都立大学社会学研究会，第 33 号，2012 年
- 毎日新聞「葬儀　少人数，実質本位に　遺族より故人の付き合い重視　「職場の義理」薄れ」『毎日新聞』2010 年 9 月 11 日（東京・朝刊）
- 西澤晃彦『隠蔽された外部〜都市下層のエスノグラフィー〜』彩流社，1995 年
- 西澤晃彦『貧者の領域〜誰が排除されているのか〜』河出書房新社，2010 年
- 額田勲『孤独死〜被災地神戸で考える人間の復興〜』岩波書店，1999 年
- 小川栄二「高齢者の援助拒否・孤立・潜在化」総合社会福祉研究所編『福祉のひろば』71 巻 436 号，2006 年
- 澤井敦「「死別の社会学」とは何か」「リキッド・モダン社会のなかの死別」澤井敦・有末賢編『死別の社会学』青弓社，2015 年
- 白波瀬達也『貧困と地域〜あいりん地区から見る高齢化と孤立死〜』中公新書，2017 年

11 | グローバリゼーションと貧困（1）
階級・階層構造と社会変動

《目標＆ポイント》 高度経済成長期後のグローバル経済への深い参入による，階層構造の変動，貧困層の新たな形成について述べる。
《キーワード》 グローバリゼーション，脱産業化（脱工業化），非正規雇用，社会的分極化，アンダークラス

1. 経済グローバリゼーション

　高度経済成長期を通じて出現したといわれる「総中流社会」とは何だったのか，あらためて振り返るところから始めたい。高度経済成長期を通じて，職業における機会の不平等の度合いは低下していった。社会学者のチームによって 1955 年から 10 年おきに行われている全国調査の結果を見ると，機会の平等化は 1980 年代前半まで進み，頂点に達する（原・盛山　1999，佐藤　2001）。しかし，だからといって，実体としての「総中流社会」ができあがったというのは，あまりにも過剰な認識であり表現だった。80 年代前半の日本が他国と比較して特に平等だった訳ではなかった。例えば，職業への機会不平等の度合いは，「階級社会」などといわれがちなイギリスとほとんど差がなかった（（橘木編　2004）における佐藤俊樹の発言）。第 3 章でも述べたように，結局のところ，「総中流社会」とは，集合的な意識の問題であった。「総中流の神話」が支配した時代があった，という総括が事実に近いのである。
　この神話は，機会平等の信憑性が成立する，高まることによって維持

されたといえる。高度経済成長期は，経済的なパイの拡張期であったので，なるほどその拡張部分に食い込む人々はそれなりにいた。農民やブルーカラーの子どもが高学歴を得てホワイトカラーになっていく移動は，身近なところで目や耳にも入ってきた。だからといって，それを「多かった」というのには躊躇が必要である。高度経済成長期においても，低学歴の両親を持つ子どもが高い学歴に到達することは難しかった。それでも，そうしたそこここの小さな成功譚は，誰もが努力をすれば「豊か」になれるとの集合的な期待をもたらし，「総中流の神話」を強化しただろう。しかしながら，1970年代半ばの高度経済成長の終焉は，「私は中流」というどこかいじましい保身的な自己認識は延命させつつ，「誰もが中流」という他者認識の成立基盤を切り崩すものだった。つまり，自らが「中」であるとの中流意識は温存したが，「総中流」という認識は壊れた。人々の政治意識を生活保守主義という言葉で言い表した当時の指摘は，そのような変化を捉えていたといえる。

　科学技術が発達した未来に向けて誰もが「豊か」になっていくという物語が白々しくなっていったそのような時代にあって，経済・産業・労働市場という物質的な現実に関して，どのような変化が生じていたのかを踏まえておこう。また，そこにおける貧困のあり方の変容についても同時に見たい。

　1980年代に入って経済グローバリゼーションが本格化し，製造工程が分割されてグローバルな範域で再配置され，それぞれの地域において資本と労働力が割り当て直されていった。これに伴って，金融市場もグローバル化され，銀行や各種金融機関の活動も多国籍化した。情報技術は，このようなグローバルな経済活動を支えるインフラとして劇的に発展することになる。グローバルな経済市場に根を下ろしたグローバル資本は，国民国家の外から国民国家の政策を揺さぶる強力なアクターとな

り，「規制緩和」や「グローバル・スタンダード」を各国の政府に受け入れさせていった。これまでにも論じてきた新自由主義は，そのような経済活動を正当化するイデオロギーとして登場したといえる。

　日本における新自由主義の全面的な展開は，1990年代半ばまでずれ込んだといってよいだろう。英米が，オイルショック後すぐに新自由主義路線に舵を切った一方で，日本は，政官財が一体化した公共事業の拡大，そしてバブル経済の方へと突き進んでいったのであり，財政危機が抜き差しならなくなる時まで荒っぽい路線変更は避けられていた。もちろん，80年代以降，福祉領域だけは財政悪化のスケープゴートとされ続けていたのであるが。1995年，日経連（日本経営者団体連盟，現在は日本経済団体連合会）の報告書『新時代の「日本的経営」』が発表される。この報告書は，見事なまでにその後の政府による労働政策の転換を予告するものになっている。報告書では，終身雇用や年功序列といった慣行からなる「日本的経営」を，対象となる労働者を幹部候補生に限定して温存しつつ，非正規雇用労働者を柔軟かつ大規模に活用するという転換が擁護され推奨された。

　この報告書の背後には，オイルショック後に展開してきた経済グローバリゼーションと，それに伴う脱産業化（脱工業化）があったとやはりいわなければならない。まずもって製造部門は，大都市から賃金の安い海外あるいは地方へと流出する。本社周辺には，中枢管理業務とそれに深く関連する専門的職業が業種としては集中し，それ以外の業務については外注化が進む。経済グローバリゼーションは，日本の大企業にそのような変化を促し，それを日経連報告書は正当化したといえる。可能な限り多くの熟練した労働者を安定的に抱え込みものを作るといった経営様式は消えていき，エリートと非正規雇用労働者へと労働者が二極化される階層構造が新たに浮上したのである。これと連動して労働者派遣法

は次々と改定され，労働力のフレキシブル化は一挙に進んだ。絞り込まれた正社員の領域から締め出された非正規雇用の労働者は，大きく増加した。このような労働市場の変容は，当然，今日的な貧困問題のいっさいに関係している（詳細は第12章でも述べる）。

2. 東 京

　東京は，今や，単なる大都市の一例ではない。戦前の国内的な製造業の中心は阪神地域であり，経済の大阪，政治の東京といった江戸時代以来の役割分担が残存していた。東京は，第一次世界大戦以降に遅れて産業化が進み，また，戦後は官庁との地理的な近さというメリットもあり本社機能が徐々に集中していった。そのような東京は，経済グローバリゼーションの進展とともに，いっそう特別な位置を占めるに至った。現在，国際的に用いられる人口集中地区（DID）の密度基準（4000人／km^2）を採用して東京を核とした都市圏を設定すれば，東京都，埼玉県，千葉県，神奈川県にまたがる拡がりが東京である。その東京圏は，2011年の数値では，ニューヨーク都市圏に次ぐ世界第2位，人口量では3700万人で世界第1位の規模になる。国内的には人口のほぼ3分の1が集中しており，この集中度は地方の人口減少とともに今後相対的に高まっていくと考えられる。2008年の数値では，GRP（地域内住民総生産）は世界第1位，一人当たりGRPは32位となっている。東京と地方との経済格差は，相変わらず拡大し続けている。

　1980年代，J・フリードマンやS・サッセンによって世界都市論が展開された（Friedmann 1986, サッセン 2008）。世界都市（グローバル・シティ）とは，グローバルな経済活動の中枢管理機能を割り当てられ，そうした機能を担う機関や人が集積した，ニューヨークやロンドンなどの特定の都市のことをいう。サッセンの『グローバル・シティ』（1991）

においては，バブル経済真只中の東京がニューヨークやロンドンと並ぶ世界都市として位置づけられていた。この時，国内的には「東京への一極集中」が問題化されてもいたが，国内的な文脈で東京と地方の間の不均衡を問うには東京はもう次元が違いすぎたといえる。扱う金額が大きすぎるのだ。経済グローバリゼーションが地方における貧困のあり様にもたらした変化については第13章で触れることにして，ここでは大都市圏に焦点を当てた議論をしておきたい。

　かつて語られた（そして今も語られている）未来像においては，情報技術が空間的不均衡を消し去るはずだった。インターネット空間においては，人や資本の場所性が消去されているように見える。どこに住んでいようと，必要なものは手に入る，つながりたい人とつながることができる。インターネットが時空間を圧縮し，空間的な不均衡は無くなっていくという訳である。しかしながら，今日のグローバルな経済圏において形成されているのは，むしろ特定の都市——世界都市——の突出である。サッセンは，この事態について次のように説明している。グローバルな経済活動は中枢管理機能の重要性を高めるが，「中心機能を遂行するには本社内部の有能な人材だけでは不十分である。革新的な環境——技術，会計，法務サービス，経済予測，といった新たな専門的企業サービスすべて——が大規模に整備され」なければならない（サッセン2004）。つまりは，情報に関連した専門的企業サービスが充実した「環境」が必要とされる。では，この情報とはどのようなものであるのか。情報がすでにできあがっているデータベースを意味するものであるならば，特定の場所から自由に調達することができることになり，地理的・空間的不均衡はない。しかし，情報は，解釈されなければ意味がない。数字や言葉は解釈なしでは生のデータに過ぎないが，解釈者によって意味が引き出されて初めて意義あるもの，それ以上のものになる。そのように

意味を作り出して交換し互いにもたれあい利用し合う，中枢管理機能に関与するもろもろの企業・機関による関係は，互いに集中することによってもたらされている。解釈は，そのような集中の中で習得され行使される文化的行為なのである。依然，インターネットは，この集中を不要にすることができていない。その結果，特権的解釈者たる専門職層と広義の情報・知識に関連する専門サービス業従事者層は，中枢管理機能とともに地理的に不均衡に集積し，特定の都市への一極集中が展開することになる。

3. 社会的分極化

経済グローバリゼーションの展開は，中枢管理機能を集積させた都市を根城とするグローバル・エリートを登場させた一方で，その同じ都市において製造部門の流出と非正規雇用の拡大によって半失業状態になった人口を生み出し，社会的分極化を促進した。1980年代以降の世界の金融センターとしてのニューヨークやロンドンの繁栄は，ホームレス問題に象徴的に示された貧困問題の登場とパラレルな現象だった。日本で，ホームレスなどという聞きなれない言葉がアメリカからのニュースの中で聞かれるようになったのは，1990年前後のことだった。社会的分極化も，世界都市論の中で指摘された現象である。サッセン，W・ウィルソン，M・カステル＝J・マレンコフらによる社会的分極化に関する議論を次のようにまとめておきたい。

世界都市においては，第一に，製造部門の流出によって，従来の中所得層の雇用供給が減少する。第二に，その一方で，グローバルな中枢管理機能が集中し，それに従事する専門職層，管理職層は増加する。第三に，ある種の低賃金職種は増加する。グローバルな競争のもとで，企業は労働力の合理化とフレキシブル化，外注化を進める。非正規雇用の労

働者が増える。結果，対企業サービス部門の雇用人口は膨らむ。警備や清掃などの単純で一時的なサービス労働については，ほとんど外注化され労働者を派遣する企業が安さを競い合うようになる。それに従事する労働者は増えるが賃金水準は下がる。また，遠方への地理的移転が難しい業種の工場は，条件の悪い仕事を厭わない階層から労働力を調達しつつ残存する。ニューヨークやロンドンでは，海外での大量生産にはなじまないアパレルや食品関連の工場がスウェット・ショップ（苦汗工場）となって残存・拡大したことが報告された。アパレル業界は，少量生産で，かつ，変転するニーズに素早く対応することを求められる。あるいは食品も弁当や総菜などのすばやい入れ替えが要求され，工場を遠くに持っていくことができない。こうした業種が，外国人労働者の新たな受け入れ先となっていった。日本でも，コンビニ弁当をつくる工場などは，様々な国籍の外国人女性によって成立している。社会的分極化という現在的な過程においても，それ以前からある社会的排除のメカニズムが踏襲される。拡大した低賃金職種がまずもって吸収するのは，貧困女性や外国人などの様々なマイノリティだった。サッセンは，アメリカにおいては新しい低賃金職種が1970年代後半以降の移民を吸収していることを明らかにしているし，また，ウィルソンは，1950年代に北部都市に工場労働者として流入したアフリカ系の人々が今日の都市の貧困層の母体となっていると述べている。

　さて，上述の三つの人の流れは，互いにどう相殺し合い何を帰結するのか。まず，流出した製造部門の雇用人口は大きかったので，他の増加分をもってしても補填できない。また，製造部門に従事していた人々が中枢管理部門や情報産業に移行することは困難である。結果的に，失業者や半失業者が滞留することになる。実際，好景気であったとしても失業率はなかなか下がらなくなる。このような構造変動を通じて，世界都

市には社会的分極化がもたらされる。カステル＝マレンコフは，この事態をデュアルシティ（二重都市）と呼んでいる。

　東京における世界都市論の検証作業としては，園部雅久や町村敬志による1990年代におけるものがある。結論からいえば，東京は，ニューヨークやロンドンほどには極端な分極化は見られなかった。製造部門の衰退，中枢管理業務に関連する知識・情報専門職の増加，低賃金・不安定雇用サービス職種の増加は生じたし，その傾向は今も続いている。しかしながら，その傾きは緩やかだった。分極化圧力は存在するが，分極化は今のところ抑制されているのである。その理由は次のように考えられる。日本は，比較の対象である英米ほどには，新自由主義的な政策転換が劇的ではなかった。園部によれば，オイルショック後，ロンドンやニューヨークでは，性別や年齢をこえて一挙に全体的な労働力のフレキシブル化が進んだが（園部　2001），日本そして東京では，企業組織は男性の正規雇用層を保持しつつ——もちろん，成果主義の導入やリストラによる絞り込みが同時に進行されつつではあるが——，女性や外国人，そして若年層という組織外のカテゴリーが非正規雇用の労働力として活用された（詳細は次章で述べる）。女性や若年層についていえば，それぞれの家族が収入源を複数化しつつ「生活構造の抵抗」を見せ，貧困化を先延べしていく流れに組み入れられているといえる。結果的に，統計的に見れば，分極化の程度は緩やかなものになっている。一方，母子世帯や高齢単身者など家族主義的な対応ができない層における貧困は，東京においても目立ったものになっている。つまりは，日本・東京の場合，社会的分極化による貧困化圧力の受け皿として，特定のカテゴリーが選び出され，そこに貧困が集中している事態が継続しているといえる（【資料11】P.246参照）。

4. アンダークラス

　アンダークラスは，社会的分極化の帰結としてまずアメリカで論じられ，また，今日ではヨーロッパや日本でも用いられるようになった概念である。1980年代以降のアメリカの大都市において，慢性的に失業・半失業状態におかれ「階級外の階級」——アンダークラス——となった多数の人々が産み出された。アンダークラスの人々は，貧困地域に住みつつ福祉政策に高く依存し，深刻な貧困，母子世帯の増加，暴力犯罪といった指標で示される高リスク状態を生きていることが指摘されている。構造変動に加えて，新自由主義的な政策転換やコミュニティの弱体化が，アンダークラスを固定化する要因として論じられた。アンダークラスの地理的な所在は，アメリカの研究では，まずもって大都市部における都心周辺の荒廃地区に認められた。しかし，そもそも移民や貧困層が郊外に集中していたフランスなどヨーロッパ大陸諸国では，郊外こそがアンダークラスの居住地であったし，後述するようにアングロサクソン諸国や日本においても郊外における貧困が露呈し始めたのである。

　都市の荒廃地区は，アメリカにおいて，そして日本においても，都心周辺のインナーシティ問題として長らく認識されてきた。しかしながら，1990年代半ばから荒廃地区の「移転」が議論されるようになる。脱産業化（脱工業化）が進展した都市では，かつての町工場地帯の都市再開発・ジェントリフィケーション（そのまま訳せば都市空間の「紳士化」であるが，空間を「品よく」改造し経済的価値を高める開発のことである）が活発化し，インナーシティの低所得層居住地域でも地上げがなされ風景が一変していった。そのような過程の帰結として，残された他の貧困地区への隔離的集中や，郊外への移動が指摘された（森　2013）。

　そもそも，郊外は，都心へと通勤する「サラリーマン」とその家族を

想定しつつ開発が進められた，都心周辺に分厚く形成された住機能に特化したエリアである。価格設定によってある地区での居住者は階層的に選別され，また，結婚，出産を移住の契機とするため似通った年齢層の核家族が集中する，均質性の高い近隣がそこに生じた（西澤 2000）。だが，同質的な人々によって埋め尽くされた空間であるかのように郊外全体を認識するのは，もちろん誤りである。郊外といっても，「公共サービスが充実した富裕層の住む地域と，荒廃と貧困化の著しい地域との分極化」が見られ，後者は「初期に開発されたため今日では老朽化が進み，貧しい労働者が暮らす荒廃した住宅の集中する地区」となっており，そこが新たに選別された広範な貧困層を吸収しているのである（森 2013）。先進産業国は，第二次大戦後，ベビーブーム世代の登場とその住宅的受け皿としての郊外開発という体験を同時に体験しており，今日ではその老朽化・荒廃化とそこへの貧困層の流入という局面にこれもまた同時に直面しているのである。

　日本の場合，特に注目すべきは公営・公団団地である。そもそも，均質な近隣として出発した団地は，時間的経過とともに，より豊かな世帯をそこから流出させつつより貧しい世帯をそこに滞留させる傾向を見せるようになった。後から新たに入居する世帯も，貧しい世帯を中心としていた。加えて，建物の老朽化とともに住民の高齢化が問題となり，とりわけ立地条件が悪い――都心から遠い――不人気の団地ではそれらの傾向が顕著になった。1992年には，建設省は，外国出身の永住者やその他の外国人登録を受けた外国人についても日本人と同等の入居資格を認める通達を出した。また，1996年の公営住宅法改正により，「「標準世帯」の退去を促」しつつ貧困層，高齢者，障害者を積極的に受け入れる「公営住宅の「福祉的性格」が強く打ち出された」（森 2013）。森千香子は次のように述べている。「こうして公営住宅は「本当に困っている人」の

みを対象とするものとして位置づけられるようになった。そして中でも建物が古く設備水準が低い，場所も辺鄙で人気のない団地にこのような弱者と外国人が増えている。」

　このように，「「困窮」において共通する人たち」（森）がひとつ所に集められることは何をもたらすのだろうか。郊外の特定地区への貧困層の集中は，空間のスティグマ化を帰結しかねない。ある団地，ある地区に住んでいるというそのことが，新たに作り出された差別・偏見の対象とされるようになるのである。このスティグマは，住民たちをも捕捉する。スティグマの抑圧に晒され続ける住民たちは，地域内部での異なるカテゴリーに猜疑心をもつようになり，さらには自分たちと似通った世帯の中での小さな差異に敏感になり「うわさ話」などを通じて鬱憤を晴らすようになるとの報告もある。例えば，生活保護受給世帯，中国帰国者，外国人などは標的になりやすく，また互いの持ち物や物音などがたやすく憎しみの感情を喚起してしまう。そこにあるのは，貧困にもとづく連帯とは真逆の，住民間の分断であり誰も信じることができない孤立状況である（小澤　1993）。

　空間のスティグマ化によって，そもそも貧者の居場所であった都心周辺のインナーエリアは，再開発・ジェントリフィケーションにより駆逐されない限り，これまで同様貧困層を吸収し続けるだろう。例えば——これは大阪の事例であるが——，妻木進吾は，同和対策事業終結後の大阪市内のある被差別部落地区に，アンダークラスに近似した状態をみてとっている（妻木　2012）。かつてのその地区においては，部落の人々による濃密な近隣関係を基盤として，目的別・年齢別・性別の集団活動が活発になされていた。そこにおいては，部落の人々の間での相互扶助の精神も強かったという。同和対策事業の一環としてなされた住宅や地区インフラの改善，アファーマティブ・アクションとして行われていた

公務員採用にも，そうした地域アソシエーションによる活動が大きく関与している。しかしながら，アファーマティブ・アクションは，より若い世代において学歴と職を得て生活を安定させることができた人々からこの地区を離れていくことを促した。そして，事業終結までに安定を確保できなかった人々と高齢者が取り残されたのである。代わってこの地区の公営住宅には，多様な新しい貧困層が流入する。部落の人々からなる地域集団はメンバーを減らしまた新住民を取り込むことができずに衰退し，一方，新住民も地域的な結びつきを作り出すことができないでいる。結果的に，ばらばらな貧困層の集積地へと，この地区は変貌したのである。アンダークラスを固定する要因として，新自由主義的な政策転換とコミュニティの弱体化があげられていると先に述べたが，この事例では，アファーマティブ・アクションの打ち切りが新自由主義的な政策転換に，集団活動の衰退がコミュニティの弱体化にそれぞれあたるといえる。この事例に関していえば，新たに作られたものではなく被差別部落へのスティグマを継承している点で，先の郊外の団地とは違うといえる。しかしながら，隔離的に新たに集住させられた人々において，貧しい境遇にあることが連帯をもたらさず，むしろ，分断・孤立を招いていることは共通している。

　そもそも「住む」ということから疎外された下層労働者についても述べておく必要がある。第5章でも述べたように，彼ら彼女らは，インナーシティの寄せ場へと囲い込まれたり，あるいは，もっと分散されてそこここの人夫出し飯場や観光地などを転々としたりしてきた。工場や人材あっせん業者の用意した「寮」に住まい，臨時工や期間工として働き続けた人々も多くいた。「寮」を用いて貧者を集め安い働き手を集める手法は，風俗産業やパチンコ店など各種サービス業においても用いられてきた。貧者にとっての唯一の自由は，仕事場を変えて少しでもましな

ところへと身を寄せていくことであった。そのような，組織・定住・家族の領域の外部に設けられた収容空間はずっと維持されてきたといえるし，今もそうである。

　グローバリゼーションが変えたのは，下層労働者の裾野が拡がり，かつ，彼ら彼女らの空間的な存在様式がいっそう細分化されつつ多様になったという点である。かつての寄せ場や「スラム」は，下層労働市場が結合しており，資本にとっては周縁労働力のプールであった。飯場や「寮」は，もっと積極的に，収容施設を準備して労働力を囲い込んで労働現場に派遣するための空間であった。グローバリゼーションとともに増大した非正規雇用層の中には，家族からは疎外され生活が不安定化した部分もそれなりのまとまりをもって存在する。そして，そうした人々は，公営住宅に入るなどして定住化するという選択肢もあまりなく，流動化しやすい。派遣会社の「寮」は規模を増し，多くの派遣労働者がそこで生活している。そして，これまでもそうであったように，その人々は，失業とともに別の仕事場を探し出し各地の「寮」を転々と移動するのである。派遣労働者たちは，かつての下層労働者と同様，組織・定住・家族の領域との接触項を失くし，下層労働者としての地位に封じられたまま「どこにもいない」不可視の存在にされてしまう。

　貧しいマイノリティは隔離されるか孤立することによって，マジョリティからは見えにくい存在であり続けている。しかしながら，実は，マジョリティの中には貧しいマイノリティの予備軍が着々と産み出されていて，緩やかに貧しいマイノリティへの移行も進んでいる。それが，グローバリゼーションがもたらした社会的変化の大きな一つといえるが，問題は，貧困を社会的なイシューとしてもわが事としても受け入れられないでいる人が依然として多数派であることにある。

参考文献

- Friedmann, J., 1986."The World City Hypothesis", *Development and Change*, Vol.17, No.1.
- 原純輔・盛山和夫『社会階層〜豊かさの中の不平等〜』東京大学出版会，1999 年
- 町村敬志『「世界都市」東京の構造転換〜都市リストラクチャリングの社会学〜』東京大学出版会，1994 年
- Mollenkopf, J.H. and Castells, M, (eds.), 1991, *Dual City : Restructuring New York*, Russell Sage.
- 森千香子「分断される郊外」町村敬志編著『都市空間に潜む排除と反抗の力』明石書店，2013 年
- 西澤晃彦「郊外という迷宮」町村敬志・西澤晃彦『都市の社会学〜社会がかたちをあらわすとき〜』有斐閣，2000 年
- 小澤浩明「地域社会での＜階層化秩序＞と「生活困難層」〜＜うわさの階層構造＞と孤立・敵対のメカニズム〜」久富善之編『豊かさの底辺に生きる』青木書店，1993
- Sassen, S., 1988, *The Mobility of Labour and Capital*, Cambridge University Press.（森田桐郎他訳『労働と資本の国際移動』岩波書店，1992 年）
- Sassen, S., 1991. *The Global City : New York, London, Tokyo*, Princeton University Press.（伊豫谷登士翁監訳・大井由紀・高橋華生子訳『グローバル・シティ〜ニューヨーク・ロンドン・東京から世界を読む〜』筑摩書房，2008 年）
- Sassen, S., 1998, *Globalization and its discontents*, New Press.（田淵太一・尹春志・原田太津男訳『グローバル空間の政治経済学〜都市・移民・情報化〜』岩波書店，2004 年）
- 佐藤俊樹『不平等社会日本〜さよなら総中流〜』中公新書，2000 年
- 園部雅久『現代大都市社会論〜分極化する都市？〜』東信堂，2001 年
- 橘木俊詔編『封印される不平等』東洋経済新報社，2004 年
- 妻木進吾「貧困・社会的排除の地域的顕現〜再不安定化する都市部落〜」『社会学評論』62(4)，2012 年
- Wilson, W. J., 1987, *The Truly Disadvantaged : The Inner City, the Underclass, and Public Policy*, Univ. of Chicago Press.（青木秀男監訳，平川茂，・牛草英晴訳『アメリカのアンダークラス〜本当に不利な立場に置かれた人々〜』明石書店，1999 年）

12 | グローバリゼーションと貧困（2）
誰が排除されているのか

《目標＆ポイント》 経済グローバリゼーション下での社会的排除について，女性，外国人，若年貧困層を取り上げながらカテゴリーごとにその排除のメカニズムについて論じる。
《キーワード》 社会的排除，女性，外国人，若年貧困層

1. 社会的排除による貧困

　20世紀になって，国家が経済と社会に積極的に介入し福祉国家化することによって，資本家階級と労働者階級という二大階級の対立は緩和された。社会福祉・社会保障政策による再分配の仕組みや労働組合による賃金の押し上げメカニズムがある程度整備されたところでは，資本による搾取が生む貧困も局所化して社会問題化されにくくなった。しかしながら，今日，組織化された領域がスリム化されつつ維持される一方で，その外部には内部とは明確に区別され低位に置かれた人口が膨張している。労働者階級という誰をも受け入れる巨大な容器はもうない。様々な基準が持ち出され，ホワイトカラーとブルーカラー，正規雇用と非正規雇用というように身分状に労働者は配列されている。そして，そうした配列にあたっては，学歴やジェンダー，国籍などの標識が用いられている。このような現実は，現在の階級化を搾取とは異なるメカニズムに基づいて説明づける論理を要請する。政策や労働組合による20世紀的な恩恵が及ばないがゆえに，貧困が集中して発生する領域がどこにあり誰が

そこにいるのかが説明されなければならない。

第1章でも述べたが，社会的排除とは，財や権限を既得する層・集団やそれと連動した国家権力が，特定の社会的カテゴリーを資格外とみなし財や権限から締め出すことをいう。具体的な排除は，マジョリティの通念あるいはイデオロギーに支えられて，「当たり前」のようにあるいは「仕方がない」こととして遂行されていく。

社会的排除を労働市場における排除，制度における排除，狭義の社会的排除からなる三つの水準に弁別しておくことは，貧困と社会的排除の現実を理解し把握する上で有益である。貧困は，資本による根源的な搾取のみならず，国家や社会といったアクター間の連携の帰結として理解されなければならないからである。三つの水準は，それぞれ固有の排除と包摂の選別メカニズムを発達させている。そうであるから，同じカテゴリーが，ある水準では排除され別の水準では包摂されることはあり得る。そして，そうした異なる方向を持った動きが連携的に作用し合い，排除がもたらす貧困を打ち消すことがある。例えば，労働市場から排除された女性は，「家庭に入る」ことによって社会的に包摂され貧困を免れることができた。婚姻率が高く離婚率が低かった時代において，女性の貧困が問題にもならなかった最大の理由はこのメカニズムにある。だからといって，「家庭に入る」女性が，その時点では貧困とはいえないにせよ，貧困予備軍であることは間違いない。既婚女性の仕事の選択肢がパート労働に限定されているというその事態は，多くの女性たちが潜在的には貧困化しうることを当然意味する。近代家族という家族のかたちを充たしていない女性たち，例えば，具体的には，母子世帯の母親にとって，この状況は貧困の永続化を意味する（母子世帯の貧窮については，第8章で述べた）。私たちの目に入りやすいのはどの水準においても排除された野宿者のような「貧者の中の貧者」であるが，三つの水準

の連携的な呼応関係のために貧困が露呈しにくくなっていることは事実である。にもかかわらず，社会的排除は，着実に貧困予備軍をも含めた貧者の領域を作り出し続けているのだ。

　本章では，前章でも述べたような経済グローバリゼーションの進展とそれに伴う労働市場・制度・社会の変動のもと，誰が排除されてきたのか——誰が貧者として選ばれてきたのか——を時系列的に記述し，整理したいと思う。ここでは，ごく基本的な指標——マスメディアでも毎年取り上げられるようなもの——をいくつか取り上げ，その数値を読んでみたい。

2. 非正規雇用労働者の増大

　パート，アルバイト，日雇い，派遣労働者などの非正規雇用労働者の全雇用者に占める比率は，1980年代以降，急激に上昇した。全体の数値では，1985年に約16％であったものが，2000年には約26％，2015年には37.5％に達している。非正規雇用の労働者を前提とし，それに依存した経済に転換していったことは明らかである（厚生労働省職業安定局 2014）。社会的排除論の視角からすれば，ここで重要であるのはその内訳になる。

　高度経済成長終焉後に脱産業化（脱工業化）とともに生み出された新しい仕事場は，まずもってパート労働者として女性——特に既婚女性——を吸収した。戦後の高度経済成長期において，専業仕事人の男性と専業主婦の女性という組み合わせからなる近代家族のかたちは最大限浸透したが，専業主婦として家庭内にいったん埋もれていた労働力は，再び，パート労働者として労働市場に吸収されていった。女性の雇用者に占める非正規雇用の比率は増大し続け，1985年が約32％，2000年には約46％，2003年に50％を突破し，2015年には56.3％に達している（2015年

の男性は 21.9%)(内閣府　2016)。女性が，職業世界・組織社会においては，二級化され周縁労働力として吸収されているという傾向に変わりはない。もちろん，女性といっても一枚岩ではなく，女性の高学歴化・専門職化やエリートとしての職場進出も見られる。それゆえ，女性内格差の増大も明白であるといえる。ただ，キャリア志向の女性たちのような「目につく」現象も，女性というカテゴリーと周縁労働力との間の親和性を打ち消すことさえできていないのである。

　パート労働市場は，正規の労働市場から分断されて，賃金水準を低く保たれたまま大きく膨張した。しかし，このことは，いうまでもなく貧困層の増大を直接は意味しなかった。非正規雇用・低賃金労働力として固定されての，既婚女性を中心とした女性の「職場進出」は，ひとつの世帯における働き手の複数化を意味していて，世帯収入に関してみれば女性たちが貧困化したとはいえない。この動向は，ポスト高度成長経済下での，それぞれの家族における「豊かな」生活を維持するための「生活構造の抵抗」であるとみることができる。しかし，周縁労働力としての「職場進出」は，女性の社会的地位を高めるものではなかった。組織社会・企業社会は，女性に労働力としては低い価値をしか見出させない社会的なイデオロギーに沿って，女性カテゴリーを周縁労働力の供給源として「当たり前」のことのように利用したのである。

3. 外国人

　1980 年代後半以降には，外国人労働者の数が増大した。外国人という漠たるカテゴリーも周縁労働力の調達先となった。来日の誘因が急速な円高と当時の労働力不足にあったことは間違いない。しかし，第 5 章で論じたように，水が高いところから低いところに流れるといったような単純な理屈でこの移動を説明することはできない。多くの国の中から

ある国の人々が特に日本へと移動し日本の労働力市場の一端を支えたという事実は,政府によってなされた政策的介入と直接的に相関している。

現在の在留外国人の国籍・地域別人口上位は,中国（台湾は含まない）,韓国,フィリピン,ベトナム,ブラジル,ネパール,アメリカ,台湾,ペルー,タイの順である（法務省入国管理局 2017）。このうち,韓国は,その多くが特別永住者の資格を持つ在日韓国人である。これらのうち,1980年代に登場した中国,フィリピン,ブラジルと,2010年代になって急増したベトナムについて,増加の背景をまとめておきたい。

中国人の急増は,1983年に政府が発表した「留学生10万人計画」によって突破口が開かれた。日本語学校が増え,日本語学校に通いながら留学生を目指す中国人や韓国人が来日した。隣国にあった海外での生活を厭わない若年層のプールと日本語学校との間の水路は瞬く間に貫通し,多くの中国人を留学生という在留資格で吸収したのである。アルバイトは制限つきながら解禁され,中国人のアルバイト店員が働く飲食店やコンビニエンス・ストアが,大都市部では日常風景になっていった。そして,その中から日本に生活の足場を築く人々が少なからず登場し,新しい中国人の世界も形成されていった。今日的には,中国人については,留学生とはまったく異なる入口を通じた,技能実習生を在留資格とする人々が多くなっているが,技能実習生については後述する。2016年末現在の在留中国人は,約70万人で,在留外国人に占める構成比は約29％となっている。

フィリピン人の増加は,興行ビザで入国した女性のサービス業従事者によってまずもってもたらされた。2006年に興行ビザの資格は厳格化されたが,長期間にわたって「ダンサー」として入国した女性たちに対して興行ビザを発給し続けていた訳で,入管政策における単純労働への厳格さと比べると際立った寛容さを見てとることができる。その間を通じ

て，日本人男性との婚姻によって数多くのフィリピン人女性が永住滞在の在留資格を得て定着していくとともに，製造業など職業的な多業種化は進んでいった（ランビーノ　2009）。フィリピン人の場合，男女比は1：3と女性が多い。そして，女性たちの多くの日本での生活は結婚した男性次第になりがちで，男性との接点の偏りゆえに結婚相手はそもそも経済的には貧しい場合が多く，安定的な生活を営むことが難しいため離婚率も高い。結果，彼女たちは，食品工場などでの周縁労働に吸収されていく。「家庭に入る」女性の潜在的な貧困可能性についてはすでに述べたが，フィリピン人女性が置かれた状況には，同様の貧困化メカニズムを見ることができる。

　ブラジル人の増加については，明白に単純労働力不足への対策の結果であったといえる。1990年に施行された改正入管法は，日系の外国人（三世まで）とその配偶者に就労資格を無条件に与えたが，日系という限定はあっても外国人労働者の導入策以外の何ものでもなかった。その結果，ブラジル人，ペルー人をはじめとする外国人が，90年代に入って一斉に流入することになった。彼ら彼女らの多くは，人材派遣業者の用意した「寮」に入って工場に派遣されるというかたちで，日本の労働市場と社会に編入されていった。前の章でも述べてきたことだが，非定住的な単身の労働者を地域社会から隔離して収容する空間はすでにあった。この場合，そのような仕組みが応用されたといえる（西澤　1995）。丹野清人は，日系人の日本への移動をピンポイント移住と呼んだ（丹野　2003）。ブラジル人やペルー人にとって，愛知県豊田市とか神奈川県藤沢市といった地名には意味がない。彼ら彼女は，「保見」や「湘南台」を母国で知り，まっすぐにそこへと向かった。多くのブラジル人やペルー人が日本に移住するようになって約30年たち，そうした点の数も増えていった。だが，それは，彼ら彼女らの生活圏が面として拡張したこと

をまったく意味していない。多くのブラジル人やペルー人は，点としてしか現れないそうした場所に限定されて，失業や賃金の低下とともに点と点の間を落ち着きなく移動している。もちろん，集住地においては，エスニックなネットワークが形成され，家族生活も営まれてきた。しかし，未就学・不就学児童が量をもって現れ出ていることがひっそりと問題化されているように，単純労働力として日本社会に組み入れられた出発点における地位は，彼ら彼女らを拘束し続けているのである。

　表向きは外国人の単純労働力を導入することに否定的な政府だったが，事実上は様々な入口が設けられることによって，1980年代以降，在留外国人の人口は急増してきたといえる。かつての改正入管法をめぐる審議にあっては，「彼らは出稼ぎであるのだから仕事が無くなれば帰国するだろう」との認識が公然と語られていた。ところが，だいたいにおいて「故郷に錦を飾ろう」という希望は，やがては第二の故郷を移住先に見出そうとする現実的な感情に置き換えられていく。これは移民に関する普遍的な常識に属するものだろう。あまりにも都合よく持たれていた認識は，移民の日本社会への統合についての見通しや方策についての議論を低調にし，結果的に，外国人への様々な社会的排除をそのままに放置することになったといえる。

　1993年に始まった技能実習制度は徐々に拡張され，2010年に施行された出入国管理及び難民認定法において，技能実習制度はさらに規模を大きくして制度化された。この時，技能実習という在留資格が設けられ，技能実習生は，企業との雇用契約により「技能習得」という名目での最長3年の労働が可能になったのである。これにより中国やベトナムからの技能実習生が急増した。必要な周縁労働力を海外から調達するこの新たな方法は，現にいる移民の統合問題への解を模索しつつ労働者を受け入れるのではなく，外国人労働者を帰国を義務づけられた出稼ぎ労働者

へと置換していくものということができる。かつて，高度経済成長期において，大都市は東北や九州・沖縄から職安を通じて多くの出稼ぎ労働者を導入して労働力として活用していたが，同様の策が国境横断的に反復されている訳である。技能実習生は，雇用先に囲い込まれて管理されつつ労働している現実のもとでは異議申し立ても困難であり，労働問題や人権問題について放任を招きやすい（【資料12（記事1・記事2）】P.247～8参照）。雇用先において剥き出しの社会的排除・差別に晒されれば，彼ら彼女らの労働現場は逃げ場のない監獄部屋のような様相を呈してしまう。技能実習生をめぐる人権蹂躙や労働問題の事例は，表面化しているだけでもたいへん多い。家族生活を否定し，職場を変える自由を認めないこの制度自体が，技能実習生を「単なる労働力」という数量として扱う反人権的なものというべきである。本書執筆中の2018年12月，これまでの外国人労働者政策への反省がなされないまま，技能実習生の在留期間を最長5年に延長し，技能実習生と同様に家族帯同を認めず在留期間を5年とした「特定技能1号」資格を設置する入管法の改正が成立した。周縁労働力の担い手はモノではない。

　移民たちが貧困から逃れ生活を安定させる道は，かつての在日韓国・朝鮮人や華僑がそうであったように，あるいは世界史上の移民たちの多くがそうであったように，自営業主や企業家を目指すことに求められた。学校教育を通じての地位の獲得競争においては，言語をはじめとする文化的な障壁・不利によってふるい落とされやすく，様々な社会的排除もメインストリームにおける成功にたどり着く上で障害になる。それゆえ，マジョリティが忌避したりあるいはマジョリティの計算が及びにくいニッチ——市場に生じた隙間——を発見して，そこにおける経済的成功が追求されるのである。また，同一エスニシティの移民——言語や宗教などの文化的な絆を共有する移民——の量と密度という条件が揃えば，同

じ境遇の者同士で様々な贈与と交換をなすことができるエスニックな社会圏も発生し，そこを商域とした食料品，日用品，情報，社交，人材派遣などのエスニック・ビジネスも生まれることになる。

　上で述べた外国人についていえば，ブラジル人やペルー人の場合（梶田・丹野・樋口　2005），寮住まいの労働者として日本の労働市場に組み入れられたその入り口に今もなお深く縛られていて，地方や大都市圏周縁部の工業地域が彼ら彼女らの集住地域となっている。そして，集住地域にそれなりに定着したとしてもそこは人口密度の高い都市部ほどには自営の条件が整っていないため，階層的地位は固定化されがちである。一方，留学生として初めから都市部に，しかも下層の労働者としてではなく組み入れられた中国人については，自営業主・企業家が比較的多く登場している。ただ，同じ中国人であっても，技能実習生については論外である。技能実習生は，特定の企業における周縁労働力の地位から逃れられないように制度的に決定されてしまっているのである。A・ポルテスらは，移民が移民先への入口においてどのような社会的地位へと組み入れられたのかを編入様式と呼び，その編入様式がその後の移民の生活のあり方を決定していくことを論じている。日本における様々な外国人についても，その理論を適用して考察することができると思われる（ポルテス＝ランバート　2014）。

4．若年層

　労働市場に占める非正規雇用労働者の比重の増加というトレンドは，高度成長経済終焉後から本格化したといえるが，特にこの4半世紀の間に進んだ労働領域における規制緩和は，非正規雇用労働者を急増させる政策的な引き金となった。90年代に人材派遣法が次々と改正されていくとともに派遣労働が全産業に及ぶようになり，周縁労働力の新たなる「発

掘」が進んだ。もちろん，それは社会的排除のメカニズムを利用してのものであった。1990年には881万人だった非正規雇用者は，現在では2,000万人に近づいている。

　2000年代に入って急激に増加したカテゴリーが若年層だった。在学中を除く15歳から24歳の非正規雇用比率は，2000年から2002年の間に7％上昇して30％を突破し，2013年の数値では32.3％である。1993年との比較では，約20％強上昇しており，全年齢階級中最大の上げ幅になっている（厚生労働省職業安定局　2014）。少なくとも4半世紀前までは，若さは武器だったといえる。どの年齢層よりも，15歳から24歳の非正規雇用比率は低かったのである。このことは思い出されてしかるべきだろう。しかし，組織社会・企業社会にとっての若者は，所詮は外部の人間であり正社員となって内部化されるまでは残酷にもなれるよそ者である。それでも，戦後の日本社会における若者は，温情主義的な処遇の対象であったのである。いわゆる新卒採用は，終身雇用や年功賃金と結びついて「日本的経営」の一要素として制度化されてきた。そもそも何の職業的能力もない学生・生徒に枠を設けて採用する訳だから，これは逆差別，アファーマティブ・アクションというよりない仕組みであるだろう。ところが，「日本的経営」が及ぶ範囲が狭められ（なくなったのではない），新卒採用の制度は残されたままより絞り込まれた採用が行われるようになった。学卒時に組織社会・企業社会に入ることに失敗すれば，「日本的経営」が持続する組織に潜り込む余地は乏しく，非正規雇用労働者の地位からの離脱は難しい。

　人生が80年だとすると，この学卒時の判定は，その後の60年にも及ぶ時間を拘束することになる。同一年齢の人々が壁で区切られて，60年間，別々の身分を生きることになるのである。この3割の若年非正規雇用層がどのような人生——労働と生活の両面を含む——を送るのか，送

ることができるのかは，これからの社会のあり様を左右するものになるだろう。一時的な景気浮揚とこれまで企業組織が多数抱え込んできた年齢層が定年を迎えることによって，新卒学生の就職率が上がるということはもちろんある。しかしながら，若年層は二極化しておりその非正規雇用比率は1990年代と比べて高い水準に留まったままであるし，大量の非正規雇用労働力を前提とした労働市場の構造は確立されている。「幸運な」年齢層の新卒学生がうまく就職できたとしても，新卒時に正規雇用の地位を獲得し損ねた人が正規雇用職に参入することが難しい状況は変わっておらず，「見捨てられた」世代の貧困層は蓄積されたままの状態に置かれている。

さて，若者たちの中で，職業世界から排除され，周縁労働力として位置づけられやすい層とはどのような人々なのか。何よりも，まず，より低い学歴であることが，大きな要因となっている。大卒より高卒が，高卒より中卒が，非正規雇用労働者になりやすい。そして，学歴は，社会的不利のある人ほどより低いものになりやすい（学歴社会における不利については第8章で述べた）。つまり，そもそも貧困などの理由で，学習環境や学習への動機づけを欠く子どもたちほど学歴が低くなり，また今日ではそれゆえに職業生活の始まりから非正規雇用労働者になりやすいのである。

5. 非正規雇用と貧困

正確にいえば，非正規雇用の労働者の増大は，貧困化とパラレルであるとはいえない。女性が潜在的貧困層であることが家族の中に紛れ込めば見えないように，それぞれの家庭にフリーターの息子，娘がいるからといって，貧困層の増加には直結しない。しかし，非正規雇用の労働者となった多くの若年層は，家族の経済力の程度によって，あるいは出身

家族からの離脱の程度に応じて，年齢を重ねるとともに貧者の領域へと次々捕らわれていくことが容易に推察される。現在の日本においてより若い世代の貧困問題が表面化しにくいのは，親と成人の子との同居率が高い日本の家族によって問題が先送りされていることも強い要因であると思われる。

50歳時点で一度も結婚したことがない人の比率である生涯未婚率は，高度経済成長が始まる1955年の時点では，男性1.2％，女性1.5％という低水準だった。前にも述べたように，前近代社会は誰もが結婚できる社会ではなかったが，近代化は誰もが結婚をする社会をもたらしたと一応はいえるだろう。しかし，1980年代までは5％以下の水準が維持されたが，90年代に入って生涯未婚率は急上昇する。現在では，男性生涯未婚率は約2割にまで達しており，今後もその上昇が予測されている。2035年の生涯未婚率は，男性が3割程度，女性が2割程度と推計されている（厚生労働省 2015）。ここでの問題は，90年代において比率が急上昇したことと関連するが，正規雇用層よりも非正規雇用層の方がより恋人ができにくくまた結婚できにくいことである。もちろん，これは，高所得よりも低所得が，高学歴よりもより低学歴の方が結婚できにくいことも意味している。

90年代において，結婚相手の値踏みがより厳しいものになりそのような欲求水準の高まりが晩婚化の一因になったことが明らかにされている。では，なぜ，欲求水準は上がるのか。「誰もが豊かになっていく」期待がなく，かつ貧しさを受け入れられない人々は，結婚という家族戦略（P・ブルデュー）を通じての地位の上昇・維持について鋭敏になる。その結果，より貧しい人々の方が恋愛も結婚も困難になる。つまり，貧困層は，新たに家族を作り出す機会が乏しくなっている。

社会的排除のあり様が変わらなければ，貧困化しまた単身化した（し

つつある）階層が身分状に蓄積・固定されていくと考えられる。親世代と同居し世帯収入を複数化することによって貧困とはいえず単身でもない状態を保つことができていた人々の中から，加齢とともに貧困層が析出されていくだろう。すでに家族生活から疎外されておりはっきりと貧しい同世代の貧者たちに，今のところは親たちが作った家族に身を隠す貧困予備軍が徐々に合流していく，ということになる。

参考文献

- 法務省入国管理局「平成 28 年末現在における在留外国人数について（確定値）（法務省報道発表資料）」，2017 年
  （www.moj.go.jp/nyuukokukanri/kouhou/nyuukokukanri04_00065.html）
- 梶田孝道・丹野清人・樋口直人『顔の見えない定住化〜日系ブラジル人と国家・市場・移民ネットワーク〜』名古屋大学出版会，2005 年
- 厚生労働省『厚生労働白書　平成 27 年版』，2015 年
  （https://www.mhlw.go.jp/wp/hakusyo/kousei/15/）
- 厚生労働省職業安定局「非正規雇用対策・若者雇用対策について」（内閣府「新たな少子化社会対策大綱策定のための検討会（第 2 回）」提出資料），2014 年
  （http://www8.cao.go.jp/shoushi/shoushika/meeting/taikou/k_2/pdf/s9-1.pdf）
- ランビーノ，P.「グローバリゼーションとフィリピン人の国際移動〜1980 年代以降の日本への移動を中心に〜」『経済論叢（京都大学）』第 183 巻第 4 号，2009 年
- 内閣府『男女共同参画白書 平成 28 年版』，2016 年
  （www.gender.go.jp/about_danjo/whitepaper/h28/zentai/index.html#honpen）
- 西澤晃彦『隠蔽された外部〜都市下層のエスノグラフィー〜』彩流社，1995 年
- Portes, Alejandro and Ruben G. Rumbaut, 2001, *Legacies: The Story of Immigrant Second Generation.*, University of California Press.（村井忠政他訳『現代アメリカ移民第二世代の研究〜移民排斥と同化主義に代わる「第三の道」〜』明石書店，2014 年）
- 丹野清人「ブローカーの社会学〜ピンポイント移住と「地域労働市場」〜」『現代思想』第 31 巻第 6 号，2003 年

13 | グローバリゼーションと貧困（3）
 空間構造の変動

《目標＆ポイント》 経済グローバリゼーションがもたらした，人々と空間の結びつきの変容について考える。その議論を踏まえ，空間的・地理的に今日の貧困を捉える。
《キーワード》 フローの空間と場所の空間，旅行者と放浪者，グローバル・エリート，派遣労働者

1. フローの空間，場所の空間

　空間は，誰にでも同じようなものとして体験される訳ではない。例えば，同じ町に暮らすあるパートの主婦とある若い大学生は，地理的には同じところにいるといっていいのかもしれないが，同じ空間を生きているといってよいのかどうかはわからない。二人が毎日通る商店街があるとして，その主婦は，あそこの何が安い，あそこにいいものが置いてある，そうしたことをあれこれ気に留めながら歩いている。その一方，大学生はといえば，コンビニとファストフードショップの場所をまず押さえてそれを目印として歩いていて，他の店についての記憶はぼんやりとしていたりする。この二人を異なる生活世界，異なる生活空間に生きる人々として捉え，論じることは可能である。空間とは，このように，それぞれが生きる生活世界に適合した認識枠組みに基づいて主観的に多様に体験されている。この章の冒頭ではまずそのことを確認しておきたいと思う。

経済グローバリゼーションがもたらした，私たちの価値と社会秩序への影響の中で大きかったものの一つは，定住民中心主義・定住至上主義への揺さぶりであった。これまでにも述べてきたように，近代国民国家において非定住的な存在は制度的に排除され二級市民の地位に置かれてきたし，また社会的にもそうした人々はよそ者視され組織や地域社会からは周縁化されてきた。それは今もそうである。定住者の世界から流動者が排除され，垂直的に分断されるという構造とその原理は，一貫して保持されてきたといってよい。しかし，情報技術を発展させながら展開した経済グローバリゼーションは，定住 – 流動軸とは異質な対立軸を社会に持ち込んだ。

　経済グローバリゼーションは，国民国家間での国際関係とは次元が異なる，「超国家的単位」（サッセン　2004）たるグローバル資本のネットワークを浮上させた。グローバル資本は，すべての国民国家に対して要求を突きつけ続ける。万物を商品化し市場に乗せ上げよ，聖域を排せ，と。国民国家は，積極的にであれ消極的にであれそれに応じ，規制緩和や民営化を推進して市場化を推進する重要な主体となった。グローバル経済を背景として登場したグローバル・エリートは，ローカルあるいはナショナルに閉じられた空間にではなく，そこから解放された空間の中に住まう。グローバル・エリートとそれに連なる人々の地図は，快適な都市をつなぐネットワークとしての世界地図である。観光地もメトロポリスも，新しいエリートたちに世界標準の快適さを提供すべく競い合うようになる。彼ら彼女らの前には，インターネット空間とも連動するグローバルな拡がりが用意されているのだ。経済グローバリゼーションが生み出した，この「国境横断的な空間」（サッセン）のことを，M・カステルは，「フローの空間」と呼んだ（Castells　1989）。

　フローの空間は，ただその広さによって特徴づけられるものではない。

その空間への帰属は，認識枠組みやアイデンティティのあり様の変更をももたらす。フローの空間の住人は，どこかに場所を占めるが——もちろん世界都市に集積する傾向があるのだが——，それはその場所に帰属することを示さず——ローカルな利害への関心は薄い——，あえていえばフローの空間に棲息しているとしかいいようがない。そして，彼ら彼女らは，定住民中心主義・定住至上主義からすれば逸脱者であるが，社会階層の上位を占めるのである。これは再検証が必要な見解だと思われるが，S・サッセンは，「グローバル企業やその顧客にとって」「ナショナルなものへの愛着やアイデンティティは弱まりつつある」（サッセン 2004）と述べている。

フローの空間をわかりやすく示す例として，NHKの衛星放送をあげておこう。NHKは，地上波においては，ローカルなものを巧みにナショナルに統合するある種のナショナリズムに貫かれた放送を提供し続けているが，衛星放送においては，そうしたナショナリズムは括弧に入れられて比較的自在にグローバルな拡がりへと開かれた情報が提示される構成になっている。一方にはイギリスのEU離脱が「遠すぎる」人々がいて，もう一方には地上波のニュースでトップニュースになっているどこかの町の殺人事件が「小さ過ぎる」問題としか思えない人々がいるという訳である。フローの空間の住人は，少数派かもしれないが「豊か」で知識があるがゆえに無視できない新しい階層として分化し，ローカルなもの，ナショナルなものに拘泥する人々とは異なる欲望を育てているということなのだ。

カステルは，フローの空間の浮上とともに，そこから締め出され相変わらずローカルな場所に拘束されて生きる人々が誘導されていく空間として，「場所の空間」が成立したことをも論じている。ローカルなものに縛られて生きるのは，人間にとってはそれまでは普遍的な生き方であ

ったのであり，その意味では特に新たな概念化が必要でないように見えるかもしれない。しかし，カステルは，フローの空間とグローバル・エリートの世界の成立によって，フローの空間との間の排除的・対抗的関係の下で場所の空間が新たな意味を持ったことを指摘したのである。カステルは，グローバリゼーションとその論理——新自由主義——の世界的展開に抗して，世界中で生じている，ローカルなもの，特殊なものに依拠した社会運動・抵抗運動について，フローの空間に抗する場所の空間という枠組みで説明しようと試みた。

2.「放浪者」と「しゃがみこむ人々」

近代以降，変わらず保たれている価値を示すものとして定住–流動軸がある。定住が価値あるものとされ，流動は劣位に置かれている。その一方，フローの空間へあるいは場所の空間へと人々を分かつ力が生じつつある。その分化の過程では，フロー–場所軸ともいうべき価値軸が見てとれる。その軸の上では，特定の場所にこだわった定住の価値は高い

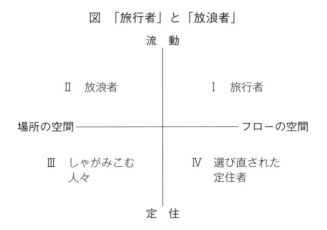

図 「旅行者」と「放浪者」

訳ではない。この二つの軸を交差させれば，私たちの地位と存在様式を分極化させつつある四つのベクトルと，そのベクトルに沿った四つの人間類型を取り出すことができるように思われる（前ページの図参照）。その一つ一つについて，もう少し言葉を足して説明しておきたい。

　Z・バウマンは，現代を生きる人々を「旅行者」に喩えている（バウマン 2010）。私たちは，日々あちこちを移動し，時には旅行をしている。部屋にじっとしていたとしても，テレビやインターネットを通じ，様々な場所を頻繁に飛び回っている。しかし，彼は，旅行者である私たちは二極化されているという。「「上層」の人びとは，旅の目的に応じて行き先をじっくりと選び，生涯を通して心の欲するままに旅行することに満足している。「下層」の人びとは，彼らがむしろ滞在を続けたいと思う場所から追放される」。前者のカテゴリーは狭義の旅行者ということができる。一方，後者の下層の人々は，放浪者として旅行者から分離して把握することができる。「放浪者とは旅行者になる権利を拒絶された移動者である。彼らはどこかに滞留することも許されなければ（不愉快な移動に終止符を打つために，永住を保証してくれる場所はない），より良い場所を探し求めることも許されない」。つまり，旅行者と放浪者は，次のように定義でき，また先の四象限に対応させることができそうだ。（狭義の）旅行者とは，経済グローバリゼーションの一つの産物であり，フローの空間へと参入することによって流動化した人々のことである（第Ⅰ象限）。一方，放浪者とは，フローの空間からは閉め出されつつ，流動する人々のことである（第Ⅱ象限）。

　バウマンのこの議論は先端的な現象を捉えたものではあるが，一見変化が乏しいようにも見える多数派についても述べておかなければならない。

　第Ⅳ象限は，フローの空間へと遊離・浮動しつつ，しかし，定住的な

生活様式を維持する人々である。今日に至っても自らは「中流」であると認識する多数派は，この類型に含まれるだろう。仮に，この類型を，選び直された定住者と呼んでおきたい。定住を是とする近代的な秩序のもとでは所詮「あがり」は定住であり，高度経済成長の時代には都市への移住者たちは自分の家を持つことに熱を上げた。だが，フローの空間が成立すると，上昇移動の志向者はフローの空間の価値を取り入れることになる。この人々は，現代の競争への参加者であるがゆえ，フローの空間における文化や価値と親和性を持っており（あるいは持とうとし），その程度において場所の空間からは社会的・文化的距離が生じる。しかし，選び直された定住者は，フローの空間の住人にはならなかった（なれなかった）人々である。彼ら彼女らは，フローの空間の外にあってフローの空間に価値的には屈服した人々なのである。ただ，定住者であり続けるためには，そのためにも経済的基盤が必要である。この人々にはそれはある。ナショナルな次元やローカルな次元に活動範囲を限定する経営者層，ホワイトカラー層，専門職層はそれなりに必要とされるので，選び直された定住者はその規模に応じて数を揃えることになる。いずれにせよ，この「中流」は，「総中流の神話」のもとでの「中流」とは異なっており，脱落の不安を拭い去ることができないでいる保身的「中流」であるといえる。

　第Ⅲ象限は，場所の空間に身を置きつつ，そこに留まろうとする人々である。この類型に名前をつけるとすると，流動することを拒絶ししゃがみこむ人々とでもいえる。そもそも移住はそうたやすい選択ではない。しかし，しゃがみこむことには，単に引っ越しを躊躇すること以上のあえてそうする意味が加えられている。しゃがみこむのは，見ず知らずの誰かから承認を取り付けられるほどの材料——お金，地位，能力その他——をもたず，今ここにある関係——親戚，地元の友人，そして制

度とのつながり——以外の関係財を他所に持たないからである。そうした人々にとっては，しゃがみこむことが生存と存在を維持するそれより他にない方法に見えるからである。たいした資源を有さない確かな地位の保証のない移動は，「どこかに滞留することも許されな」い，「より良い場所を探し求めることも許されない」，暗い海に小舟を出すような行為に思えるのだ。しゃがみこむ行為には，放浪者となることへの恐怖が裏打ちされている。本書でこれまでに登場した例でいえば，地方における貧困層，大都市に滞留するアンダークラス，老朽化した公営住宅の住民たちの中に，しゃがみこむ人々を見出すことは容易だろう。しかし，もしある人が若く健康であるならば，しゃがみこみ続けることに耐えられるのだろうか。若ければ若いほど，関係から離脱することへのリスク感も弱いため，たやすく放浪者化しやすい。

　吉原直樹は，グローバリゼーションによって時空間が圧縮され地域的固有性が失われて空間の均質化が進行する一方で，かえって場所的な集団のアイデンティティや利害が表出されている逆説——イスラム原理主義にいら立つアメリカ政府と世界資本を想起すればよい——に「ローカルによるグローバルへの負荷」（吉原　2002）を見てとった。負荷とは，「身体を介しての場所的制約」のことである。私たちは，現実化したフローの空間に滑らかに適応できるほどに器用ではない。その身体は，それぞれの破壊されつつある小宇宙に固執し，立ちすくみ，しゃがみこむ。グローバル・エリートの目線からすれば，その姿は何とも鈍重であり合理化を阻む負荷としてしか見えない。だが，世界中のそこここで，ローカルなあるいは固有の文化を根拠としたグローバリゼーションへの異議申し立ては噴出し続けており，それもまたもう一つの現実であるのだ。吉原は「身体が場所（地面）の制約を受けること，ひるがえってヒトと空間との自己表出的で感情的な結びつきを考えることから，空間構成に

おける社会的，政治的，文化的モーメントへの眼が開かれることになろう」と述べ，ローカルからグローバルへの「反転」(吉原　2002) の契機を問うている。新自由主義的な否定に晒され続け，自己の否定にまで至ってしまった貧者たち——しゃがみこむ人々と放浪者たち——にとって，場所の空間において何が「反転」の契機となるのだろうか。

3. 放浪者としての派遣労働者

　ここでは，現代の放浪者についてもう少し考えてみたい。放浪者は，フローの空間を謳歌する旅行者では全くない。現代の放浪者は，フローの空間から締め出された，場所の空間を生きる人々である。この人々が生きる空間は，ひとまず割り当てられた場所の周囲に狭く隔離・限定されていて，そこから自由に飛翔することができない。そして，ひとたび放浪者となった者は，組織・定住・家族の世界——いわゆる地域社会として感覚されるもの——からは排除され続け，その世界の外部を流動する生活を長期にわたって送ることになる。これまでにも述べたように，寄せ場や赤線地帯，歓楽街のような隔離地区，飯場や「寮」のような仮設的な収容施設，観光地のような都市の「飛び地」などを転々と流動する下層労働者の世界とその空間は，近代的な時空間の間隙を縫うように成立していた。現代の放浪者——例えば，ブラジル人労働者や製造業の派遣労働者たち——も，彼らの地図を継承したかのように，それを踏襲して浮遊している。このことはまた，下層労働者を隔離，収容しつつ使用する周縁労働力の動員様式が，今日においても拡大的に適用され続けていることを示してもいる。

　戦後の東北地方は，東京圏に多くの人口を移動させ労働力を供給し続けてきた。第5章でも述べたように，現在の東北地方の人口は1950年とほぼ同水準であり，戦後の人口の自然増加分をそっくり流出させた勘

定になる。また，高度経済成長期は人口の減少期であったが，その減少分も大都市部が吸収したものである。しかし，高度経済成長の終焉後は東北の人口は再び増加に転じる。この低成長期における人口増加は，田中角栄以後の公共事業に依存した地域経済の成立を示している。しかし，バブル経済崩壊とともに財政危機が深刻化し，「小さな政府」への政府の志向が本格化した1998年以後，再び人口は減少し始め，この人口減少は止まることなく続いていくと予測されている。

　高度経済成長期においては，少年少女の上京＝就職の一方で，多くの壮年層が「寮」に入り出稼ぎ労働者として雇用された。集団就職や出稼ぎのあっせんは，それが職業安定所を通じてなされたことからもわかるように，国家的政策として進められた。政府の公共投資が地方へと大々的に向けられた期間は人の流れも変化し，周縁労働力としての人口の流出も弱まった。出稼ぎはかつてそれぞれの家族における悲劇や苦難として語られたことも多かったが，国家を経由した地方への金の流れは「出稼ぎからの解放」を一応はもたらしたのである。だが，「解放」は，四半世紀の間だけのできごとに過ぎなかったのである。

　今日的には，政府による直接的で積極的な介入はかつてのようにはないが，労働者派遣の規制緩和が進められることによって民間の人材派遣業者による周縁労働力としての人の移動は再び活発化した。青森県の場合，そもそも有効求人倍率が全国平均と比べて極端に低く，若年層の失業率も高水準である。青森県でも，職業安定所が把握する出稼ぎ労働は下火になったとされる一方，2000年代に入って民間の人材派遣業者を介した県外からの求人が一気に増加した（【資料13－1】P.249参照）。紺屋博昭は，その時の熱気について次のように述べている。「何年か前，青森にはものすごい数のハケン会社（の応急事務所）が乱立した。企業が固定人件費のあり方を見直し，法が非正規雇用分野にハケン労働者を送

り込むのにお墨付きを与えた時期と重なる。規制改革とか規制緩和という時代の話である。その結果，青森県の各ハローワークの2階会議室は常に会社説明会が開催され（ハケン会社の説明会），青森県の無料求人誌の後ろ半分以上はすべてハケン会社の求人広告が独占した」（紺屋 2012）。この熱気が2008年のリーマンショックによって沈静化したように，そして，それ以後は減少したが一定の水準で派遣労働者が青森から採用され続けているように，青森県は切り捨てが容易な景気の調整弁である派遣労働者の調達先として確立されている。

　青森県からの派遣労働者には多くの若年層が含まれている。この人々とかつての出稼ぎ労働者とを比べると，地元との関係，派遣先地域との関係，そして労働者間での関係のあり様には変化が見られる。出稼ぎから派遣への変化において，まず，かつては見られた「地縁・血縁で村ごと働きに出るような形態」（山口　2004）はなくなり，個人として散らばる傾向が強まった。勤務先は，個人の選択においてなされるものとされ，要するに自己責任性が強化された。第二に，通信手段と長距離バスの路線網の発達などにより地元の友人たちとの間での移動後のコミュニケーション，交流が容易になり，出身地との心理的紐帯は保たれやすくなった。第三に，文化的均質化が進み方言の悩みも小さくなった。より若い世代における派遣先地域へ行くことへの心理的障壁は，かつてよりは低くなっているといえるだろう。

　だが，にもかかわらず，出稼ぎ労働者であれ派遣労働者であれ，要するに周縁労働力として働く労働者たちが最初から身分的障壁によって囲い込まれてしまっていて，結局のところ，その壁の外に出る方法がないという点には変わりがない。かつての出稼ぎ労働者という社会的地位は，様々な下層労働者の世界に踵を接してあった。飯場や寮で暮らす下層労働者たちと暮らしぶりは変わらなかったし，何かのきっかけで故郷との

結びつきが切れて飯場や寄せ場の労働者にそのままなっていく人も多かった。出稼ぎは，出口なく漂流する暗い海へとつながっていたのであって，その引力圏から逃れることが「出稼ぎからの解放」だったのかもしれない。かつてよく語られた大都会の恐しさ，そして前に述べたしゃがみこむ人々の持つ怖れ，そうしたものもこの暗い海が呼び起こす感情であるように思われる。現在の派遣労働者も，年齢を重ねるとともに，自身がこの暗い海を漂う存在であることを思い知らされることになる。故郷だけが残された繋留点であると一応いえるが，そのつながりはいつまで保存されるものなのか。

　一般論を述べると，若年層についていえば，学校を卒業するとともにネットワークは縮小する傾向がある。この傾向は，地方において一層顕著である。大都市部の場合，範囲は限定されながらも友人との交流が保たれやすいが，地方においては，卒業とともにかつての友人たちの多くが地理的に分散しがちである。労働者全体の個人化が進展していることに加え，地方出身であるがゆえに孤立しやすい状態に青森からの派遣労働者たちは置かれている。だが，それに抗するかのように，地元から離れ居場所を奪われた状況で，かえって地元志向，場所への回帰が進むことがある。山口恵子は，派遣労働者たちが，派遣先で出会う同じ青森出身者の間で知人を作ったり——派遣先では労働者の調達ルートの偏りゆえに青森出身者と出会うことが多い——，あるいは出身地での関係を手放さないように保ったり，「ローカルな関係資源」に意義を見出していると述べている（山口　2004）。これもまた，吉原のいう負荷の実例であるだろう。ただし，この「ローカルな関係」は，その時その時を生き抜く上で引き寄せあう道連れではあるけれども，それ以上のどのような可能性があるのかは未知数としかいいようがない。どれほどの持続力を持つものであるのかも今のところわからない。暗い海の引力は強力であ

る。

4. 労働力動員者たちのユートピア

　空間は，同じような境遇の者を引き合わせ，認識のすり合わせをさせ，われわれ感情をもたせ，アイデンティティを与える，そのような過程を生起させる器であった。それは，流動的な下層労働者においても同じだった。

　寄せ場労働者について述べよう（【資料13-2】P.251 参照）（西澤1995）。彼らは，そもそも寄せ場労働者が蔑視されているにもかかわらずあえてそうなった人々であり，何らかの「事情」を抱えてそうならざるをえなかった人々を多く含んでいた。それゆえ，彼らの自己に関する語りにも，「怠け者」や「ダメ人間」のような自己を卑下する言葉が用いられがちだった。しかし，一方で，その同じ人が，「怠け者」だと見られてはいるが実はきつい労働をこなしているのだとか，あるいは「ダメ人間」はたいした悪いこともできないいい人なのだという具合の「反転」の論理を語っていたのである。否定的な自己の肯定的な自己への捉え返しがそこには見られた。そのような論理の展開が可能であるのは，寄せ場という共在空間における，同じ境遇の仲間たちとの日常的接触があったからである。立ち飲み屋でたまたま隣になったその人と会話すれば，その人は自分と同じような「ダメ人間」なんだろうがそう悪い人ではないように思え，「怠け者」なんだろうが「俺は○×ビルをつくった」などといった仕事の話で盛り上がる。そして，ここにいる連中もそれなりにいいやつだと感じることが，自分にもいいところがあると思うことも許してくれる。ただし，寄せ場における仲間関係は，「本名をあかさない」「互いの過去のことには触れない」ような距離を置き合う規範に貫かれたものだった。だが，この距離は，ここにいる人には「みんな

事情があるのだ」という風な一般化をかえって容易にする。むしろ距離が,緩やかなわれわれ感情を共有させたのである。かつての寄せ場における暴動も,そのようなわれわれ感情なしにはあり得なかった。

しかしながら,しゃがみこむ人々が蓄積されつつある一方で,今日的な放浪者たちは一つ所に留め置かれることもないまますもって流動化されている。あの派遣労働者たちには,寄せ場労働者にはあった共在空間が欠けている。

流動化がもたらす,過剰な合理主義にとらわれた労働力の動員者たちにとっての幻想のユートピアといったものがあると思う。バウマンは,次のように述べている。「権力はいまや電子信号の速さで動き,権力を構成する事象を動かすのに必要な時間は,一瞬へと短縮された。権力は空間の制約を受けない,空間にしばられない,真に超領域的なものとなった。(中略)携帯電話の出現は,空間依存にくわえられた象徴的な「最後の一撃」だったのだろうか。命令を下し,命令の遂行を監視するのに,電話線の差し込みも必要なくなったのだ。つまり,「近く」と「遠く」,「いなか」と「都会」,「未開」と「文明」の違いは意味をなさなくなった」(バウマン 2001)。

第11章では,時空間の圧縮が進むにもかかわらず,中枢管理機能とグローバル・エリートが特定の場所に集中するメカニズムについて述べた。それと,もはや距離には意味はないといっているようにも読めるこのバウマンの論述との間には矛盾はないのだろうか。バウマンが,距離に意味がなくなったとするのは,命令を下す側にとってのことである。貧者の携帯電話がぜいたく品だといわれにくいのは,携帯電話の利便性は実は労働力として動員する側にあるからだろう。雇う側の視点からすれば,携帯電話が貧者をも含めて標準装備になり人材派遣が合法化されていけば,仕事が欲しい人はいつもそれなりにいてどこからでも——も

ちろん海外からも——湧いて出てくるように見える。滞留を許されない大量の放浪者たちの海——プールではない，海は流れている——ができあがってしまえば，労働者が，どこでどのような日常生活を送っているのかももうどうでもいい問題になるのだ。彼ら彼女らは定住地を持たないが，携帯電話を介して捕捉されている。これこそ，労働力の動員者たちが望んでいた労働市場の具体化——リアル化——といえるものかもしれない。市場の滑らかな運動を阻害する非合理的要素が排除された市場と，「文句を言わない」単なる労働力としてのばらばらな労働者がそこにはいるのだ。そうしたものをわかりやすく政策化した実例として，外国人技能実習制度もある。

　そのような幻想の中には，そもそも空間は存在しないのだ。しかし，ほんとうに空間の意味は失われたのだろうか。もちろん，そんなことはない。時空間の圧縮，空間の無意味化は進行しつつあるが，その流れにおいて人間はまさしく負荷であり続ける。私たちは，どうあがいても身体からは解放されず，それゆえ空間からも自由になりきれない。そのようなどうにもならない事実を前提としない幻想は，鈍重でしかありえない現実に反逆されることを免れないだろう。

参考文献

- Bauman, Z., 1998, *Globalization : the human consequences*, Polity press.（澤田眞治・中井愛子訳『グローバリゼーション～人間への影響～』法政大学出版局，2010年）
- Bauman, Z., 2000, *Liquid Modernity*, Polity Press.（森田典正訳『リキッド・モダニティ～液状化する社会～』大月書店，2001年）
- Castells, M, 1989, *The Informational City : Information Technology, Economic Restructuring, and the Urban-Regional Process*, Blackwell.
- Castells, M., 1997, *The Power of Identity*, Blackwell.
- 紺屋博昭「地方／青森の雇用とその問題について」山口恵子編『故郷サバイバル～フィンランドと青森のライフスタイル～』恒星社厚生閣，2012年
- Sassen, S., 1998, *Globalization and its discontents*, New Press.（田淵太一・尹春志・原田太津男訳『グローバル空間の政治経済学～都市・移民・情報化～』岩波書店，2004年）
- 丹野清人「ブローカーの社会学～ピンポイント移住と「地域労働市場」～」『現代思想』第31巻第6号，2003年
- 山口恵子「現代における流動する若年派遣労働者の労働・生活」『寄せ場』26号，れんが書房新社，2004年
- 吉原直樹『都市とモダニティの理論』東京大学出版会，2002年

14 | 見える貧困，見えない貧困

《目標＆ポイント》 いわゆる「ホームレス問題」について振り返りつつ，貧困を不可視化する社会的メカニズムについて考察する。また，野宿者や飯場労働者の世界についても述べる。
《キーワード》 「ホームレス問題」，野宿者，貧困の不可視化

1. 野宿者

　本章では，野宿者について考察することを通じ，貧困が不可視化されて遠ざけられ社会問題化されずに置かれるメカニズムを明らかにしたい。野宿者もまた極端例とみなされる人々なのかもしれないが，この社会において誰が排除され貧者とされてきたのかをあまりにもわかりやすく示してしまう例となっていることは，以下の議論から容易に理解できると思われる（西澤　2010）。

　野宿者は，1990年代においてその増加がいわれるようになった。これまで行われてきた野宿者調査の結果——90年代半ばに支援団体によって開始され，2000年代になって自治体や政府も調査を行っている——をみると，野宿者の人口構成はだいたいにおいて同じような結果を示し続けている。変化はあっても少なく，基本的な人口構成は変わっていない。どの地域のどの時期の調査においても，単身男性——つまり，家族を構成していない男性——に圧倒的に偏っており，平均年齢は50歳代である（ただし，2013年になって初めて平均年齢が60歳に達した）。この偏

りはどのように説明できるのだろうか。

　第一に，労働市場からの排除である。1990年代において，単身男性を吸収していた下層労働市場が再編され，年長者やからだの弱い人々から順に仕事を失っていった。若年層をも含む非正規雇用労働者の増加とともに，年齢や健康状態による選別が進んだのである。下層労働市場は，住居と労働がセットになっている場合が多く——飯場や「寮」など——，失業は同時に住居を無くすことを意味する。アパートや簡易宿泊所に居住していたとしても，それほど長く屋根を確保し続けられる訳ではない。

　第二に，制度からの排除である。年金を受給できる年齢にも達していない——達していたとしても組織社会と無縁に生きてきた人には無年金の人が多いし，受給できたとしても受給額が少ないのだが——彼らがあてにできるものはといえば，生活保護制度になる。しかし，福祉事務所は，法以前の職場慣行における排除の論理に従いながら——生活保護法には野宿者を対象から外す文言は何一つなかったにもかかわらず，彼らは事実上門前払いされたきた——，非組織・非定住・非家族の人々を排除する装置となってきた。そのような慣行が成立した背景には，政府による財政削減圧力や「標準家族」を国家の構成要素とみなすようなイデオロギーがあったと考えられる。その結果，野宿者は，「住所不定」や65歳未満の「稼動年齢」であることを理由に生活保護申請を拒絶されることが多かった。野宿者であっても，高齢者とカテゴライズされれば高齢者として生活保護が適用され，また病気になれば病人として病院にいる間だけ医療保護が適用されることはある。だが，高齢者にも病人にもなれない野宿者は，埒外の存在とされてきた。1990年代以前において，このような体制でまがりなりにもやり過ごせてしまっていたのは，野宿者が少数者であり圧倒的に味方がいない弱者であったことは当然のこととして，下層労働市場にそれなりの吸収力があったことが大きかったと

思われる．下層労働市場の包摂と福祉行政における排除は間接的な連携関係を作っていて，結果的に野宿者の数は抑制されていた．しかし，90年代の下層労働市場の再編によって連携は破綻し，にもかかわらず福祉事務所は慣行に従い続けた．そうして，50歳代中心，単身男性という偏りをもってストリートに下層労働者が溢れ出したのである．福祉事務所は，野宿者増加の原因とはいえないが，誰が野宿者になるのかを決めた大きな要因であった．

　無差別平等の原則をもつ生活保護法に照らせば，住所がないことや年齢的に就労可能な男性であることをもって申請を受け付けないことはやはり違法性が高く，厚生労働省は，ようやく2001年になって，「住所不定」や65歳未満であっても生活保護の適用を受けることができる旨，都道府県などにあらためて文書で指導した．しかし，野宿者が野宿生活を続けながら生活保護を受給するといったことは，通達以後もない．2002年にホームレス自立支援法が成立して各地にホームレスの自立支援センターが設けられ，また，自治体によってはアパートや公営住宅への入居を支援するなどの対策も取られたが，生活保護法の運用についての見直しが不徹底なまま，「ホームレス」という特別枠を作ることによる対応がなされているといえる．

　ここではホームレスではなく野宿者という言葉を用いている．日本語として定着した「ホームレス」という言葉は，ここでいう野宿者とほぼ同じ意味で用いられている．しかし，英米語のhomelessは，もっと広く「家のない」不安定な居住状態にある人々を意味するものだった．簡易宿泊所が集中する寄せ場の日雇い労働者，人夫出し飯場や派遣業者が準備した「寮」に暮らす下層労働者，家を持たない施設収容者，自動車生活者，友人宅への居候など，ストリートには現れない見えないホームレスをhomelessはカバーしていたのである．野宿者の，野宿をする直前

の職業は建設・土木関連が多数を占め，また従業上の地位では日雇い労働者など非正規雇用がこれも多数を占めてきた。そして，野宿直前の住居は，やはり飯場や簡易宿泊所，「寮」や住込みといった，失業が同時に住居の喪失をもたらす不安定な居住形態が目立っている。つまり，野宿者の多くは，少なくともこれまでは，見えないホームレスとして潜在する貧者——非組織的・非定住的・非家族的存在である下層——が可視化し見えるホームレスとなった部分であった。日本語化された「ホームレス」は，見えるホームレスとしか捉えておらず，それを連なる見えないホームレスを隠蔽する言葉である。それが，本書において，「ホームレス」という言葉の使用を躊躇して野宿者というそっけない言葉を使う理由である。

2.「ホームレス問題」の再構築

　近年の調査では，野宿者の減少傾向がいわれている。自治体は自立支援策の成果を述べ，マスメディアはそれをそのまま伝えている。しかしながら，そこにおける減少の大きな要因として，いわゆる「貧困ビジネス」あるいは「生活保護ビジネス」の膨張があることは明らかである。野宿者を収容して住所を与えて生活保護を申請し，生活保護を受給した野宿者の保護費から料金をとって運営される施設が増加しているのである。長く野宿者支援の活動に取り組んできたNPOによって運営される施設もあるが，とうてい福祉施設とはいい難い収容施設も多い。この後者のような施設の運営団体が，揶揄を込めて「生活保護ビジネス」と呼ばれている。野宿者やアパートなどを追い出された高齢者が，「生活保護ビジネス」の施設に住所を得て口の立つ「ビジネス」関係者に付き添われて申請を行った場合，生活保護の受給は容易である。無碍に野宿者を門前払いできなくなった福祉事務所もこうした施設を活用しており，相

談に訪れた野宿者を「生活保護ビジネス」の施設へとつないでいるケースも見られるという。このような施設にいったん入所となれば，受給者がその施設を離れることは難しく，離れたとしても——実際，消えてしまう人は多いようだ——生活保護は停止されてしまう。たとえ施設に入り，屋根を確保したとしても，そのような人々は，広範なhomeless階級に留め置かれたままであるといえる。

　そもそも，1990年代において「ホームレス問題」がいわれるようになったとき，何が問題とされていたのかを確認しておく必要がある。結局のところ，そこではホームレスが目につくことが問題とされたのだったのだ。そうであるとすれば，見えなくなることがそこにおける解決ということになる。見えるホームレスを再び見えないホームレスへと差し戻せば，問題は霧散してしまうのだ。そして，すべてのhomelessな人々が直面している排除とその帰結としての貧困は，そのままに放置されてきたしされている。

　2000年代において話題になった現象として，「ネットカフェ難民」がある。インターネットカフェがありきたりの風景になっていくとともに，そこで連日夜を過ごす人々の群れが発見された。他にも24時間営業のファストフードショップや漫画喫茶などが同様の話題を提供したりした。彼ら彼女らもまた，定職を持たない見えないホームレスであった。ネットカフェという風俗の2000年代当時としての新奇さとそもそも若者問題への社会的関心が高いことがあいまって，「ネットカフェ難民」は社会問題化された。「住居喪失不安定就労者」対策の予算もつけられ，厚生労働省による調査は迅速に行われた。興味深いのは，「ネットカフェ難民」がホームレスであるとは当初は誰も口にすることがなく，ホームレスから「ネットカフェ難民」は慎重に分離され，若者問題のヴァリエーションの一つとしてその問題が解かれようとしていたことである。

しかし，事実はそれを裏切る。調査結果によれば，「ネットカフェ難民」は 20 歳代がもっとも多かったが，風俗的には縁遠いと思われた 50 歳代がそれに次いだ。すでに述べたように，野宿者の平均年齢は 50 歳代であり，また，人口構成上も 50 歳代が多かった。実は，深夜喫茶やサウナ，漫画喫茶など深夜でも休める施設は，飯場や寄せ場を流動する労働者や野宿者によって，それまでも宿泊施設代わりに利用されていたのである。中にはそうした場所を定宿として利用する人もいた。ただ，それでも「サウナ難民問題」が成立しなかったのは，そこにいる人々に対して社会が全くの無関心であったからというよりない。見えるホームレスと見えないホームレスとを分割する認識枠組みは，野宿者と「ネットカフェ難民」を全く異なるものとみなさせる。しかし，それは表面的な分類に過ぎない。「ネットカフェ難民」をネットカフェ・ホームレスと捉え積極的にいい表すことを通じて，私たちは，見えるホームレスにも見えないホームレスにも共通する排除と貧困化のメカニズムを見通した事実認識にたどり着くことができるのである。

3. 野宿者の内面世界

　S・ポーガムは，産業化が進展し組織社会が統合力を高めていく段階における貧困を「マージナルな貧困」，脱産業化（脱工業化）段階における職業的地位の不安定化がもたらす貧困を「降格する貧困」と呼び，類型化した（ポーガム　2016）。このような類型は有用だが，「マージナルな貧困」から「降格する貧困」への移行はそれほど円滑には進行していない。「総中流の神話」のもとで，「普通」の人々——組織・定住・家族的存在——から異質化され，排除された少数派の貧困がマージナルな貧困にあたるだろうし，長く放置され続けた野宿者の貧困もそこに含まれるだろう。実際には，「降格する貧困」が現出する時代にあっても，

「マージナルな貧困」は同時に生じている。降格者たちは，労働市場・社会・制度においてさらに選別されて排除され，周縁的な階級へと送り込まれているのである。貧困化は今では広範な人々にかかる圧となっているが，非組織的な領域に組み入れられて非定住化しさらには「標準家族」の一員ではない存在は，社会的排除の対象となって真っ先に貧困化する。そのことを，あまりにもわかりやすく示しているのが，野宿者という存在なのである。

野宿者が社会的排除に異議を申し立て，自らの貧困を社会問題として社会に問う主体となることは，やはり困難であった。野宿者もまた，野宿をする自らの境遇を，目を背けたり軽蔑したりする多数派のまなざしで見，異議を唱えるよりもまず恥じ入ってしまう，そのような心の傾きを植え付けられた人々であった。「内面化された自己責任論」が，「みんな私のせい」とまずもって自己を否定させるのである。

それでも野宿者は，自責の感情に浸された貧困の恥辱から身をよじって逃れるために，自分自身がより自立した存在であることを示す何かを見出そう，あるいは作り出そうと試みる（【資料14】P.252参照）。まず，それぞれが越えてはならない「一線」を多様に設けて，それを自覚しつつ振る舞おうとする。例えば，炊き出しの列に並ぶことをあえて拒絶してその行為を証にする，アルミ缶を集めて売るという割の悪い仕事を続けつつ絶対に飲食店やコンビニエンスストアのごみには手を出さないと誓う，福祉事務所に相手にされない現実を自らの自立を示すものとして解釈する，といった具合である。そこにおける自立とは，多数派の視線からすれば野宿者に欠如しているとみなされている能力であり資質である。そのような視線と同じ視線に立って，「自立した私」の構築が模索されるのである。おそらく，このような排除される側における排除する側との価値の共有は，野宿者を放置してきた制度的排除を補完してきた

ということもできる。野宿者が制度を自発的に利用しないというそのことが，野宿者を異質とみなす排除を正当化するからである。「あの人たちは違う世界の人だ」という風に。しかし，野宿者が異質であるから利用しないというのは違う。むしろ，多数派の価値が共有されているからそうなのだ。岩田正美は，野宿者について次のように述べている。野宿者はあまりにも自立の価値に忠実であるので，依存生活を忍ぶよりも，「「働けばあとは何とかなる」「いつでも仕事はある」といった考え，あるいは「自力による資産形成」の重視」に傾きがちであり，それもあって「それらよりは貧困予防の効果が薄そうに見える社会保障制度からの離脱を促進していったのではないかとも思われる」（岩田　2000）。

　自立の追求は，自らを律する道徳律に留まらず，他者へのまなざしのあり様をも規定する。個人化され「内面化された自己責任論」に捕らわれた人々は，どうにも自立にこだわる一方で，依存を敵視することによって自らが自立派であることを証し立てようとするのである。私たちは，実のところ，他者に依存することなしに生きることなどできようがないが，自らの依存を棚上げしてわざわざ他者の依存を攻撃することは，アリバイ証明を作り上げる行為のようにもみえる。アリバイ証明が必要な立場の弱さが，攻撃の背後にあるということなのだろう。貧困の周辺には，他者に依存の兆候を読み取って攻撃する心狭い不寛容が現れ出ている。

　岩田は，野宿者調査で得た次のような知見を述べてもいる。（ホームレスへの）「インタビューの中で強い印象を受けたことの一つに，「俺」「（他のホームレスとしての）あいつら」「世間」という三つを仕分けた，彼らの語りがある。ここで当事者である「俺」は，他のホームレスである「あいつら」とは区別されたものとして，しばしば語られている。それは，「われわれ」＝「一般社会」対「かれら」＝「ホームレス」とい

うような二区分でこの問題を見ようとする外側の視線に対して，「俺」は「ホームレス」という集団に一体化されない，と叫びたいこれらの人々の思いが凝縮されているかのようである」（岩田　2000）。彼らの中には，野宿者間の連帯感とは逆方向の，同じ境遇にある者を否定して支配的価値のもとでの承認を願う心情がみられる。先に述べた「ネットカフェ難民」の中には「ホームレス扱い」を強く拒絶する反応があるとの報道がこれまで何度かなされているが，そのような拒否感にも同様の心情をみてとることができるだろう。

　ただ，少なくとも野宿者についていえば，そのような心情を持ちつつも，それでも彼らは互いに無視し合う関係ではないということを付け加えておく必要がある。彼らはストリートにおいてお互いを同類として見ており，互いを欲しているとさえいえる。彼らには「あいつら」が必要で，比較の対象にできる「あいつら」がいなければ，彼らは本当に孤立してしまい，かりそめのものであれ立ち上げることができた自己（「俺」）を見失ってしまう（西澤　2010）。他者なきアイデンティティは不可能なのだ。このゆるやかな関係世界の中で，「友人」を見出す僥倖を得る人もいるし，また何かと助け合うこともある。

4. 貧者の居場所はどこか

　これまでの章でも述べたように，空間とそこにおける時間は，もう私たちに関係形成を約束してくれない。野宿者においても，それなりに目に入る——空間を共有する——ところにいる同じ境遇の人々は意味のある存在だった。ところが，インターネットカフェの仕切りは，ネットカフェ・ホームレスの積極的な相互無関心を強化し，偶発的な出会いを阻止するよう機能している。飯場のような「寮」を転々とする派遣労働者の場合，空間との結びつきがあまりにも一時的で流動生活を強いられて

いるため，関係形成の契機に乏しい。派遣労働者たちの間にも友人関係は成立するが，安定性には欠けている。携帯電話一本であちこちのその日の現場を指示される貧困層には，そもそも共有される空間もなく，見えざる仲間はひとまず競争相手としてしか立ち現れない。頼みは家族とローカルな友人関係であるが，その関係が弱体化すれば孤立してしまうことになる。野宿者ともかつての下層労働者たちとも連続的な，あるいは近しいところにある今日の貧困層には，同じ境遇の者どうしを結合させる空間装置が乏しい。彼ら彼女らは，分散化と孤立化の圧力により強く晒されている。そして，分散すればお互い見えないし，社会的にもその貧困はますます不可視化される。

　現状のリアル空間にはあまり期待できないとして，それでは，インターネット空間がリアルな空間を代替しないのか。飯島裕子は，あるネットカフェを利用する「若者ホームレス」の「ネット上の友だち」とのつき合いについて紹介している（飯島　2011）。比較的若い「ホームレス」には，オンラインゲームを通じ仲間を作りチャットを楽しむ，そういう人が少なからずいた。ホームレス化することによってそれまでの友人たちとは連絡を取らなくなった彼らにとって，ネット空間における友人は欠かせないものになっていた。しかし，自らの現在の境遇を認めることができない彼らは，オンライン上では，「女」であったり「妻と子どもが二人いる」ことになっていたりする。つまり，彼らは，ネット空間において，リアルな自己をきれいに隠蔽していたのである。接続自在で離脱が容易なインターネット空間には，都市空間のような負荷のある生活がない。現実の都市空間では，面倒くさいことに，会いたくもない人と会い，つき合いたくもない人とつき合わねばならない否応のなさがある。見せたくもない自分を見られたり，知らなかった自分について知らされたりもする。それに比べれば，ネット空間は快適で安逸である。インタ

ーネットカフェの仕切りは，そうした快適さを保証する安っぽい壁であるといえるのかもしれない。しかしながら，インターネット空間において，今ある惨めな自己を括弧に入れてリアルな空間の否応のなさから逃走してしまえば，「今の私ではない私」へのリアルな展開はないし，今あるリアルな自己を肯定する契機も得られない。

　かつて，20世紀の前半に活躍したシカゴ学派の社会学者R・E・パークは，彼が身を置いていた急激に巨大化したシカゴの現実から，大都市にはどんな人にも必ず居場所があると述べた。彼のいう居場所とは，その存在を許容してくれる誰かが待っている場所という意味である。ポーランドからの移民は，「何とかなる」とポーランド人が多く住む街区を目指し実際それで何とかなった。特殊な趣味の持ち主は，同好の士が集まる秘密の場所を捜し出し自らの趣味を濃密にすることができた。現代において，そのような都市空間は，だんだんと希釈され見えにくくなってきている。排除された貧者がその存在を確認されうまくいけば承認されるネットワークと接点を結ぶ，そのようなコンタクト・ゾーンはどこにあるのか。それは，「貧困の社会学」における難題の一つである。

5. 飯場と「共同性の原資」

　渡辺拓也の『飯場へ〜暮らしと仕事を記録する〜』は，渡辺によって断続的に行われた（2003年〜2011年）飯場の参与観察の報告・エスノグラフィーである（渡辺　2017）。飯場が主たる論述の対象ではあるが，寄せ場・釜ヶ崎において求人する人夫出し飯場と，求人広告を通じて求人を行う人夫出し飯場の双方が調査対象とされている。そこでは，寄せ場と飯場の連続性が踏まえられながら，台頭する後者が前者と比較されつつ把握され，社会と労働市場の今日的変化が見通される。飯場労働者は，飯場で食と部屋を与えられながら生活し，飯場からの指示に従って

その日の現場に向かう。渡辺が調査対象としたのは，もっぱら建設現場での仕事を請け負う飯場である[注]。

　飯場における労働者の入れ代わりは激しく，流動性は極めて高い。しかしながら，一定の固定層も存在する。渡辺によれば，寄せ場・釜ヶ崎において求人する人夫出し飯場よりも，スポーツ新聞や求人冊子の求人広告を通じて求人を行う人夫出し飯場の方が流動性は激しい。そして，後者は，企業としてより大規模化しており，通いの労働者を使ったり中国人技能実習生を雇用したりと，就労経路は多様化している。労働力の全体的なフレキシブル化を背景としてか，求人を増やす取り組みはあっても企業による労働者の定着化への努力はあまりない。それでも人は湧いて出てくるのである。労働者たちも，「新人」に対して冷たい。助言をする人もいるが，彼らは基本的に「他者の未熟さや無能さに対して不寛容」であり，それゆえ若年層はほとんどが耐えられずに離脱してしまう。

　飯場労働者には作業の意味など教えられない。判断は飯場労働者が与り知らないところで上位の階梯においてなされるのであって，彼らはただ指示に従うことだけが要求される。そういう「わからなさ」が支配する空間において，一人一人の労働者に求められるのは「空気を読む」状況的な反応能力であり，要求に対応できる能力であり，また，手を抜くための知恵である（闇雲に働いて身体を壊しても誰も何も保証してくれない）。渡辺は次のように記している。「新人にとって，本当に教えてもらいたいのは，その日の作業の流れや，その作業をする意味（目的）などである。「なぜそれをするのか」がわからなければ，「どの程度力を入れてやればいいのか」もわからない。新人は，そうしたことを右も左もわからない状態で，怒鳴られながら理解していかなければならない」。

　それでも，渡辺は，「僕がいっしょに働いた労働者たちは，知恵と工

夫と仲間意識で協働を可能にするバイタリティ溢れる魅力的な人たちだった」と回想している。では，新人への冷たさは何に由来するのか。それなりに定着した飯場労働者たちは，「自分自身の本質的な有能さをアイデンティティとする」人々であるという。もちろん，理不尽な世界をある種の能力と知恵で生き延びている人々であるから，そのこと自体が自らの誇りになるのだろう。ただし，飯場労働者である限り，その誇りが社会的に承認されることはない。認められがたい自己を背負いつつも，彼らは，彼らが封じ込められた世界において，限られた材料で自らの「有能さ」を何とか表そうとする。仕事を「うまくやる」こともそのような意味を持つのだし，ギャンブルで一発当てるのも，飲み屋の好きな女性にケーキをプレゼントして喜ばれるのも，「有能さへの志向」である。そのような承認に飢えた人々にとっては，他者の未熟や無能は否定の対象としてしか映らなくなってしまうのだろう。

　なるほど，飯場労働者の世界には，連帯や共同性などといった言葉を受け付けないような厳しさがある。それでも渡辺は，その中にあっても垣間見られる助け合いや数は少ない新人への優しい声を拾い集め，それを可能にしたものは何なのかと問う。指示通りに作動する自己ロボット化を求められた労働者たちにあっても，アイデンティティへの欲望だけは残されていて承認を調達しようとする行為を止めることができない。渡辺は，その「受け入れられること」への期待が，「共同性の原資」であると述べている。

　柳田國男は，貧しい人々の心の中に「貧窮を忍び能（あた）わざる心」を認めたと同時に，「共同防貧の手段」の衰退をも論じていた。戦後になって国家的なセイフティネットの形成が進む一方で，排除された領域は存続した。そして，排除された人々の中にあっても，自前の「共同防貧の手段」を作ることは難しかった。豊かな人だけではなく貧しい人において

も，全域的に個人化は進展していったからである。しかし，ばらばらになってしまった丸裸の私たちに剥き出しの状態で現れ出るアイデンティティへの欲望は，それでもまだ私たちが互いに他者を必要とすることの根拠であるとはいえないだろうか。渡辺は，それを「共同性の原資」と呼んだのである。

　貧者をも含む社会という拡がりの構想においては，社会の個人化と個々の「共同性の原資」が初期設定となるだろう。そして，家族ではなく個人が，組織や共同体ではなくネットワークが，承認ではなく確認が，現実的な生存と存在の維持戦略を構築していく上でのキーワードになるだろう。

注）　建設現場の労働者の構成は複雑で，ゼネコンなどの仕事を請け負う元請け会社のもと，二次，三次と下請けが重層化しており，作業工程ごとにいくつもの企業が入れ代わり出入りする。そこに，正社員の労働者に加えて，多数の周縁労働者が動員されているのである。そこでの周縁層には，飯場労働者や寄せ場労働者，アルバイト，自営業主ではあっても日雇い労働者のように雇用される「一人親方」などが含まれる。

参考文献

・飯島裕子／ビッグイシュー基金『ルポ若者ホームレス』ちくま新書，2011 年
・岩田正美『ホームレス／現代社会／福祉国家〜「生きていく場所」をめぐって〜』明石書店，2000 年
・西澤晃彦『貧者の領域〜誰が排除されているのか〜』河出書房新社，2010 年
・ポーガム, S.（川野英二・中條健志訳）『貧困の基本形態〜社会的紐帯の社会学〜』新泉社，2016 年（原著 2005 年）
・渡辺拓也『飯場へ〜暮らしと仕事を記録する〜』洛北出版，2017 年

15 | 社会を否定する人々, 社会を求める人々

《目標&ポイント》 社会とは, 分裂・分断をこえて排除された人々を統合するために, 繰り返し想像され構築される地平である。現代においては, そうした社会を否定する思考・感情と, 社会を創造しようとする思考・感情がありせめぎ合っている。社会を求め作ろうとする人々とその思想がどのように生じたのかを考えてみたい。
《キーワード》 社会, 新自由主義, 個人化, アテンション

1.「実験室」の中の人間

　人間の歴史の長い時間において, 多くの人々にとっての貧困や飢えは, 誰もがそれへの怖れとともにあり, 共同体を作り上げてようやくの対処をなすことに人生を捧げるような課題であった。ひどい貧しさは嘆かれてはきたが, 貧者の貧困は宗教的な宿命論のもとで解釈されてきたのだし,「今ある私ではない私」の想像も封じられてきた。しかし, 歴史上きわめて特異な近代の時空間という「実験室」に投げ入れられた人間たちは, 潜在していた特質と欲望を顕にし, 共同体へのこだわりを捨てて, 自らを個人化する方へと歩んでいった。もちろん, この「実験室」は完全な均質空間ではありえず, 社会階層や地域により個人化の進度に違いはあったし, 人間の文化はたやすい変化を許さない抑止力を備えてもいた。だが, 数世代の時間とともに, 着実に個人化は人々を捕らえてきたといえると思う。この特異な時空間において,「そうすることになっているからそうする」と行為を方向づけていた慣習は弱められ, 行為の選

択とその責任が個人に委ねられる幅は増していった。そうはいっても，人々に与えられる行為の選択肢は，社会的に強く限定されたままである。生まれ落ちた家庭がどのような階層や地域にあるのかは，厳然と私たちの人生を拘束している。それでも，あたかも誰もが「自由」であるかのような認識と，行為の責をあくまでもその個人のものに留めようとする感覚の様式は，この「実験室」に空気のように蔓延した。そして，貧困は，「私たち」の問題とは感覚されなくなり，個人要因にもとづく個人問題とみなされるようにもなっていった。

しかしながら，興味深いことに，人間たちは，個人化を受け入れつつその個人化に抗うかのような動きを同時に展開してもきた。貧困は，純粋な個人化，純粋な自由主義へと向かう欲動への重石となった。近代的時空間において，人間は，貧困を否認する反射を定着させる一方で，貧富の格差や貧者の排除についてそれを放置しない，させない反応をも見せてきた。そうしたことも，きれいごとではなく，人間についての事実であり可能性である。人間にとっての貧困は，やはりその共同性・社会性を触発するものでもあるのだ。

排除 exclusion の対概念として，包摂 inclusion が論じられることは多い。しかし，そこで問わざるをえないのは，包摂を主張する人は，いったいどこにあるいは何に貧者を包摂しようとしているのかである。

「地域社会」「コミュニティ」への孤立する貧者の包摂・統合あるいは「共生」をいう議論はよくある。現実には，定住民からなる「地域社会」と流動・孤立する貧困層の間には，堅牢な壁が存在している。定住民の利害を背景に持つ「地域社会」や「コミュニティ」は，むしろそうした人々を排除する主体ですらあった。そして，今日，その「地域社会」「コミュニティ」は，ますます統合力を喪失しつつある。活発になされている地域的な活動は，距離に拘束されるがゆえにメンバーの居住地が一定

の地域の範囲内に収まるとしても，実際のところほとんどの場合「有志」によるアソシエーション活動に過ぎない。地域社会による弱者の援助という枠組みは，そもそも「地域社会」が弱体化しつつありまたその弱者を「地域社会」自体がかやの外においてきた事実からすれば，現実に合わないというよりない。

　包摂は，社会的包摂として考察されなければ意味がない。社会という拡がりを仮定しての包摂のみが，排除の現実をこえるのだ。社会とは何であるのか。社会福祉，社会保険，社会保障，あるいは社会主義や社会運動。なぜ，それらは「社会」と冠せられなければならなかったのか（市野川　2006）。例えば，社会福祉であるならば，ただの「福祉」ではなぜまずいのだろうか。あるいは，社会保障を「国家保障」といわないのはなぜなのか。フランスやドイツの憲法においては，国家のあり方として「社会的な国家」であることが明記されている。そして，その場合の社会的国家とは，私たちが知る福祉国家という語と同義である。では，そこにおける社会とは何か。列挙した，社会を冠した四文字熟語がいずれも貧困に関連する言葉であることに意味がある。貧困は，持つ者と持たざる者の間の分裂・分断を示す現象である。そして，貧者は，社会によって異質化され排除された他者として現れ出る。つまり，そこにおける社会とは，現にある様々な分裂・分断をこえて，排除された人々を統合するために想像され構築される共通の地平，拡がりのことである（社会は「想像され構築される」ものであるので，「社会などない」という主張も登場する。それは，貧困の放置を正当化する文脈で現れる。サッチャーによるものが有名である【資料15-1】P.254参照）。つまり，「社会的」という形容は，この新たな拡がりへの志向を意味するのである。

　それぞれの時代それぞれの社会において，一級市民とその資格を奪われ二級化された二級市民は確かに存在してきた。そして，貧困は，その

二級化された人々に集中した。社会は，その二級市民たちを迎え入れるにあたってその都度再定義されてきた。社会運動の歴史を考えてみるとわかりやすい。ブルジョア市民社会に対する労働運動，白人社会に対する公民権運動，男性社会に対する女性運動，これらはいずれも一級市民の社会に対する二級市民とされた人々からの，社会の拡張を求める運動であったいうこともできる。社会福祉に冠せられた社会という言葉もまた，社会福祉という領域に与えられた使命を物語っていると思われる。その使命は，排除への抵抗である。

それにしても，社会は弱かったといわなければならない。見田宗介は，「「福祉」という領域」について次のように述べている（見田 1996）。「＜福祉＞welfare というコンセプトが，（中略）システムの矛盾を補欠するものとして，消極的な定義をしかうけて」おらず，それゆえ，「「福祉」という領域を，基本的に傷つけられやすい vulnerable ものとしている。危機の局面にはいつも，「削減」や「節約」や「肩代わり」や「自己負担」や「合理化」の対象として議題の俎上にのせられるものとしている」。いや，実は，福祉がそもそも弱いテーマであるのではない。福祉が弱くなる理由は，社会福祉の社会の方にある。社会のない福祉，社会のない保障，社会のない分配が，それらを国家による施しかあるいは狡猾な貧者による分捕りのように見せかけるのだ。私たちは，社会という拡がりを想像して，何のつながりもないような他者との関係をあるものとし，ようやく交換や贈与をもっともなこととしてなすことができるのである。社会なき福祉は，感情的軋轢のもとでしかない。

社会は，既成の強固な枠組みではまったくない。S・ポーガムは，次のような事実——フランスのことではあるが——について述べている（ポーガム 2016）。「経済成長率が高く失業率が相対的に低いとき——1976 年と 2001 年がそうであった——，怠惰によって貧困を説明する傾

向が以前の時期にくらべてより顕著かもしくは増加している。反対に成長率が低いとき，さらにはほとんどゼロ成長で失業率が大きく増加するとき——1993年から2009年までがそうである——には結果として，不公正によって貧困を説明する傾向が強まる」。かように貧困はぞんざいな扱いを受けていて，容易に他人事とされがちなテーマであるのだ。

2. 可視化する貧者

　今，この時点にあって，弱い社会を強くすることはどのようにして可能なのか。このことを，二つの側面から考察してみたい。第一は，忘却され孤立した貧者が人々の前に可視化して，社会へと介入する道である。第二に，貧者の存在に応答する，社会的な人々が現れ出る道である。

　第一の道について，まず考えてみたい。これまでも述べてきたように，「内面化された自己責任論」に捕らわれ孤立した貧者は，そもそも自己を社会に接続させることが困難である。様々ないわゆる窓口は，貧者にとっては社会に設けられた窓のようなものではあるが，そもそもそこに見えない壁がある。窓口は，ある種のまっとうな人間を想定して人を受け付けるもののように見える。ところが，自らのまっとうさに自信がない人々にとっては，窓口恐怖とでもいうべき感情を喚起するところになってしまう。その自信のなさの理由は多様にあり得る。払うべきお金が払えない，履歴書に欠落がある，知識がない，住居がない，定職がない，一人身である，外国籍である，被差別部落出身者である，母子あるいは父子世帯である，等々。要するに，その人が何らかの負い目をもっていれば，窓口は心穏やかに立ち寄れる場所ではなくなるのだ。そうした人々にとっては，単なる事務的手続きや商取引を行う場が，まっとうでない自分をはじき出す道徳的な裁判所のような様相をもって立ち現われてしまう。おそらく，福祉事務所などは，窓口恐怖の感情を大いに沸き上が

らせるところであり続けてきたことだろう。裁かれる側の人間が裁く側と見える人間に対して持つ感情は，信用ではなくまずは恐怖である。そうであるから，人々の足は窓口からは遠ざかりがちになるし，せっぱつまって窓口を訪ねたところで職員には感情移入も生じない。「タフ」な人であるならば，生き延びるために割り切って職員を「使ってやろう」という態度にもなるかもしれない。貧者を対象とした様々な窓口や施設では，職員とクライアントとは相互不信の関係になりやすい。そのことの背景には，貧者の前に置かれた見えない社会的障壁がある。第10章で述べた「援助拒否」についても，窓口恐怖を生む見えない障壁と同様の背景を想定するべきだろう。

　佐藤拓代は，若年女性の妊娠・出産・子育てと貧困との関連について論じた論文において，次のように述べている（佐藤　2016）。「これまでの生育歴でどんなことをしても受け入れられたという思いがない女性は，支援に対しできていないことを指摘されると受け止め，あるいは支援を求めても応えてもらった思いがないとSOSを出せずに，とことんまで抱え込んでしまう」。私たちが社会化されていく上で，誰かがこの私を待っていてくれるという漠然とした期待を内面化することは，社会という拡がりへの参入を可能にする重要な条件ではないだろうか。そのような期待が挫かれ続けてきたとき，人間は壁を前にしてただうずくまるのではないだろうか。

　漫画『健康で文化的な最低限度の生活』の作者である柏木ハルコは，阿部彩や湯浅誠の書籍に目を通していることに言及した上で――「内面化された自己責任論」に捕らわれた貧者像についてすでに踏まえていることを示唆した上で――取材で会った生活保護受給者について次のように述べている（柏木・安井　2018）。「世の中が困窮していく人々に対して厳しい目を向けている現状が続く一方で，受給者の取材をしていくと

「私が悪いんです」という自責の念を口にする人はあまり多くありません。それよりももっと根本的で具体的な，明日食べるものがないとか，明日着る洋服がない，というレベルの困りごとに直面しているからです」。この情景は，生活保護受給者の置かれた現実をよく示すものであると思う。だが，口にされた言葉について，「自責の念」よりも「食べるものがない」方が「レベル」が深刻であるとはいえない。また，自責する貧者像と物質的な困難を語る貧者像は矛盾し合うものでもない。貧困のスティグマに支配された貧者による他者とのコミュニケーションは，自己を物質化・数量化したものにならざるを得ないように思える。「明日食べるものがない」といった風の，自己を物質に押し留めての自分語りは，攻撃材料を与えないようにして自らの存在を防御するために採られる手段であるだろう。それならば，スティグマ通りの弱者像からはみ出てしまう部分が気取られにくいからだ。その一方で，彼ら彼女らの中に自責感情が依然としてあったとしても不思議ではない。むしろ，自責感情があり他者を恐れるからこそ，自己を物質化するのかもしれないのだ。おそらく，窓口恐怖をこえてたどりついた窓口での貧者の語りも，自己を物質化した自分語りになりやすいと思われる。

　孤立する貧者が社会へたどり着く回路は，申請主義を前提とした窓口以外のところにも準備されなければならない。

　さて，リアルな空間は，同じような境遇の者を引き合わせ，認識のすり合わせをさせ，われわれ感情をもたせ，アイデンティティを与える，そのような過程を生起させる器であった（第13章）。そこにおいて，人々は，自らの否定的境遇を肯定的に反転させる契機を見出すことも可能であった。世間はあれこれいうがここの人々――そこに「私」も含まれている――は皆いい人だ，といった具合に。もちろん，そのような空間は現状においてはいっそう限定されて切り詰められている。そして，何よ

りも貧者自らが個人化されており,連帯よりも孤立を志向しがちである。それでも,直接的な接触を通じての集合化は,社会的に貧者を可視化させ,そのこと自体が訴求力をもつことがある。

　1990年代から2000年代にかけて,貧困がようやく社会問題化されるようになり,忘却されていた貧困という言葉が公共圏においてもよみがえったのは,単純に統計上の数字の問題ではなかった。公共圏における議論の質が変わらざるを得なかったのは,貧者が露呈し可視化することによってであった。それらの出来事が,断続的な契機となって,貧困の存在を隠蔽し続けることができなくなったのである。90年代に野宿者がストリートに溢れ出すようになり,新宿駅西口の改札前に出現した「段ボールハウス村」が,大きくマスメディアでも取り上げられたことがあった。2000年代に入って,インターネットカフェという新しい風俗の中に貧者が発見された。そして,「年越し派遣村」が,官庁街の日比谷公園に設けられた(【資料15－2】P.256参照)。それらは,隠蔽されてきた貧者の領域がそのごくごく一部を社会へと晒したできごとであったといえる。そう,その人々は,ごくごく一部の人々なのだ。そこに現れた人々は,「仕方なしに」「切羽詰って」「恥を忍んで」あるいは「開き直って」身を晒した,貧困層の中ではごく一部の少数派だった。それでも,それを見た人々は,露出部の下に拡がっているであろう貧困層を想像し始めるのである(西澤　2010)。

　政治学者の加藤哲郎は,20世紀の社会運動における戦略・戦術の変容過程について述べた議論の中で,1980年代以降の社会運動においては,支持者・同調者を固め陣地を拡張していく陣地戦が限界を呈するようになり,情報戦の時代が到来したと整理している(加藤　2001)。加藤によれば,情報戦とは,「政治戦略も経済戦略も,「大衆の世論」をめぐる言説や文化の位相に設定されるような「戦争」」なのであり,「言説

（discourse）の闘争であり，コミュニケーションとシンボル・イメージの闘争」である。情報戦の時代の到来は，広義の政治のあり方を変質させた。陣地戦の時代とは異なって，構築された組織は盤石の基盤ともならない。そうであるから，陣地を拡げ支配すること（＝組織を大きくしていくこと）が，政治的勝利を意味しなくなる。情報戦に敗北すれば，「わが陣営」の人々は雪崩をうって離れていくのである。これは何とも不安定で，危っかしい事態なのかもしれない。だが一方で，これは，少数派であることが絶望的事態であるともいえないことを意味している。野宿者や「派遣村」の人々についてもたとえ少数であれ身体一つの貧者の可視化，空間的な露出が，当人の意図はどうあれ，社会という拡がりの再定義を迫る，そのような要素を多数派に突きつけるできごととなったのである。そして，そのような貧者の問いかけは，組織の政治になじむものではなかったが，情報の政治には関与しうることを示したともいえる。

3. 個人化の両義性とアテンション

　第二の道は，貧者の存在への応答がいかにして生じるのかという問いの中にある。「仕方なしに」「切羽詰って」「恥を忍んで」「開き直って」なされる，貧者の領域の露呈部を，私たちは直視できるのだろうか。

　市村弘正は，スーザン・ソンタグからアテンションという言葉を引きつつ，「社会的なもの」について述べている（市村・杉田　2005）。アテンションとは，他者への関心であり注意力のことであった。市村は，「アテンションが向かわないように，故意にしむけられている場所がある」とし，「アテンションのエコノミーのようなもの」によって人々のアテンションが失われ，「失明した社会」が現実化したと述べている。アテンションの圏域から外された「故意にしむけられている場所」とは，もちろん，貧者であり弱者の領域のことである。この市村の議論を逆にたど

るとすると,「失明した社会」において社会という拡がりが再発見・構築される要件は,貧しい他者へのアテンションの回復あるいは形成ということになるだろう。そうでなければ,貧者の露呈に応答することもできないことになってしまうから。

　アテンションとはどのようなものか,もう少し考えてみたい。例えば,子どもの振る舞いについて,「やんちゃな」とか「ふざけた」とか「落ち着きがない」とか「おどおどしている」などといった形容がなされることがある。そうした振る舞いの向こうにある環境を想像し,その子どもが組み込まれている小宇宙がこの社会のどこに位置づけられているのかをまで見てとろうとすることはできる。そのような反射,構えこそ,アテンションが充填されている状態であるといえると思う。

　「落ち着きがない」「やんちゃな」子どもの話をさらに展開してみたい。学校教育が子どもたちに要求するのは,情緒的なものではない論理的な言語であったり,生活臭さのない「正統文化」への感受性であったりする。P・ブルデューは,身体化された文化——言語の用法や感受性はそれに当たる——のことをハビトゥスと呼び,学校が子どものハビトゥスを評定する装置としての側面を持っていることを看破した(ブルデュー 1991)。ブルデューらによれば,低い階層の子どもよりも高い階層の子どもの方が,学校が要求する文化的価値に近しいところにそもそも始めからいる。家庭でも用いられる論理的な言葉,家庭での蔵書と読書習慣,芸術作品の身近さ,あるいは高等教育への親近性は,高い階層の子どもには「自然」と持たれやすい。それゆえ,高い階層の子どもたちは,学校教育を家庭の文化に連続するものとして滑らかに受け止め,余裕をもって課題に対処できる。一方,低い階層の子どもたちは,学校を不慣れで疎遠なものが供される「不自然」な場所として体験することになりがちである。そうであるなら,その不慣れで低い評価しか与えられない空

間において，「落ち着きがない」「おどおどしている」反応を見せ，「やんちゃな」悪ふざけでもって居場所を作り出そうとする反応が「自然」であるだろう。

　また，ブルデューは，低い階層の子どもたちが生活に密着した有用性に準拠した価値に重きを置いており，高い階層においては価値が認められる洗練性を退屈なものとみなしがちであることを指摘している。「役に立たない」「必要がない」と即断してしまってやる気をなくしてしまう態度は，能力の問題というよりも暮らしぶりに関連した文化の問題である可能性があるのである。近代の学校教育制度は，平等で均質な国民を生み出すための大規模な仕掛けではあったにもかかわらず，教育内容が「正統文化」に照応しており上位の階層が有する文化資本に高い価値を持たせたものであるため，結果的に，高い階層の子どもを高い階層へ，低い階層の子どもを低い階層へと再配列する装置となりがちである。そのようにして階層は閉鎖され，階級として固定されていく。ブルデューは，そのような事態を階級再生産と呼んだのである。アテンションに導かれた思考は，それに言葉を伴わせていくことができれば，このように，社会を見通す認識へもつながっていく。

　それにしても，個人化された私たちが，貧者へのアテンションを持つことができるのか。もしかすると多数派からは揶揄されたりときに非難されるかもしれないそんなことを，あえて引き受けるのは誰なのか。このことの答えも個人化の中にあるように思われる。後戻りできない個人化という趨勢の，その両義性について考える必要があるだろう。

　個人化は，確かに自己への関心を高め他者への関心を限定する。「他人は他人，自分は自分」というエゴイズムとも見える態度を生む。それは，自己責任論とも結びつきやすいし，社会という感覚も失わせそうに見える。しかし，個人化がもたらす感覚変容には，他者への寛容性を高

める側面があることも見逃せない事実である。1980年代，1990年代は，積み残しの問題が多いにせよ，差別問題に関しては劇的な変化が生じた時代であった。性的マイノリティや障害者が可視化し，また声をあげるようになった。露骨な外国人差別も，その時には表面上は抑制されるようにはなった。差別がなくなったなどといえる事態には今も程遠いというべきだが，小さな変化に含まれる大きな意味は見逃すべきではないだろう。ライフスタイルの振れ幅もより大きくなり，個人の「好み」が尊重される程度も高まったといえる。「他人は他人，自分は自分」ということは，その「他人」の存在を程度はどうあれ許容することをも意味しており，他者と距離を置く態度が，少数派に居場所と自由をもたらすことはあるのである。

　個人化には，他者への寛容を高めるとともに，国家の権威を相対化する側面もある。すでに高度経済成長期から自民党・社会党の政党支持率が低下し「支持政党なし」層が増加し続けてはいた。高度経済成長の終焉後，自民党は「業界」を包絡し，いわゆる「利権政治」によって盛り返したが，それも要するに政治への関与が利害に見合ったつきあいへと変質したことを意味しており，実際，見返りが期待できなくなるとともに自民党も見捨てられることが明らかになった。政治的権威への盲従・一体化の傾向は弱まり，政府・政党が相対化されることによって，国家と政府は批判できるほどの距離のある存在になっていった（この距離のもと，批判ではなく忖度をする心性をもたされた人々も多いのだが）。こうしたことも，新自由主義や自己責任論が受容されていく一方で生じた，個人化の進展に随伴して生じた現象であった。

　貧者の領域の一部がいくつかの偶発的要因が重なって突然のように露出するように，他者へのアテンションを潜在させた人々——私はその人々のことを「社会系の人々」と呼んだことがある（西澤　2010）——

の一部がこれまた突然のように現れ出ることがある。「突然のように」というのは，偶発的なできごとへの反応によって可視化するということもあるが，利害関係や組織的背景からは説明できない，個人史的な要因によって「そうしてしまう」人々が多いということもある。80年代以降，実に多様な弱者・マイノリティの支援運動の現場に，既存の政治勢力を介すことなくどこからともなく人々が集まってきて，それぞれの支援の運動を活性化させるということがあった。あるいは，1995年の阪神淡路大震災は，「遠くの誰か」に対するボランティアを発生させた。東日本大震災後の反原発デモを，この流れの中に含めてもいいと思う。こうしたことは，薄くとも層を成して存在する「社会系の人々」を仮定しなければ説明できないように思われる。おそらく，この人々にもアイデンティティへの欲望はあるだろう。そして，自らを脅かすことのない他者ばかりに囲まれた世界における退屈があるからこそ，社会という拡がりの中での日常にはない他者との関係に引き寄せられたのではないのか。国家による動員にはなじみにくい，このような「行ってみたいところへ行く」個人的な振舞いは，割り当てられた帰属集団に埋没する行為様式——学校に行けば同級生と，職場では同僚と，居住地では近隣とといった具合に，選択した訳ではない関係に同化し充足しようとする生き方——とは異なる，個人化の徹底が可能にした行為様式と見ることができる。

4. 社会を実体化する

　最後に，貧者とアテンションをもつ人々——「社会的なもの」への感覚を有した広範な人々——との接点について論じたい。

　非正規雇用労働者の増大とともに，企業別の労働組合が正規雇用労働者の既得権益を守る組織になっている現状がある一方で，非正規雇用の労働者や失業者たちに対して個人参加を認める地域ユニオン（コミュニティ・ユニオン）の活動が蓄積されている。それもまた，現代の貧困のあり方とそれへの社会的な対応の方向を示している。ユニオンの活動は個別相談から始まり個別の紛争解決を目指すものであるため，組織としての活動においてはまとまりを欠く弱みがある。にもかかわらず，一定数の人々が組合員として残り，同じような境遇の人々の紛争解決に協力している。また，ユニオンが，そうした人々が集まり語り合う居場所になっている例も多い。地域ユニオンは，参加者の生活圏が限定されているという意味ではローカルではあるが，ネットワーク状に個と個がつながる活動・運動として見ることができる（文編　2019）。

　もちろん，孤立しがちな貧者は，労働を通してだけではなく，生活においても社会へと接続されなければならない。そのためには，やはり，自治体レベルでの制度との結びつきは重要であり続けている。

　湯澤直美は，「法律に基づき各種の施策が実施されても，より困窮した家庭ほど施策や相談につながらないという実情がある」としつつ，次のように述べる（湯澤　2016）。「困窮家庭ほど情報弱者となりやすいという問題のほか，公的機関や支援者に対する不信が蓄積されていたり，社会的孤立の深まりのなかで精神保健上の問題を抱えていたりなど，複合的な課題がある。そこで，生活困窮者自立支援制度による相談事業がいかに当事者にアプローチできるのか，創意工夫が求められる」。ここ

第15章　社会を否定する人々，社会を求める人々　　227

では「生活困窮者自立支援制度による相談事業」について論じられているのだが，そこでの「創意工夫」とは，申請主義をこえた，窓口における見えない壁を突き破る積極的な貧者へのアプローチについてのことだろう。

　たとえ，孤立した貧者が探知できたとしても，実際の施策の対象とはなりにくい人々も存在する。NPOフードバンク山梨の米山けい子理事長は，2013年の新聞のインタビューの中で次のように述べている。

「私たちが送っている食材は本来，「不足分を補うため」という趣旨なんです。でも実際は，提供した食材にほとんど頼っておられる。(中略)食料はふつう，1箱に約10キロ，お米や缶詰，調味料などを入れ，月に2回，送っています。でも，食べ盛りのお子さんのいる世帯は最優先で応援したくて，16キロほど詰め込んでいるんですよ。きっと，おなかがすいた状態では勉強どころではないはず。娘さんたちも，高校だって最後まで通うことができるかどうか。」「生活保護を受けていれば，行政は把握できます。でも，このお宅（筆者注　失業中の父と高校生の娘二人がいる父子世帯）は生活保護に頼ろうとせず，懸命に仕事を探しておられますから，外からは貧困が見えない。学校給食のない夏休みに，げっそり痩せてしまう子もいるそうです。ふつうに暮らしている子どもたちのなかに，1日に1食しか食べられない子が紛れ込んでいるんですよ。これは「見えない貧困」です。」「講演会で食料支援のことを話すと『なぜ甘やかすんだ』という方がいらっしゃる。だいたい60代以上の男性です。そんな方には理屈よりも，現実に何が起きているのかをお話します。『1日に豆腐1丁しか食べさせることができないこともありました』といった手紙を紹介するんです。そんな子どもにも『自己責任だから自分でがんばれ』と言うのか，子どもには手を差し伸べるのか。どちらでしょう？」

　ここで，米山がこの話の中で取り上げた家族の「見えない貧困」は，親の責任をいうことで子どもの貧困を問題化させない声と，おそらくはそれと同様の価値観によって自らを責め「家族一体」で耐え凌ごうとする父親との相互補完によって成立しているといえる。その結果，この家

族は孤立してしまったのである。

　「(行政とNPOの協働を)地元の南アルプス市と始めました。NPOに個人情報を伝えるわけですから，市は当初，とても慎重でした。それは当然です。でも話し合いを重ね，本当に一歩一歩，信頼関係を築きあげていきました。(中略)私たちの活動を自分で見つけ，直接連絡してきた方は6％にすぎません。あとの94％は公的機関を経由しています。つまり困窮した方の多くは，まず行政にアクセスするわけですが，行政というのは予防的な対策にはなかなか目が向きません。最初に情報が集まる行政と機動力のあるNPOが連携すれば，効果的な措置ができるはず。反対に，そうしなければ生活保護などのセーフティーネットにかからない『見えない貧困』を，行政はどのように把握するというのでしょうか？『生活困窮者を救う』という共通の目標を掲げ，いまこそ協働すべきです。」

　自治体にとって，NPOとの協働は，思い切って踏み込んだアプローチであっただろう。そして，それを可能にしたのは，きわめて社会的なNPOの活動の蓄積だった。
　貧困層の孤立を現実とすれば，一人一人，一家族一家族と社会的な領域――社会を志向するすべての集団・組織，そして個人――との間での全ての関係が，貧困層を社会へと迎え入れる経路となる。第9章での議論を再び引けば，そこにおける関係は，承認を提供することはあまりないかもしれないが，確認のネットワークを豊富化することによって貧者のエンパワーメントをなすことができそうである。そうした活動を通じて，同様の境遇の人々との出会いが生じれば，相互に承認を交わし合うネットワークが形成される可能性もあるだろう。先に述べた地域ユニオン（コミュニティ・ユニオン）は，その具体例を示しているといえる。
　町村敬志は，市民運動について次のように論じている（長谷川・町村2004）。「「ふつうの市民」による市民運動の歴史とは，見方を変えると，開放性という自己規定が実際にはいかに欺瞞に充ちたものであるか，こ

のことを暴き出す歴史でもあった。（中略）社会的差別の下で「二級市民」としての扱いを受けていた人びとが，自立した市民としての力を獲得し，自らの生き方を自己決定しようと，運動のアリーナへ参入してくる。力の獲得（empowerment）と自己決定，この二つが運動のキーワードであった」。そう振り返りつつ，また，「今日，社会運動の周辺には，まだ運動としては位置づけられていない「運動的なるもの」の幅広い裾野が拡がっている」として，町村は，社会運動論のあるべき方向について述べている。「（引きこもりや不登校などの個別化された実践は）集合的でありながらしかし集団的にはなりえないという，まさにその事実において，こうした現象は強い社会的インパクトを持ち，それゆえ社会に対してきびしい対応を迫っている。社会運動論は，心理主義化する社会における個化された集合的実践を，その内部へと位置づけていく必要に迫られている」。これは，貧困への社会的な取り組みにおいても，貧困への社会学的なアプローチにおいても，あてはまる話であると思う。

　現代の貧者は，個人として家族として孤立し，背負い切れない問題を抱え込んでうずくまっている。貧困についての議論は，そうした孤立した人々を「私たち」の社会に再びのせ上げて，社会の問題とするところから開始されなければならない。そこでの言葉は，貧困をどこまでも個人問題に封じ込め，貧者を否認し忘却しようとする多くの人々の感情を逆撫でするものになるかもしれない。しかし，悪くいう連中には言わせておくしかない。議論よりももっと社会を強くするのは，貧者へのアテンションを持った人々が増え，一人一人の貧者を取り巻く確認ネットワークが形成されていくことであるだろう。もちろん，同じ貧しい境遇の人々によるネットワークが作られることはさらにもっといい。そうしたネットワークにおける「おせっかい」が社会を実体化する。なるほど「おせっかい」は多くの場合うっとうしい。だから「おせっかい」は嫌

われる。だが，それがなくなってしまった世界をいいと思う人はあまりいないようにも思われるのである。

参考文献

- 朝日新聞「(2013年参院選) 子どもの貧困　貧困家庭に食料を支援する，米山けい子さん」『朝日新聞』2013年6月21日（朝刊・東京本社）
- ブルデュー, P.＝パスロン, J.C., 宮島喬訳『再生産〜教育・社会・文化〜』藤原書店，1991年（原著1970年）
- 長谷川公一・町村敬志「社会運動と社会運動論の現在」曽良中清司・長谷川公一・町村敬志・樋口直人編『社会運動という公共空間〜理論と方法のフロンティア〜』成文堂，2004年
- 市村弘正・杉田敦『社会の喪失〜現代日本をめぐる対話〜』中公新書，2005年
- 市野川容孝『社会』岩波書店，2006年
- 岩田正美『社会的排除』有斐閣，2008年
- 柏木ハルコ・安井飛鳥「対談　"理解されない生活保護"が生命をつなぐ」『世界』第904号（2018年2月号），2018年
- 加藤哲郎『20世紀を超えて〜再審される社会主義〜』花伝社，2001年
- 見田宗介『現代社会の理論〜情報化・消費化社会の現在と未来〜』岩波新書，1996年
- 文貞實編『コミュニティユニオン〜社会をつくる労働運動〜』松籟社，2019年
- 西澤晃彦『貧者の領域〜誰が排除されているのか〜』河出書房新社，2010年
- ポーガム, S.（川野英二・中條健志訳）『貧困の基本形態〜社会的紐帯の社会学〜』新泉社，2016年（原著2005年）
- 佐藤拓代「女性の貧困と若年出産の現状」『公衆衛生』vol.80 No.7，2016年
- 米山けい子『からっぽの冷蔵庫〜見えない日本の子どもの貧困〜』東京図書出版，2018年
- 湯澤直美「子どもの貧困対策と自治体行政〜子どもの貧困対策推進法・生活困窮者自立支援法〜」『公衆衛生』vol.80 No.7，2016年

資料編

(23ページ)
【資料2－1】 相対的貧困率の算出方法

以下は，厚生労働省がホームページにおいて公表している，相対的貧困率の算出方法についての説明である。「国民生活基礎調査（貧困率） よくあるご質問」から引いた。

(https://www.mhlw.go.jp/toukei/list/dl/20-21a-01.pdf)

> (問1) 相対的貧困率の算出方法を教えてください。
> (答1) 国民生活基礎調査における相対的貧困率は，一定基準（貧困線）を下回る等価可処分所得しか得ていない者の割合をいいます。
> 　　　貧困線とは，等価可処分所得（世帯の可処分所得―収入から税金・社会保険料等を除いたいわゆる手取り収入―を世帯人員の平方根で割って調整した所得）の中央値の半分の額をいいます。
> 　　　これらの算出方法は，OECD（経済協力開発機構）の作成基準に基づきます。
> (中略)
> (問2) 世帯の可処分所得を「世帯人員の平方根」で割って，わざわざ「等価可処分所得」を算出するのはなぜですか。
> (答2) 世帯の可処分所得はその世帯の世帯人員に影響されるので，世帯人員で調整する必要があります。最も簡単なのは「世帯の可処分所得÷世帯人員」とすることですが，生活水準を考えた場合，世帯人員が少ない方が生活コストが割高になることを考慮する必要があります。
> 　　　このため，世帯人員の違いを調整するにあたって「世帯人員の平方根」を用いています。
> 　　　例：年収800万円の4人世帯と，年収200万円の1人世帯では，どちらも1人当たりの年収は200万円となりますが，両者の生活水準が同じ程度とは言えません。光熱水費等の世帯人員共通の生活コストは，世帯人員が多くなるにつれて割安になる傾向があるためです。

(問3)「子どもの貧困率」と「子どもがいる現役世帯」の貧困率の違いは何ですか。

(答3)「子どもの貧困率」は子どものみで算出しますが,「子どもがいる現役世帯」の貧困率は,子どもがいる世帯の大人を含めて算出しています。

「子どもの貧困率」とは,子ども全体に占める,等価可処分所得が貧困線に満たない子どもの割合をいいます。

「子どもがいる現役世帯」の貧困率とは,現役世帯に属する世帯員全体に占める,等価可処分所得が貧困線に満たない世帯の世帯員の割合をいいます。

※1 「子ども」とは,17歳以下の者をいいます。
※2 「現役世帯」とは,世帯主が18歳以上65歳未満の世帯をいいます。

(23ページ)

【資料2-2】 朝日新聞の記事見出しにおける言葉「貧困」の登場頻度

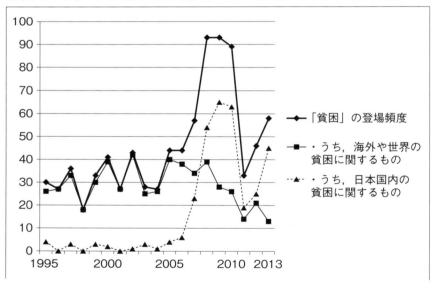

※朝日新聞記事データベース『聞蔵Ⅱ』を利用し,「見出し」を対象として語「貧困」を検索した。発行社は東京である。なお,「政治の貧困」や「言葉の貧困」など物質的な欠乏とは関係がない用法のもの,投書や書評,告知(新聞社からの「お知らせ」)については除いた。また,「海外」「世界」と「国内」の分類については,見出しだけでは区分が難しいものは記事内容を見て判断をした。

　新聞の見出しに「貧困」という言葉がどれほど出現してきたのかを調べてみた。いうまでもなく,客観的事実としての貧困と貧困という言葉の新聞への登場頻度が相関しているとは限らない。この図が示しているのは,貧困という言葉は,2000年代後半まではどこか遠くで起きている不幸について言い表す言葉だったということである。それまでの日本は,自身を映す鏡の中で起きていた同様の不幸について,その言葉を用いることを忌避していたようだ。

　2011年に大きく減少しているのは,東日本大震災のためである。2000年代後半の変化を見るためのグラフであるため最近の数値は示していないが,2013年以後も「貧困」の登場頻度は維持されており,グラフと同様の集計方法での2017年の数値は,全体の登場回数87件,うち海外・世界のもの11件,日本国内のもの76件となっている。ただし,内容が2000年代とは大きく変化し,子どもの貧困に関するものが多くを占めるようになってきている。海外・世界が横ばいあるいは減少傾向であることと合わせた,このあたりについての分析にはもう少し時間が必要である。

　朝日新聞を対象としたのは,そのデータベースにおいて見出しに限定しての用語検索が可能であったからであるが,今述べた貧困という言葉の「歴史」は,他の新聞,さらには社会全体についても同様のことがいえる筈である。

(43ページ)

【資料3】東京市における下層（生活水準底位10%）の生活変動

指　標	1900年頃	1911～12年	1920～21年	1926年	1930年代
平均所帯人員	3.0～3.2人	3.5人	4.1人	3.9人	3.9～4.4人
非現住人口（所帯当たり平均）	—	0.40人	0.36人	—	0.15～0.17人
死亡率	49%（1889年大阪）		22%	20%	16%
自然増加率	明らかなマイナス（△26%）	—	—	5%以上	13%
内縁比率	—	42%	37%	—	8%
子どもの有業率	約50%	15%	13%	14%	12～14%
妻の有業率	約80%	約70%	44%	26%	26%
子どもの就学率（「特殊小学校」と尋常夜学校）を除く一般の尋常小学校のみの就学率	ほとんど皆無	約70%（50%未満）	約80%（約50%）	約90%（約70%）	98%（約90%）

※中川清による試算。

（出典）中川清『日本都市の生活変動』勁草書房，2000年，p.229より。

(53 ページ)
【資料4-1】生活保護への反感を報じた新聞記事
(『朝日新聞』2013年6月21日，朝刊・東京本社〈抜粋〉)

　「取り締まり強化を」。そんな市民の声を背景に，大阪市は2009年，北海道函館市は今年4月に専門調査チームを作った。不正受給が疑われる情報などを求めるホットライン設置の動きも広がる。兵庫県小野市は今春，通報を義務づける条例を施行した。
　大阪府枚方市役所近くのビルの一室。警察官OB2人を含む3人が専用回線の電話が鳴るのを待っていた。
　同市が4月に始めた「生活保護情報ホットライン」。電話は1日1本あるかないかだが，1件の情報から，隠れて働いていないかなどを確認するには1カ月以上かかることもあるそうだ。通報は44件で，3件の不正が判明した。
　11年8月に始めた近くの寝屋川市では今年3月までに延べ382件の通報があり，不正と判明したのは11件。保護費約2,393万円分だった。
　一方で，109件は生活保護受給者ではないなど対象者ではなかった。「パチンコに行っている」「酒浸りだ」といった，直接は不正とは言えない「通報」も74件を占めた。枚方市でもパチンコや飲酒などの情報が多いという。
　大阪市に「自分も通報するかも」という30代の女性がいた。飲食店に勤め，中学生の長男と暮らす。以前は月収10万円を切ることもあったが，保護は受けてこなかった。
　数年前，隣の家族が受給者だと知った。スーパーで会えば，かごにビールやたばこが入っていた。
　女性は「生活保護でぜいたくなんて許せない」。記者が「ビールやたばこの購入は不正ではないですよね」と尋ねると，「こっちは苦労してきたのに，ずるい」と話した。
　厳しい暮らしぶりから出る言葉は，感覚的には理解できる。でも，生活保護は困窮状態になればだれもが受けられる権利。「ずるい」という批判はあたらないように思う。働いてなお生活が苦しい自分と，受給者。女性の「ずるい」という言葉には，保護受給そのものへの視線の厳しさがにじんでいた。
　市民のそんな視線が，不正受給を超え，本来不正とは言えない「パチンコ」や「酒」にまで「不正」のイメージが広がっているのではないか。限度を超え

れば生活指導などが必要なケースはあるだろうが，すべて許せないような感覚にも違和感を覚える。

　10年ほど前は従業員の3割に満たなかった非正規労働者が35％を超え，年間の民間平均給与は約45万円下がった。生活が厳しくなる中で，視線も厳しさを増してきたと思う。

　ふと，以前取材した大阪市北区の男性(71)のことを思い出した。古紙回収や露天商を転々としてきたが，約2年前から保護を受ける。甲状腺の病気を抱え，肺機能も低下して働けなくなった。

　男性は言った。「厳しく言う気持ちもわかる。病気になるまでは，私もそうでしたから。私だって働けるなら，働きたい。そういう目で見られるのは，やっぱり悔しい」

　不正受給額はどれぐらいに上るのか。

　厚生労働省によると，11年度で173億円。けっこうな額だ。だが，生活保護費全体でみると0.5％にとどまる。この生活保護費も社会保障費全体の3.5％で，年金や医療の予算の方がずっと大きい。＝グラフ（省略）。

　もちろん不正はいけないし，なくすことは大事だ。見つかっていない不正も少なくなかろう。しかし，それをすべて明らかにしても，膨らむ社会保障費の抜本的な削減につなげるのは難しそうだ。

　それでも強化されていく不正受給対策。「ほとんどの受給者はまじめな人。バッシングが強まることで，本当に必要な人が避けるようになるのが心配」。枚方市の担当者の声が耳に残る。視線の厳しさを背景に，「不正」の横行というイメージが先行していないか。

(61ページ)
【資料4－2】　生活保護受給者を監視する条例

(『朝日新聞』2013年2月27日，夕刊・大阪本社)

生活保護の人パチンコ→通報を
市民に義務化条例案
兵庫・小野市

　生活保護や児童扶養手当の受給者がパチンコやギャンブルで浪費しているのを見つけた市民に通報を義務づける条例案を，兵庫県小野市が27日，市議会に提案した。市は「不正受給防止のための，全国的にも例のない取り組み」という。市には「全国に広げるべきだ」「相互監視社会になる」と，賛否の声が寄せられている。▼12面＝支援か監視か

　名称は「市福祉給付制度適正化条例案」。受給者が遊興，賭博などに費消することを防ぎ，「福祉制度の適正な運用と受給者の自立した生活支援に資すること」を目的に掲げる。
　パチンコや競輪，競馬などによる浪費により「生活の維持，安定向上に支障が生じる状況を常習的に引き起こしている」と認められたり，不正受給の疑いがあったりする場合，市へ情報提供することを「市民の責務」と明記した。保護が必要な人を見つけた場合も，通報を義務づけている。受給付されたお金を「遊技，

賭博等に費消してはならない」との解釈だ。
　市によると，26日までにメールで26件，電話で10件の意見が寄せられたという。

蓬莱務市長は27日の市議会で「監視強化ではない」と説明した。厚生労働省保護課は「生活保護法など関連法規に違反する面はみたらない」との解釈だ。

う。いずれも大半が市外から。メールは受給者がパチンコに興じるのは冗談じゃない。禁止は当たり前」「条例が全国に広がることを期待する」など賛同意見が8割。電話では「相互監視は許せない」などと批判する声が多いという。(広川始)

　兵庫県小野市で制定されたこの条例は，生活保護受給者が「パチンコやギャンブルで浪費しているのを見つけた」場合，市に通報することを「市民の責務」としている。同様の条例は2018年現在では他にはないが，不正受給な

どの情報を受け付ける「ホットライン」を開設する自治体が各地に現れてきている。

(64ページ)
【資料5－1】 今和次郎の風俗調査

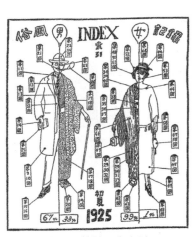

図7　統計図表索引

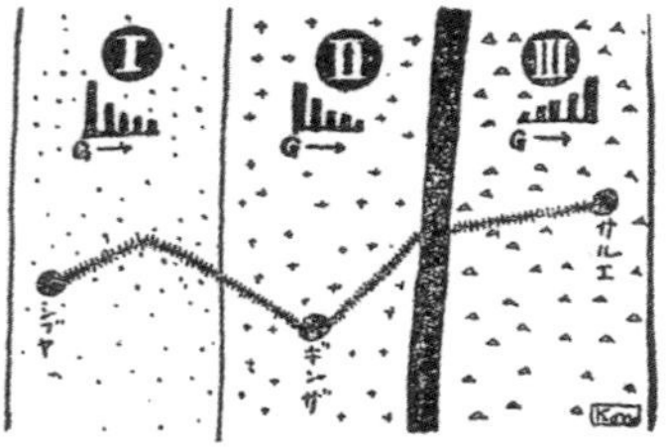

図76　東京の風俗圏

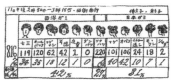

図49　女の整髪

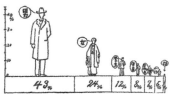

図3　通行人の分析

図80　結髪の現実　　　　図75　通行人の身分構成

(出典) 今和次郎 (藤森照信編)『考現学入門』ちくま文庫, 1987年。

　これらの図は, 今和次郎らによってなされた, 東京・銀座と深川における風俗調査の結果の極一部と分析のための概念図である (以下, 図番号は, 今和次郎『考現学入門』のものをそのまま用いている)。ここで取り上げたものはいずれも通行人調査であるが, 彼らはまずもって人間をいくつもの指標に分解した上で (例えば, 一人の人間は図7のように分解される), それぞれの指標について場所と時間を決めてただひたすら分類しつつ数を数えた。

　今和次郎の考現学の根底にある, 空間と風俗との関連についての説明枠組みは, 図76に示されている。4本の縦線のうち, 右から2番目の太い線が隅田川で, 小さく描かれているグラフは通行人の中にどの「身分」の人が多いのかを表している。銀座や渋谷には「紳士級」の人が多く, 隅田川の川向うの深川にはほとんど見られないということだ。「その界隈を主として支配する多数派の風俗は, そこの気分空気を構成し支配して, 風俗としての地方色を形成する」。

図3は銀座の通行人の構成であり、そこが「紳士」を主人公とする空間であることが明らかである。一方、深川の通行人は、「職人」「人夫」「小僧」「お神さん」の順となっている（図75）。さまざまな指標の中で、ここでは女性の髪形についての図を引いてみた（銀座：図49、深川：図80）。銀座の女性においては「西洋ガミ」が4割をこえるが、深川では少ないことがわかる。

(71ページ)
【資料5－2】　東京圏における35～44歳シングル女性世帯の空間分布（1995年・国勢調査）と地図作成者のコラム

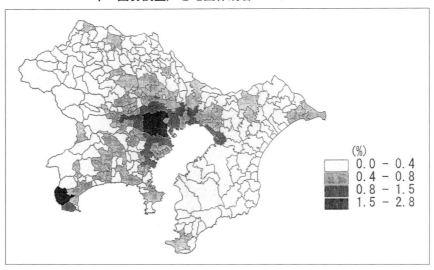

「1997年の秋から、私は授業で習ったばかりのGIS（地理情報システム）を使って、東京圏でのひとり暮らしの女性の居住地マップを作っていた。無機質な数字ばかりが並ぶデータを読み込み、それが市区町村別の分布図となってパソコン画面に現れたとき、思いがけない場所に現れた赤い表示（それは最もひとり暮らしの割合が高い所）を見て目を疑った。ここはどこだ？都心やその周辺部で高いだろうとは、最初から予想していたこと。しかし、そこ

から遠く離れた神奈川県箱根町で，最高の数字を示したのだ。／最初はデータの入力ミスかと思った。(中略)間違っていない。間違っていないどころか，ひとり暮らしをする中年女性の配偶関係を見て唸ってしまった。なんだ，この離別の多さは。(中略)／(中略)我慢の限界を越えて離婚しても，特に職業技能を持っているわけではなく，若くもなく，実家に戻れもしないという女性の行き着く先が，箱根の温泉旅館の仲居さんというわけか。(中略)確かにここなら宿舎付き・食事付き・衣装付き。次の日からすぐ働ける。(中略)美容院に行くたび，女性雑誌の求人広告に，温泉旅館の仲居さん募集・寮完備という文字を見ては複雑な思いにかられている。」(木下禮子「中年女たちの悲しい地図」若林芳樹他編著『シングル女性の都市空間』大明堂，2002年)

※現在では，観光地や温泉地，歓楽街の求人はインターネットを介したルートが中心になっているようである。

(82ページ)

【資料6】 明治大正期の親子心中と棄子（すてご）

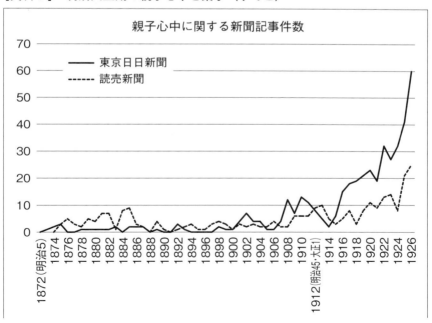

※図は，(和田　2005) の表をもとに，西澤が作成した。

(参考文献)
・和田宗樹「明治大正期の親子心中の"増加"に関する考察」『慶応義塾大学大学院社会学研究科紀要』No.60，2005年

(114 ページ)
【資料8】 母子世帯の現状（2011年）
※母子家庭に関する基本的な数値を主に2011年のデータをもとにまとめた。表の右欄は比較対象となる一般世帯女性や全世帯の数値である。

	母子世帯	比較対象
就業率	80.6%	一般世帯の女性（2014） 64.4%
雇用者のうちの非正規雇用率	57.0%	一般世帯の女性（2014） 54.4%
平均年間就労収入	181万円	一般世帯の女性（2010） 269万円
養育費受け取り率	19.7%	—
生活保護受給率	14.4%	全世帯（2012） 3.2%
一か月当たりの教育費	16,291円	全世帯（2009） 31,565円
子どもの大学進学率	23.9%	全世帯（2016） 53.7%
持ち家率	29.8%	全世帯（2010） 61.9%
相対的貧困率（2012年）	54.6%	大人が二人以上いる世帯 12.4%

注）厚生労働省「ひとり親家庭等の現状について」（2015年4月20日, https://www.mhlw.go.jp/file/06-Seisakujouhou-11900000-Koyoukintoujidoukateikyoku/0000083324.pdf）の表をもとに西澤作成。母子世帯に関する元データは、「平成23年度全国母子世帯等調査」。

（128 ページ）

【資料９】　秋葉原無差別殺傷事件犯人による携帯サイト掲示板への書き込み

（『朝日新聞』2008 年 6 月 16 日，朝刊・東京本社）

書き連ねた負の感情

「携帯サイト習慣だった」

加藤容疑者は、警視庁の調べに、1日に何度も携帯サイトの掲示板に書き込むことが「習慣になっていた」と話したという。焦りや孤立感、不満、卑下など、事件の背景とも考えられる負の感情がつづられている。目立つのは、恋人がほしいのに、自分の容姿が悪く、女性に相手にされないことについての書き込みだ。掲示板のタイトルも「【友達できない】不細工に人権無し【彼女できない】」。自らを不細工だから彼女はできないとし、「彼女がいない、ただこの一点で人生崩壊」と言い切る。

職場では、派遣社員を解雇する方針が伝えられていた。加藤容疑者は対象外だったが、掲示板には取り換えのきく労働力として扱われることへの不満をつづった。

両親をうらむ言葉も激しい。親の満足のために無理やり勉強させられたとしたうえ、「県内トップの進学校に入って、あとはずっとビリ　高校出てから8年、負けっぱなしの人生」と書いた。

◇

調べに加藤容疑者は「うそはつきたくない」と話す一方、少しずつ思い出すように話しているという。弁護人は「体調面は問題なく、コミュニケーションはとれている」と話す。

■加藤容疑者が書き込んだとされる言葉

●彼女や友達ができない

- 俺（おれ）が余る理由は不細工だから
- 彼女さえいればこんなに惨めに生きなくていいのに
- 顔だよ顔　全（すべ）て顔　とにかく顔　顔、顔、顔、顔、顔
- 彼女がいることが全てなのか？　それが全てですが何か
- 友達ほしい　でもできない　なんでかな　不細工だから　終了
- 友達募集するときは、他に友達がいない人を募集しなきゃだめか
- でもどうせすぐに別の友達ができて、俺を裏切るんだ　わかってる
- 死ぬまで一人　死んでも一人
- 彼女がいれば、仕事を辞めることも、車を無くすことも、夜逃げすることも、携帯依存になることもなかった　希望がある奴（やつ）にはわかるまい

（繰り返し部分一部略）

●孤立感

- どうして俺だけ一人なんだろ
- 望まれずに産まれて　望まれて死んで
- 待ってる人なんて居ない　俺が死ぬのを待ってる人はたくさんいるけど
- みんな俺を敵視してる　味方は一人もいない　この先も現れない
- 不細工な俺は存在自体が迷惑なんだっけ

●他人へのしっと

- 勝ち組はみんな死んでしまえ
- トラックのタイヤが外れてカップルに直撃すればいいのに
- やっぱり他人の幸せを受け入れることはできません　知ってる奴ならなおさら

●書き込みに反応がないことへのなげき

- ネットですら無視されるし　表面だけの薄っぺらなつきあい　それすら希薄
- 現実でも一人　ネットでも一人
- どうしてみんなが俺を無視するのか真剣に考えてみる　不細工だから　終了

●派遣された職場への不満や将来の不安

- 人が足りないから来いと電話がくる　俺が必要だから、じゃなくて、人が足りないから　誰が行くかよ

●両親への不満

- 親が書いた作文で賞を取り、親が書いた絵で賞を取り、親に無理やり勉強させられてたから勉強は完璧（かんぺき）
- 親が周りに自分の息子を自慢したいから、完璧に仕上げたわけだ
- 好きな服を着たかったのに、親の許可がないと着れなかった

投稿においては，自らの承認が得られる親密圏の欠如が繰り返し訴えられている。

(145 ページ)
【資料10】　姿を消す宮型霊柩車

(『朝日新聞』2010年5月15日，朝刊・大阪本社)

　記事は住民の不快感に配慮して「宮型霊柩車」が姿を消しつつあることを報じるものだが，これもまた，自宅での葬儀の消滅や葬儀場の建設反対運動等々に見られる，日常生活からの「死」の隔離化の流れの中に生じた現象である。「終活ブーム」における「自分らしい死」の追求がなされるようになった時期において，死への嫌悪が表面化していることに注目すべきだろう。

(164 ページ)
【資料11】 東京23区の経済格差と所得格差の地域的推移

(図表1) 東京23区の経済格差

	一人当たり課税対象所得額		一人当たり年間収入	
	実額(万円)	23区全体=1	実額(万円)	23区全体=1
23区全体	237.0	1.00	282.7	1.00
千代田	473.7	2.00	423.4	1.50
中央	355.7	1.50	408.5	1.45
港	623.8	2.63	454.5	1.61
新宿	283.1	1.19	327.1	1.16
文京	320.8	1.35	354.3	1.25
台東	211.5	0.89	278.7	0.99
墨田	186.7	0.79	248.1	0.88
江東	204.6	0.86	262.7	0.93
品川	251.1	1.06	310.7	1.10
目黒	321.7	1.36	358.0	1.27
大田	228.9	0.97	268.8	0.95
世田谷	285.8	1.21	320.9	1.14
渋谷	429.7	1.81	379.9	1.34
中野	225.4	0.95	297.1	1.05
杉並	249.7	1.05	329.2	1.16
豊島	229.8	0.97	283.9	1.00
北	184.1	0.78	261.8	0.93
荒川	176.5	0.74	234.9	0.83
板橋	184.7	0.78	239.7	0.85
練馬	203.4	0.86	250.9	0.89
足立	154.5	0.65	202.8	0.72
葛飾	165.9	0.70	221.5	0.78
江戸川	175.5	0.74	229.8	0.81

(図表2) 都心・下町・山の手の所得格差の推移 (23区平均=1)

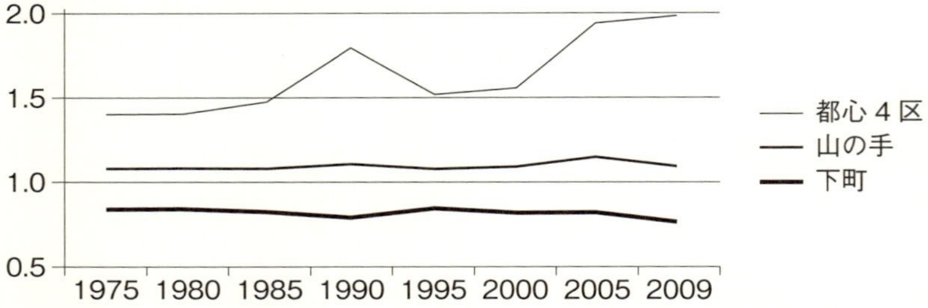

出典:図表1,2とも橋本健二が『地域経済総覧(2011年版)』をもとに作成
(「橋本健二『階級都市』ちくま新書,2011年」より引用)。

景気変動の波に大きく左右されながらも,富裕層が集中する都心4区と他地区との格差は拡大しつつあることがわかる。

(178 ページ)
【資料 12】 技能実習生は現代の奴隷か？〜横行する「違反」〜
（記事１） 　　　　　　　　（『朝日新聞』2018 年 6 月 21 日，朝刊・東京本社）

技能実習 違反 4226 カ所
昨年 過去最多 残業や不払い

　厚生労働省は20日、外国人技能実習生の受け入れ企業の事業場で、違法な残業をさせるなどの労働法令違反が2017年に4226カ所で見つかったと発表した。前年より2222カ所（5・5％）多く、記録がある03年以降の最多を4年連続で更新した。

　労働基準監督署などが法令違反の疑いがあるとして監督指導に入ったのは5966事業場で、このうち約

7割に実際に法令違反があった。

　労使協定を超える違法な残業をさせるなど、労働時間に関する違反が1566件で最も多かった。安全基準を満たさない機械を使わせるなどの違反は1176件、深夜・休日労働の割増賃金を支払わないなどの違反は945件あった。指導をしても改善しないとして送検したのは34件で、前年より6件減った。（村上晃一）

（記事２）　　　　　　　　（『朝日新聞』2018 年 7 月 13 日，夕刊・東京本社）

外国人実習生に除染作業
法務省　4社確認、さらに調査中

　法務省は13日、東京電力福島第一原発の事故に伴う除染作業を外国人技能実習生にさせていた建設関連会社がこれまでに4社確認された、と発表した。このうち盛岡市にある1社については、今後処分を検討するとした。福島、千葉両県にある残り3社についても、今後処分を検討する。

　盛岡市の会社は今年3月、ベトナム人実習生数人に福島県内の「除染特別地域」などで除染作業をさせていたことが発覚。「技能実習にはふさわしくない」との見解を説明した同省はこれを受け、福島や茨城など9県で実習生国から支給された作業手当の一部しか実習生に支払っていなかった。

　同省によると、盛岡市の会社では2016年9月から17年5月にかけて、1002社を対象に実態調査に乗り出していた。今回の発表は、6月20日までに調査が終わった1804社が対象で、除染作業をさせていた会社は今後も増える可能性がある。調査は9月末までに終える予定という。

　受け入れの5年間停止の処分とした。福島、千葉両県にある1社について、実習計画と異なる業務をさせていたなどとして、実習生の受け入れを5年間停止の処分とした。

　落ち葉を拾わせるといった作業を行わせていたうえ、国から支給された作業手当の一部しか実習生に支払っていなかった。

（浦野直樹）

　恋愛をしたり結婚したり仕事を選んだり，そうしたことを事実上禁じられて，「単なる労働力」という数量化・モノ化された存在に自らを留めることを強いられた若者たちがいる。難しくいえば，人権が制限されているということである。それを「仕方がない」と受け流す社会のもとでは，彼ら彼女らの「奴隷化」が横行する。「期限つきであるから」「本人の契約であるから」が理由になるのなら，日本の多くの労働問題も「仕方がない」ことといえてしまう。例えば，「ブラック」な非正規雇用の労働現場も「仕方がない」ことなのか。

(192ページ)
【資料13－1】 青森県における「派遣」

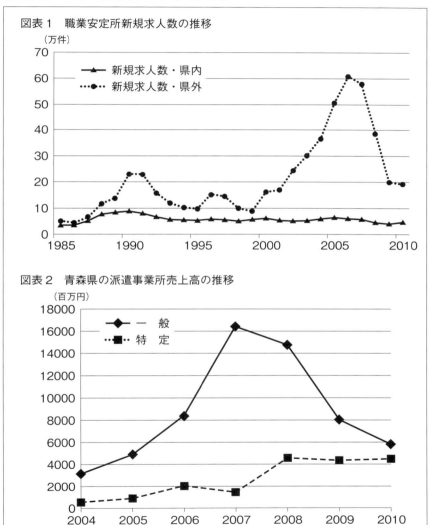

図表1　職業安定所新規求人数の推移

図表2　青森県の派遣事業所売上高の推移

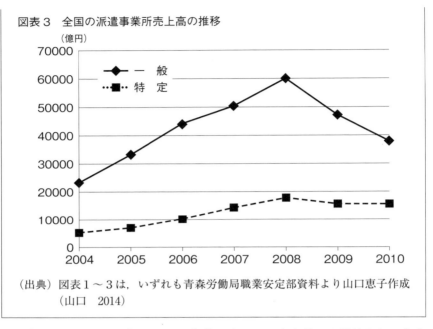

図表3　全国の派遣事業所売上高の推移

（出典）図表1～3は，いずれも青森労働局職業安定部資料より山口恵子作成
（山口　2014）

　図表1に見られるように，2000年代に入って，青森県では県外からの求人が急増した。それを牽引したのは，人材派遣会社だった。青森県が，派遣労働者調達の草刈り場になったのである。
　図表2，3に見られるように，基本的に派遣労働の量は経済状態によって大きく左右され，グラフにはいわゆるリーマンショックの影響が読み取れる。全国平均と比べると，青森県への景気の衝撃はやわらげられることなく劇的に表れやすい。2000年以降，景気の調整装置としての周縁労働力が，青森に「再発見」されたということになる。

（参考文献）
・山口恵子「現代における流動する若年派遣労働者の労働・生活」『寄せ場』26号，れんが書房新社，2014年

(195 ページ)

【資料 13－2】 自己否定と肯定～寄せ場労働者の語り～

「いやぁ，今の日本どっかおかしいよ。仕事着で電車に乗るとじろじろ見られるんだ。こっちは仕事着なんだよ。……普通の会社で机に向かってペン持ってりゃ週休二日だろ。こっちは肉体労働なんだからさ，一日置きにでも休みたいよ，ほんと。まあ，そういう人達は家族持ってて，仕事好きでなくてもやらなきゃならないんだろうけど。仕事，好きな人なんていないもんな。……こっちは家族いないしね，こんな晴れた日でも休みが取れるんだ。世間の人がみたら，怠け者と思うんだろうな。」（40～50歳男性）

「（公園での酒盛りで，隣で泥酔している人について）兄貴，この人だってわからんべ，見た目な。これ，(いい)おじさんみたいに見えるべ。(犯罪を)やっちゃったんだな（笑）。……みんな我慢してんだ。兄貴だって我慢してるんだべ？ただよ，わしらはよ，やっちゃったんだ。……ただよ，わしらはよ，兄やんなんかとは違うんだ。ほらぁ（笑），弱いから。山谷の人に悪い人はいないよ。みんないい男だ。……ただね，これ(酒)に溺れちゃうんだね。これしかないでしょう。やってられねぇもんな。」（60歳くらい）

　前の寄せ場労働者は，自分たちが「怠け者」と見られていることを強く認識しつつ，「肉体労働」をやっている自己をそれに対置させている。後の労働者は，自分たちのどうしようもなさを「弱い」と捉え，弱い人に悪い人はいないと解釈してみせる。そのような論理展開を通じて，自己は救い出されている（資料は，（西澤　1995）におけるインタビューの記録を再構成したもの）。

（1988年，東京・山谷におけるインタビューより）

（引用文献）
・西澤晃彦『隠蔽された外部：都市下層のエスノグラフィー』彩流社，1995年．

（205 ページ）
【資料14】 生きるための「仕事」についての野宿者の語り

「缶は集めてる。食うためにね。夜廻る。（缶ゴミが）出る日があるからさ。今うるさいから，持ってっちゃだめだなんだかんだ言ってよお，だから，見つからないようにそーっとやってくんだけどよ。缶は平塚に屑屋さんがあるからそこに持っていく。初めのうちは恥ずかしくてよ，できなかったけどね。こういうとこ行って缶集めたらいいよって，集め方とか屑屋さんの場所とか（野宿者から）教えてもらって。慣れるまで時間かかったねえ。毎日行っているわけじゃないから，何曜何曜日とかだからね。毎日毎日出てるならよお，いいけどね。第五何曜日なんて何も無いんだから，一週間。ある時は，週に二三回出るけれども。やってる人多いから，みんな早く行かなきゃなんねえってね，先に先にやんなきゃね。誰かがやってれば他へ行くし。まあ，同じことやってる人と顔合わせたら挨拶くらいはするよ。「どうだ？」なんてね。でも，きついですよ。（米の）飯なんて食ったことないよ。遠いとこまで廻らないと。自転車で。（高齢の）俺なんか自転車で運ぶのが大変だもん。運ぶのが一番きつい。何にもやんないで，中には，コンビニ行って弁当もらってくるのもいる。われわれはそんなことできないから，自分のからだでね，動いてやってですね。それで食べてる。だから高いのは食えないわけ。やっぱり安いパンだの，冬だったら（インスタント）ラーメン食ったり今だったら焼ソバ食べたり，やってるね。だから，もう，栄養は傾いちゃってるね。」（70歳男性）

「今は，飯なんか食ったり食わなかったりだから，ほとんど食事っていうのは，前はもらって食べていたんだけど，飲食店の裏口とか行って残り物とかもらってたけど，今はそういう店がなくなってきてて。あんまり人にさ，助けてもらうのは好きじゃない方だけども，60過ぎてるとどうしようもないからね。……今はもうだいたいあれだよ，コンビニとか。一応友だちに教えてもらってさ，やっぱりね，店によるのよ。人によるの。あ，この人だったら言い易いな，この人は言いにくいなってあるのよ。若いあんちゃんはだめ。やっぱり年寄りだね。そこがちょっと難しい。だからね，みんなコレをやってる（こっそり持ち出している）。朝さ，二時三時頃行って，倉庫に入ってる三日も四日もたったやつをとってくるのよ。俺はそうはいかない。ちゃんと行って，一日くらいのやつを

もらってくる。」
　「(缶集めなどは)俺は絶対しない。ここ来て初めて見たよ。月曜日から土曜日までみんな夜中に缶集めに行くの。せっかく缶が(資源回収の)箱の中にきれいに整理整頓してて，それで持っていくんだよ。なんだよ，こんなことやってんのって。屑屋で，一袋三〇キロで三千円とか言ってるんだよ。」(64歳男性)

　前の野宿者は，コンビニで弁当をもらうなど「われわれ」にはできないと述べ，「自分のからだ」を動かして空き缶の回収をしているのだという。後の野宿者は，空き缶集めを否定して，要領よくコンビニで弁当をもらう自分について語っている。いずれにせよ，彼らは，自分がやっていることを肯定しつつ自分がやりたくないことをやっている他者を否定する論理をそれぞれ持っていて，その論理に従って誇りをなんとか見出そうとしている(資料は，(西澤,2010)におけるインタビューの記録を再構成したもの)。

　　　　　　　　　(2002年，神奈川県平塚市におけるインタビューより)

(引用文献)
・西澤晃彦『貧者の領域：誰が排除されているのか』河出書房新社，2010年

(215 ページ)
【資料 15 − 1】 「社会というものはありません」

> 「社会というものはありません」(『Women's Own』1987 年 10 月 31 日号におけるイギリスの首相マーガレット・サッチャーの発言)
>
> "I think we've been through a period where too many people have been given to understand that if they have a problem, it's the government's job to cope with it. 'I have a problem, I'll get a grant.' 'I'm homeless, the government must house me.' They're casting their problem on society. And, you know, there is no such thing as society. There are individual men and women, and there are families. And no government can do anything except through people, and people must look to themselves first. It's our duty to look after ourselves and then, also to look after our neighbour. People have got the entitlements too much in mind, without the obligations. There's no such thing as entitlement, unless someone has first met an obligation."
> (「サッチャー・ソサイエティ」) http://briandeer.com/social/thatcher-society.htm)
>
> あまりにも多くの人々が自分たちに問題が生じればそれを解決するのは政府の仕事だと考える、そういう時代を私たちは過ごしてきました。「私には問題がある、だから私は給付を受けるだろう」「私には家がない、だから政府は私に家を与えねばならない」。彼らは彼ら自身の問題を社会に向けて放り出しているのです。しかし、社会というものはありません。一人ひとりの男と女がいて、家族があるだけです。政府は人々を通じてしか何もできず、また人々はまずもって自分自身に目を向けなければなりません。自分自身のことは自分でなんとかし、そしてまた隣人の世話をするのが私たちの義務です。人々は義務のことは考えずに、あまりにも権利のことばかりで頭がいっぱいです。まずもって義務を果たさないならば、権利のようなものはありません。(訳出　西澤)

　これは、イギリス首相マーガレット・サッチャーが語って見せた新自由主義の中核的論理である。このサッチャーの言明は、現代の日本の通俗道徳と

照らし合わせてみれば，もっともなことを言っているように読めてしまうものなのかもしれない。実際，「権利ばかりが主張されて義務が疎かにされている」などというのは今でも社会批判の常套句であったりする。そうした言葉を口にする人にとっては，自己責任論も，それが他者へと向けられるものである限りは，気持ちのいい論理であっただろうと思う。

　さて，社会がないとなると，確かに「一人ひとりの男と女」と「家族」だけが孤立してあることになる。そして，自らを救う者だけが生き残るということになる。生き残った者は，負け組への配慮からも解放されている。なぜなら，その人々とは何のつながりもないのだから。それが「社会などない」ということである。

(220ページ)
【資料15－2】　年越し派遣村

(『朝日新聞』2009年1月1日，朝刊・東京本社)

年越し派遣村 130人にぬくもり　日比谷公園

「派遣切り」などで仕事と住まいを奪われた労働者に，食事と居場所を提供する「年越し派遣村」が31日，東京・日比谷公園に開村した。非正規労働者ら約130人が「村民」として登録。官庁街の一角で，労組や市民団体による実行委員会がボランティアと協力して年越しそばなどを出し，労働・生活相談に乗って新年をカウントダウンで迎え，いい年になるように願った。

参加者は新年になる瞬間，「今年こそいい年に」と身を寄せた。温かい食事や寝場所が確保できると聞き，「このまま野垂れ死んでもいいかな」と思った時もあったが，今以上に人の情けを感じたことはない——。

大手自動車メーカーの群馬県の下請け工場で派遣の仕事を切られたという男性(41)は約2カ月間，ネットカフェや野宿でしのいできた。所持金は一千円ほど。

実行委によると，寄せられた30件の相談では，所持金数十円という人も多く，ほとんどが生活保護を申請する必要がある。山口県や新潟県で仕事を失い，職探しのために東京に来たが，行く当てもなく，静岡県から歩いて来た人もいたという。

駆けつけたボランティアは約360人。炊き出しや届いた支援物資の運搬，銭湯への案内を手伝った。兵庫県から来た大学院生の女性(28)は「『派遣切り』をひとごととは思えず不安と怒りでいても立ってもいられなかった。雇用や貧困の問題を共有する場にしたい」と話した。「年越し派遣村」は5日まで。

　日本においてようやく貧困が社会問題化されつつあったその時期の象徴的なできごととなったのが，年越し派遣村だった。日比谷公園という，貧困層とは縁がない官庁街に突如出現したことが，大きな意味を持った。

索 引

●配列は五十音順

●ア 行

アイデンティティ……19, 20, 21, 29, 33, 34, 42, 44, 47, 50, 56, 57, 60, 65, 73, 117, 120, 124, 125, 126, 130, 131, 133, 139, 143, 144, 148, 155, 186, 190, 195, 207, 211, 212, 219, 225
アイデンティティ・ゲーム………44
アイデンティティ確立の要件……33
あいりん地区→釜ヶ崎
朝の一杯の紅茶………………………47
秋葉原無差別殺傷事件……………128
アテンション（心の傾き）…26, 47, 140, 217, 221, 222, 223, 225, 229
アファーマティブ・アクション
……………………… 167, 168, 180
阿部彩 ………………112, 114, 218
新谷周平 …………………………133
アンダークラス …165, 167, 168, 190
飯島裕子 …………………………208
家（イエ）……15, 71, 81, 82, 83, 85, 141, 147
市村弘正 …………………………221
一般労働力市場……………………69
遺伝論 ……………114, 115, 117, 118
「今の私ではない私」………33, 119, 120, 121, 125, 140, 141, 209
岩田正美 ……………………205, 206
インセンティブ・ディバイド（意欲格差）………………………118
インターネット空間 ……59, 60, 161, 185, 208, 209
インナーエリア …………………167
インナーシティ ……………70, 168
インナーシティ問題 ……………165
ヴァーチャル空間 ……123, 130, 140

ウィルソン（W・）…………162, 163
ヴェブレン（T・）………………44, 45
SNS ………………………………132
エスニック・ビジネス …………179
エスピン＝アンデルセン（G・）
………………………………91, 92
NPO ………………202, 227, 228
選び直された定住者 ……………189
エリアス（N・）…………………150
エリクソン（E・）………………19
エリート ……………159, 174, 185
エンゲル（E・）………………35, 36
エンゲル係数 …………………36, 43
エンゲル法則 …………………39, 43
援助拒否 …………151, 152, 153, 218
エンディングノート ……………146
オイルショック ……46, 96, 159, 164
大きな物語 ………………51, 61, 97
大澤真幸 …………………………128
小川栄二 …………………………152
沖田敏恵 …………………………135
奥村隆 ……………………………126
おせっかいな大人 ……138, 140, 141
親方子方関係 ……………………71, 72
親子心中 ……………81, 82, 83, 84
親の責任 …………85, 94, 117, 227

●カ 行

階級外の階級 ……………………165
階級再生産 ………………………223
階級社会 …………………………157
外国人技能実習制度→技能実習制度
外国人労働者 ……71, 163, 174, 176, 177, 178
介護保険 ………………97, 98, 104
介護保険サービス ………………152

改正生活保護法 …………………103
改正入管法 …………………176, 177
開沼博 ……………………………149
核家族 …………………43, 81, 143, 166
確認ネットワーク ………………229
確認の関係 ………………………140
家産………………………………………15
「過剰な適応」……43, 44, 83, 84, 86, 91
柏木ハルコ ………………………218
カステル（M・）……162, 164, 185, 186, 187
下層家族 …………………………………87
下層労働者 …71, 168, 169, 191, 193, 195, 201, 208
家族主義 ……84, 93, 98, 108, 113, 164
家族主義レジーム ……91, 93, 94, 97, 98
家族主義的ハビトゥス……………94
家族戦略 …………………………182
学校教育基本法第19条 …………113
加藤哲郎 …………………………220
家父長主義 …………………57, 85
釜ヶ崎 ……69, 151, 154, 209, 210
釜ヶ崎見送りの会 …………154, 155
柄谷行人……………………………85
苅谷剛彦 …………………………118
関係的存在（社会的存在）………33
監視社会 …………………………53, 61
『菊と刀』…………………………84
規制緩和 …51, 96, 159, 179, 185, 192, 193
北田暁大 ……………………58, 59
技能実習生 …175, 177, 178, 179, 210
技能実習制度 ………………177, 197
興行ビザ …………………………175
「共同性の原資」……209, 211, 212

共同防貧の手段 ……15, 17, 91, 147, 211
「極限値」………………28, 29, 40
近代化…10, 13, 17, 64, 65, 66, 72, 73, 85, 86, 87, 130, 147, 182
近代家族 …43, 81, 82, 83, 84, 85, 93, 94, 120, 172, 173
金の卵 ……………………28, 29
空間のスティグマ化 ……………167
草間八十雄 …………………87, 88
グローバル・エリート ……162, 185, 187, 190, 196
グローバル・スタンダード …51, 96, 159
グローバル資本 ……………158, 185
経済グローバリゼーション ……79, 157, 158, 159, 160, 161, 162, 173, 185, 188
『下剋上受験』……………………115
『現代葬儀白書』…………………146
小泉チルドレン …………………104
公営・公団団地 …………………166
公営住宅 ……166, 168, 169, 190, 201
公営住宅法改正 …………………166
「降格する貧困」……………18, 204
公共事業 …………77, 96, 159, 192
公教育 ……10, 11, 65, 88, 90, 131
高度経済成長期…45, 49, 60, 94, 157, 158, 173, 178, 192, 224
公民権運動 ………………………216
高齢期………………………………35
高齢者における貧困 ……………143
高齢単身者 ………………………164
国民の権利 ……………………26, 99
国民化（＝臣民化）…………85, 87
国民国家 …10, 11, 65, 66, 73, 85, 87, 88, 158, 185

誇示的消費…………………44
個人化…17, 18, 47, 51, 53, 54, 61, 69,
　　86, 131, 136, 146, 147, 150, 194,
　　206, 207, 211, 212, 213, 214, 220,
　　221, 223, 224, 225
戸籍制度……………85, 86, 88, 109
子育て期　………………35, 93
国境横断的な空間 ……………185
孤独……130, 140, 141, 143, 144, 151,
　　152
孤独死……………151, 152, 153
『孤独死』……………………151
寿町…………………………154
子どもの社会化 ………120, 121, 123
子どもの貧困　……98, 108, 112, 113,
　　115, 227
子どもの貧困率　…25, 112, 113, 114,
　　125
コミュニティ・ユニオン→地域ユニ
　　オン
「コミュニティ」問題……………60
コミュニティ福祉 ………………152
小山静子…………………………83
小山弘美 ………………………152
ゴーラー（G・）………………150
孤立…9, 12, 14, 15, 17, 18, 53, 54, 84,
　　85, 93, 130, 141, 143, 144, 150,
　　151, 152, 154, 155, 167, 168, 169,
　　194, 207, 208, 214, 217, 219, 220,
　　226, 227, 228, 229
紺屋博昭 …………………………192
今和次郎…………………………64

●サ 行
財政危機 ………52, 96, 159, 192
在日韓国人 ……………………175
在留外国人 ………………175, 177

サウナ難民問題 ………………204
作田啓一………………………84
桜井信一………………………115
サッセン（S・）………160, 161, 162,
　　163, 185, 186
サッチャー（M・）……………215
サッチャー主義…………………96
佐藤拓代………………………218
佐藤俊樹…………………45, 157
サービス労働 …………………163
差別問題………………………224
産業化（工業化）…13, 18, 43, 51, 66,
　　69, 71, 75, 76, 86, 160, 204
三種の神器……………………46
山谷……………………………154
GRP（地域内住民総生産）………160
ジェントリフィケーション ……72,
　　165, 167
シカゴ学派……………………209
時間軸の内面化 ………………145
自己実現の欲求…………………37
自己実現者………………37, 38
自己責任　……51, 69, 91, 96, 97, 108,
　　153, 193, 227
自己責任論…54, 56, 58, 60, 108, 113,
　　129, 130, 131, 136, 205, 206, 207,
　　217, 219, 224, 225
自己責任論者……………………129
市場万能論………………………51
「失明した社会」………………221
『死と悲しみの社会学』…………150
『死にゆく者の孤独』……………150
死の隠蔽………………………150
死の個人化 ………146, 147, 150
死の個人問題化 ………………148
「死の自己決定権」………145, 146
「自分らしい死」…………145, 155

「自分自身の排除」……………54
資本家階級 ………………………171
志水宏吉 …………………………122
自民党改憲草案第二十四条 ……109
地元つながり …………132, 133, 136
地元つながり文化 ………133, 134
社会の個人化 ……………………212
社会運動論 ………………………229
「社会系の人々」…………………225
社会的孤立 ………143, 144, 152, 226
社会的国家 ………………………215
社会的排除 ……19, 20, 69, 135, 152, 153, 163, 171, 172, 173, 177, 178, 180, 182, 204, 205
社会的排除による貧困化 ………152
社会的排除論 ……………………173
社会的分極化 ……162, 163, 164, 165
社会的包摂 ……………………72, 215
社会的欲求（愛と帰属の欲求）…37
社会民主主義レジーム……………92
しゃがみこむ人々 …187, 190, 191, 194, 196
周縁労働力 …66, 74, 75, 76, 154, 169, 174, 177, 178, 179, 181, 191, 192, 193
就学援助制度 ……………………113
「終活イベント」…………………146
「終活ブーム」……………………145
衆議院憲法調査会………………99
集団就職 …………………28, 75, 192
自由主義レジーム………………91
住居喪失不安定就労者 …………203
宿命論 ……29, 55, 116, 117, 118, 119, 122, 213
出入国管理及び難民認定法 ……177
準要保護世帯 ……………………113
「消費社会のよそ者」…………47, 57

生涯未婚率……………………93, 182
情報戦の時代 ……………………221
殖産興業政策………………………73
職業安定所……………75, 154, 192
女性の貧困 ………………………172
女性運動 …………………………216
所得再分配 ………………113, 114
白波瀬達也 ………………………154
自立 …51, 56, 57, 58, 94, 96, 104, 135, 205, 206, 228
人口の自然増加率…………………43
人口集中地区（DID）……………160
人材派遣法 ………………………179
新自由主義 …51, 52, 96, 97, 98, 102, 103, 104, 105, 108, 109, 113, 135, 159, 164, 165, 168, 187, 191, 225
申請主義 …………………219, 227
新中間層→ホワイトカラー
「親密な他者」……………………135
親密圏 ………130, 131, 132, 133, 139
臣民化………………………………87
ジンメル（G・）……………50, 137
心理学主義……………………55, 56
スウェット・ショップ（苦汗工場）
………………………………163
杉田真衣 …………………………138
杉原薫…………………………………68
杉村宏……………………………100
スティグマ（烙印）…51, 52, 53, 61, 100, 124, 125, 167, 168, 219
棄子（すてご）……………………82
「ストレス論」……………114, 115
「スラム生活圏」…………………69, 70
「スラム労働市場」………………68, 69
成果主義 …………………………164
生活構造 …………39, 40, 42, 47
「生活構造の抵抗」…40, 43, 46, 164,

174
生活構造論……………………37, 39, 42
生活困窮者自立支援制度 …226, 227
生活保護 …52, 53, 67, 78, 79, 98, 99,
　　　100, 101, 103, 104, 106, 107, 113,
　　　200, 201, 202, 227, 228
生活保護受給者 …52, 53, 98, 99, 100,
　　　154, 218
生活保護（受給）世帯 ……78, 113,
　　　114, 167
生活保護制度 …………100, 101, 200
生活保護ビジネス ………………203
生活保護不正受給問題 ………98, 99
生活保護法 ……39, 99, 100, 101, 200,
　　　201
生活保守主義 ……………………158
性的マイノリティ ………………224
制度的分配………………………… 77
世界都市（グローバル・シティ）
　　　…………… 160, 161, 162, 186
世界都市論 ……………160, 162, 164
セグリゲーション（相互隔離）…64
「世間並み」……………………45, 46
専門サービス業 …………………162
専門的企業サービス ……………161
相互監視社会……………………… 61
相対的剥奪論……………………… 25
相対的貧困率 ……………23, 45, 125
「総中流の神話」……157, 158, 189
「総中流の物語」………………… 46
「総中流社会」……………45, 46, 157
「総貧困状態」……………………39, 45
尊厳死 ……………………………145
存在拘束性………………………… 23
ソンダグ（S・）………………221
尊重の欲求………………………… 37

●タ　行

第一次世界大戦………………68, 160
タウンゼント（P・）………25, 26
他者へのまなざし ………………206
脱家族化…………………………… 93
脱産業化（脱工業化）…18, 76, 159,
　　　165, 173, 204
玉井金五…………………………… 68
単純労働力 …………………176, 177
男性生涯未婚率 …………………182
丹野清人 …………………………176
「段ボールハウス村」……………220
地域ユニオン（コミュニティ・ユニ
　　　オン）………………226, 228
地域社会 …19, 60, 71, 122, 144, 147,
　　　148, 152, 176, 185, 191, 214, 215
地域福祉 …………………………152
小さな政府……………51, 91, 96, 192
チェーン・マイグレーション…… 75
地方交付金………………………… 77
中国帰国者 ………………………167
中心－周辺関係 ……………… 72, 76
中枢管理機能 ……160, 161, 162, 196
中鉢正美………………………… 40
徴兵制（度）………………11, 65, 88
超国家的単位 ……………………185
長命化 ……………………………144
妻木進吾…………………………167
定住－流動軸 ………………185, 187
定住家族……………………67, 68, 93, 152
定住至上主義 ………………185, 186
定住民中心主義 ……………185, 186
出稼ぎ ………74, 75, 177, 192, 193, 194
出稼ぎ労働者 ……177, 178, 192, 193
手配師 ……………………………153
デュアルシティ（二重都市）……164
投企 ………………………28, 29, 30, 31

「東京への一極集中」 ………161
東京圏………………54, 160, 191
「統合された貧困」……………18
「投資論」 ………………114, 115
同和対策事業 …………………167
都市下層 …43, 44, 66, 67, 68, 70, 84, 89
都市化…………60, 69, 77, 147, 148
「年越し派遣村」………………220
都市雑業 ……………13, 14, 43, 68
「閉じたサイクル」……………135
都市的生活様式………77, 148, 149
都市労働力市場…………………68
都道府県別貧困率………………78
戸室健作…………………………78
共稼ぎ世帯 ……………………114
ドヤ ……………………………154
トルストイ ………………22, 26
『どん底の人たち』……………88

●ナ 行
「内縁」夫婦……………………86
「内面化された自己責任論」……54, 58, 129, 130, 136, 205, 206, 217, 218
中川清………………………13, 42
中西新太郎 ……………………135
永山則夫 ………………27, 41, 56
二級市民 …65, 66, 185, 215, 216, 228
日経連（日本経営者団体連盟，現在は日本経済団体連合会）……159
仁平典宏………………………54
「日本型福祉社会論」………52, 102
日本国憲法第25条………………26
「日本的経営」 …118, 131, 159, 180
『日本之下層社会』……………87
人夫出し飯場 ……168, 201, 209, 210

額田勲 …………………………151
ネット・サディスト ……………123
ネットカフェ・ホームレス ……204, 207
「ネットカフェ難民」……203, 204, 207
野宿者…54, 61, 67, 71, 154, 172, 199, 200, 201, 202, 203, 204, 205, 206, 207, 208, 220, 221
「ノンエリート青年」……………135

●ハ 行
排除 - 被排除の関係 ………20, 21
廃藩置県…………………………11
バウマン（Z・） …47, 51, 57, 65, 97, 188, 196
パーク（R・E・） ……………209
場所の空間 …184, 186, 187, 189, 191
パート労働市場 ………………174
パート労働者 …………………173
ハビトゥス…………40, 42, 94, 222
バブル経済 ……94, 96, 159, 161, 192
濱野智史 ………………………129
パラサイトシングル……………94
晩婚化……………………94, 182
阪神淡路大震災 ……………151, 225
「非移動志向の文化」……………134
非正規雇用層 ……133, 134, 136, 169, 180, 182
非正規雇用比率 ……………180, 181
非正規雇用労働力 ……………181
ひとり親世帯 …………………114
一人親方 ………………………212
被保護層 ………………………100
被保護母子世帯 ………………100
「標準家族」………………200, 205
表相の操作 …………………30, 32

「貧窮を忍び能わざる心」……9, 10, 12, 14, 18, 19, 37, 53, 91
貧困のスティグマ ………124, 125
貧困の基準 ………………23, 35
貧困の個人問題化 …………148
貧困の社会学 …27, 33, 50, 60, 209
貧困の犯罪化………51, 52, 53, 96, 97
「貧困ビジネス」………………202
貧困家族……………………98, 106
貧困線………………………………35
貧困層 …18, 42, 47, 53, 54, 57, 79, 86, 97, 99, 100, 126, 130, 133, 136, 144, 145, 154, 163, 165, 166, 167, 168, 174, 181, 183, 190, 208, 214, 220, 228
貧困予備軍 …………172, 173, 183
貧困率 …23, 24, 25, 45, 78, 112, 113, 114, 125
貧者のアイデンティティ ……21, 49
「貧者の中の貧者」………………172
「貧乏くさい」………………40, 42
ピンポイント移住 …………176
『フクシマ論』………………149
福祉レジーム論………………91
福祉制度………………………67, 93
ふたり親世帯 …………………114
部落差別………………………69
フリードマン（J．）…………160
ブルデュー（P．）……40, 42, 182, 222, 223
古厩忠夫………………………73
フローの空間 …184, 185, 186, 187, 188, 189, 190, 191
フロー-場所軸 ………………187
「文化論」……………………114
「文明」……65, 67, 69, 73, 76, 84, 86, 87, 88, 89, 90, 91, 196

ベネディクト（R．）…………84
ベビーブーム世代 ……………166
偏見………………………108, 167
「便所飯」………………………60
編入様式………………………179
放浪者 …187, 188, 190, 191, 196, 197
ポーガム（S．）……18, 204, 216
母子世帯 ……52, 100, 114, 123, 164, 165, 172
保守主義………………………92
保守主義レジーム……………92
ホスピス………………………145
捕捉率………………78, 79, 100
「ぼっち」………………………60
ホームレス支援施設…………54
ホームレス自立支援法………201
ホームレス問題 …162, 202, 203
ポルテス（A．）………………179
ホワイトカラー（新中間層）…45, 64, 70, 83, 84, 158, 171, 189

●マ 行
マイノリティ ……18, 50, 52, 57, 100, 163, 169, 224, 225
「マージナルな貧困」…18, 19, 204
マジョリティ …23, 70, 169, 172, 178
マズロー（A．）………35, 37, 38
マズロー理論…………………38, 39
町村敬志……………………164, 228
窓口恐怖……………217, 218, 219
まなざし …20, 30, 31, 32, 33, 49, 52, 56, 58, 60, 79, 108, 128, 153, 205, 206
「まなざしの地獄」…27, 31, 33, 34, 40, 41, 128
マレンコフ（J．）………162, 164
マンハイム（K．）………………23

見えないホームレス …202, 203, 204
「見えない貧困」…………………227, 228
見えるホームレス ……202, 203, 204
見田宗介 ……27, 33, 34, 40, 128, 216
「密葬化」……………………………147
ミード（G・H・）………………119
「見られていないかもしれない」不安 ………………………59, 60, 129
「見られているかもしれない」不安 ……………………… 59, 60, 129
民営化………………………51, 75, 96, 185
無限ループ……………………54, 55, 56
「無籍児童」………………………86
無差別平等の原則 ………………201
『無知の涙』……………………27, 56
ムラ …11, 12, 15, 16, 65, 82, 141, 145, 147, 148, 149, 150
文貞實（ムン・ジョンシル）……62
『明治大正史世相篇』………10, 11, 14, 82
メインストリーム …………………178
「モデル論」………………114, 120
森千香子 ……………………………166

● ヤ 行
柳田國男…………10, 53, 82, 141, 211
山口恵子 ……………………………194
山口覚………………………………74
湯浅誠……54, 124, 125, 129, 130, 218
有効求人倍率 ……………………192
友人問題 ……………………………132
「遊牧民」……………………65, 67
湯澤直美 ……………………………226
「よい貧者」 ………102, 103, 104
横山源之助 ……………………87, 88
吉原直樹 ……………………………190
寄せ場 …70, 151, 153, 154, 168, 169, 191, 194, 195, 196, 201, 203, 209, 210
寄せ場労働者 …54, 71, 151, 152, 154, 194, 195, 196, 212
欲求段階理論………………………37
米山けい子 ………………………227

● ラ・ワ 行
楽観主義………………………46, 118
ラベリング理論………………………50
リアル空間 …………124, 130, 208
リオタール（F・） ………………61
リストラ ……………………………164
リーマンショック ………………193
「流入青少年」………………28, 29
「留学生10万人計画」………175
零落 ………………………12, 13, 14, 15
レーガン主義………………………96
レジャークラス……………………44
漏給層………………………………52, 100
労働運動 ……………………………216
労働者派遣法 ……………………159
労働力コスト ……………………74, 75
労働力のフレキシブル化 …18, 160, 164
労働力移動…………………………74
ロウントリー（B・S・）………35
「ローカルな関係資源」 ………194
「若者ホームレス」 ……54, 57, 208
ワーキング・プア ………………100
「私らしい私」………………131, 132
渡辺芳 ………………………………54, 57
渡辺拓也 …………………209, 210, 211
和田宗樹……………………………82
「悪い貧者」………102, 103, 104

著者紹介

西澤　晃彦（にしざわ・あきひこ）

1963 年　京都府に生まれる
1994 年　東京都立大学大学院社会科学研究科社会学専攻博士課程単位取得退学
現在　　神戸大学大学院国際文化学研究科教授
専攻　　社会学
主要著書　『隠蔽された外部：都市下層のエスノグラフィー』（彩流社　1995 年）
　　　　『貧者の領域：誰が排除されているのか』（河出書房新社　2010 年）
　　　　『貧困と社会』（放送大学教育振興会　2015 年）
　　　　『都市の社会学：社会がかたちをあらわすとき』（町村敬志と共著，有斐閣　2000 年）
　　　　『社会学をつかむ』（渋谷望と共著，有斐閣　2008 年）
　　　　『労働再審 4　周縁労働力の移動と編成』（編著，大月書店　2011 年）

放送大学教材　1710141-1-1911（ラジオ）

人間にとって貧困とは何か

発　行	2019 年 3 月 20 日　第 1 刷	
	2023 年 4 月 20 日　第 3 刷	
著　者	西澤晃彦	
発行所	一般財団法人　放送大学教育振興会	
	〒 105-0001　東京都港区虎ノ門 1-14-1　郵政福祉琴平ビル	
	電話 03（3502）2750	

市販用は放送大学教材と同じ内容です。定価はカバーに表示してあります。
落丁本・乱丁本はお取り替えいたします。

Printed in Japan　ISBN978-4-595-31939-6　C1336